Edition Paashaas Verlag

EPV

Titel: Blind verliebt
Herausgeber: Dieter Kleffner
Autorinnen und Autoren des Schreibzirkels BLAutor
Diese Autorinnen und Autoren des Schreibzirkels BLAutor haben mitgeschrieben:
Christiane Bernshausen, Petra Bohn, Dr. Konrad Gerull, Dr. Daniela Preiß, Dorothee Feuerstein, Teddy Raft, Dana Granowski, Bettina Hanke, Gerhard Jaworek, Melanie Joußen, Brigitte Kemptner, Dieter Kleffner, Maria Knoke, Anne Kochanek, Martin Krefta und Tom Nentwich, Simon Kuhlmann, Holger Thomas Lang, Mara Lerner, Thomas Löffler, Monika Lorenz, Marc Mandel, Ursula Müller, Sara Rietz, David Röthle, Eveline Schindler, Sonja Servos, Tamara Ströter, Lena Withge, Mari-Wall, Volker Weber, Helmuth Zedlitz

Covermotive: Pixabay
Geschichtenauswahl und Korrektur: Nina Sock, Manuela Klumpjan
Covergestaltung: Michael Frädrich
ISBN: 978-3-96174-151-9
September 2024

Druck: Libri Plureos GmbH, Friedensallee 273, 22763 Hamburg

Die Deutsche Nationalbibliothek verzeichnet diese Publikation in der Deutschen Nationalbibliografie; detaillierte bibliografische Daten sind im Internet über http://dnb.d-nb.de abrufbar.

Blind verliebt

Vorwort des Herausgebers

Liebe Leserinnen, Leser und Lesende,
nach den beiden erfolgreichen Buchtiteln "Farbenfrohe Dunkelheit" und "Abenteuerliche Anekdoten blind erlebt", die vom literarischen Arbeitskreis BLAutor geschrieben wurden, darf ich Ihnen diese neue Anthologie präsentieren.
Der Titel "Blind verliebt" beinhaltet verschiedene Sinngebungen, die dieses Buch mit vielen reizenden, rührenden, abenteuerlichen oder tragischen Geschichten gefüllt haben. Fast jeder Mensch mit Lebenserfahrung war schon einmal blind verliebt. Blind verliebt in dem Sinne, dass die neue Partnerin, der neue Partner in einem völlig falschen Licht gesehen wurde. Ihr attraktives Aussehen, sein anziehendes Charisma, ihre geheimnisvollen Augen, seine sonore Stimme, ihr Geschmack fürs Detail, seine beruhigende Gelassenheit waren evtl. Fassade. Doch das Wort "blind" darf auch wörtlich genommen werden. Diese Anthologie wurde von sehbehinderten und blinden AutorInnen mit lebendigen Geschichten gefüllt. Blinde Menschen verlieben sich selbstverständlich auch im doppelten Sinn hin und wieder blind. Dazu kommt die wahre Liebe zwischen blinden und sehenden Menschen oder Blinden und Blinden. Die Leidenschaft, die nicht selten auch Leiden schafft, ist bei ihnen nicht anders. Die meisten Menschen träumen von der wahren Liebe, von der Prinzessin, von dem Prinzen des Herzens und verschließen im Fall des Falles gerne die Augen vor der Wirklichkeit. Außerdem dürfen wir die freundschaftliche Liebe zwischen Mensch und Tier nicht vergessen. Können sich auch Tiere blind verlieben? Lassen Sie sich überraschen!
Blind verliebt zu sein ist vorübergehend so herrlich romantisch wie ein Rausch.

Lassen Sie sich also von den herzlichen Geschichten dieses Buches berauschen.
Ich wünsche Ihnen rührende und schmunzelnde Kurzweil.

Dieter Kleffner
Herausgeber und BLAutor-Sprecher

Christiane Bernshausen

Blind und blind in Katzen verliebt – ein wahres Katzenmärchen

Christiane Bernshausen, geboren in Köln und jetzt wohnhaft in Dülmen (Stadt der Wildpferde im Münsterland), ist Jahrgang 1967. Sie ist verheiratet und hat zwei erwachsene Kinder. Seit 15 Jahren ist sie durch Retinitis Pigmentosa erblindet. Vor der Erblindung hat sie in einem mikrobiologischen Labor gearbeitet. Durch die Umschulung zur PR-Beraterin (Presse- und Öffentlichkeitsarbeit) hat sie das fachliche Schreiben erlernt. Leider musste sie in die Verrentung gehen. Die Freude am Schreiben blieb, so engagiert sie sich für das Magazin "Retina aktuell" der PRO RETINA. Sie ist ehrenamtlich in der Beratung für Blinde, Sehbehinderte und für die Mitglieder der PRO RETINA der Regionalgruppe Münster tätig.
Sie ist Vorsitzende der Hörbücherei WBH Münster. Sie liebt Hörbücher, das Tandemfahren, singt und schwimmt gerne.
Seit der Verrentung, der ehrenamtlichen redaktionellen Arbeit für die Retina aktuell und der Mitgliedschaft bei den Blautoren ist das Schreiben immer mehr in ihren Alltag mit eingeflossen. In der Anthologie "Abenteuerliche Anekdoten blind erlebt" hat sie sich ebenfalls mit Texten beteiligt.

Es ist wahr, dass ich mich blind, also nichts sehend, und mich blind, also freudig taumelnd vor Glück, in Katzen verliebt habe. Das hätte ich mir nie, nie träumen lassen!
In meiner Kindheit war ein Wellensittich namens Hansi das einzige Tier in der Familie. Das war ganz nett; wir hatten daran Freude. Er durfte viel frei fliegen und zwitscherte fröhlich, doch konnte ich keine Beziehung zu ihm aufbauen. Mein Mann hatte auch so eine Erfahrung, sein Wellensittich hieß Peterle. Diese Vögel wurden leider nicht alt. In der Folge hatten wir nie den Gedanken, dass ein Haustier unser Leben bereichern könnte.

Mittlerweile sind viele Jahre vergangen. Unsere Familie lebte in einer ruhigen Spielstraße in einer ländlichen Gegend. Mein Mann und ich hatten zu dieser Zeit zwei Kinder im Grundschulalter.
Eines Tages hörten wir ein jämmerliches Maunzen an der Haustüre. Aufgeschreckt sahen wir nach. Beim Öffnen der Tür schaute uns ganz verängstigt ein kleines Kätzchen an. Draußen war es kalt und es lag viel Schnee. Die Kinder wollten die Katze direkt hereinlassen, doch mein Mann wollte dies erst nicht. So bauten wir eine Kiste, ausgestopft gegen die Kälte und legten Fleischwurst und andere Leckereien rein. Am nächsten Tag schauten wir nochmals an der Tür. Das kleine Kätzchen war in dieser Kiste, nur zwei kleine Ohren schauten raus. Es war noch mehr Schnee gefallen. Da wurde auch mein Mann weich und wir ließen die Katze ins Haus.
Fortan bereicherte sie unser Leben. Mein Mann machte im Tierhandel einen Großeinkauf, denn sie sollte es bei uns gut haben. Wir nannten sie Tigerchen, weil sie ein genauso gestreiftes Fell hatte. Sie war wunderhübsch.
Tigerchen hatte sich unsere Familie und unser Heim als ihres ausgesucht und mich vorrangig als Hauptperson.
Katzen sind schlau. Sie lief mir nicht vor die Füße. Hatte sie meine Blindheit instinktiv gespürt? Lag es daran, dass ich ihr einmal fast auf den Schwanz getreten wäre? Wie auch immer: Sie war einfach pflegeleicht. Ich knuddelte, streichelte und verwöhnte sie – und sie dankte es mir! Wenn ich traurig war, kam sie zum Trösten. Einfach phänomenal.
Ihr Lieblingsplatz war auf einem Heizkörper. Außerdem war sie sehr musikalisch. Beim Musikhören tanzte sie um mich herum. Sie spielte sogar Klavier, in dem sie auf der Tastatur herumlief. Das war so niedlich.

Leider hatten wir sie nur wenige Jahre. Als Freigängerin war es natürlich ihre Aufgabe, ihr Revier zu verteidigen. So kam es auch zu Auseinandersetzungen und kleinen Kämpfen. Von einem dieser Kämpfe holte sie sich eine Verletzung. Von deren Infektion erholte sie sich nicht mehr. Es war grauselig.
Wir durften sie nicht mehr nach draußen lassen. Sie entwischte uns jedoch und war einige Tage fort. Wir dachten schon, wir würden sie nie wiedersehen. Dann kam sie doch zurück und brachte eine größere Katze mit. Nach unserer Recherche und Gesprächen mit Nachbarn stellte sich heraus, dass dies ihre Mutter war. Tigerchen war einst ausgesetzt worden. Die Besitzer des Muttertiers hatten weiter entfernt gewohnt, waren mittlerweile fortgezogen und hatten ihre Katze zurückgelassen.
Die kleine, todkranke Katze brachte ihre Mutter zu uns, als hätte sie unsere bevorstehende Trauer gespürt. Wir mussten bald danach Tigerchen in unserem Garten beerdigen. Am gleichen Tag kam das Muttertier wieder und zog bei uns ein.
Wir nannten sie Bärchen. Sie war zu diesem Zeitpunkt schon älter, aber genauso hübsch wie Tigerchen. Sie eroberte unsere Herzen auf eine andere Art und Weise. Sie war viel ruhiger und gemütlicher. Im Garten begrüßte sie mit einem freundlichen Maunzen alle Vögel, die Fische im Teich oder die Mäuse, statt diese zu jagen. Also gar nicht nach Katzenart.
Sie suchte die Nähe zu uns. Auch sie konnte mich trösten, wenn ich traurig war. Sie liebte es, auf dem Schoß gestreichelt zu werden.
Das liebe ältere Katzentier lebte nur noch wenige Jahre und wir mussten es neben ihrer Tochter im Garten beisetzen. Da das kurz vor Weihnachten geschehen war, hatte der Familienrat während der Feiertage beschlossen, einer Katze aus dem Tierheim bei uns ein neues Zuhause zu geben.

Das ist jetzt erst ein Jahr her. Uns wurde es mit dieser sehr jungen Katze namens Fee ebenfalls nicht langweilig.
Bei einem ihrer ersten Freigänge mussten wir sie aus einer Kaninchenfalle eines weiter entfernten Nachbarn befreien.
Ein anderes Mal kletterte sie so hoch auf einen Baum, dass wir sie vorsichtig runterholen mussten. Abwarten, was noch so alles kommen mag.

Heute ist sie sehr agil im Haus. Besonders liebt sie meine sprechenden Gerätschaften. Wenn ich mein Handy reden lasse, schaut sie mir zu. Sie liebt meine PC-Tastatur. Sie legt sich gerne darauf, um so kuriose Dinge am PC auszulösen. Es wird nie langweilig mit ihr!
Es ist wahrlich ein Katzenmärchen. Denn ich bin "blind" und blind in Katzen verliebt!

Petra Bohn

Der Discobesuch und seine Folgen (eine wahre Geschichte)

Petra Bohn kam 1961 als zweites von sechs Kindern in Kiel zur Welt. Sie ist von Geburt an blind und hat daher größtenteils ihre Kindheit und Jugend in Internaten von Blindenschulen verbracht. Die Ausbildung hat sie mit einem so guten Zeugnis bestanden, dass sie gleich nach der Schule zwanzigjährig als Bürokraft im Sozialministerium in Kiel eingestellt wurde. Sie ist nach mehr als vierzig Dienstjahren heute im Ruhestand.
Mit dem Schreiben von Geschichten begann sie bereits im Kindesalter. Es hatte ihr schon immer Spaß gemacht, sich in eine Fantasiewelt zu begeben. Vielleicht war es damals im Internat eine Art Flucht aus der nicht immer netten Realität.
Petra Bohn schreibt auch seit Jahren regelmäßig Prosa und Lyrik für die BLAutor-Hörzeitung Litera.
Ihre gefühlvollen Texte finden sich in mehreren Anthologien des Edition Paashaas Verlags.

Meine Schwester war eine echte Discoqueen, kann man sagen. Mindestens zweimal in der Woche ging sie als junges Mädchen in die Disco, geschminkt und in einem Outfit, wie es Ende der 1970er/Anfang der 1980er Jahre für Jugendliche modern war. Ich dagegen mochte den Lärm nicht und hielt mich lieber aus der Disco fern. Auch war ich bestimmt viel zu brav angezogen. Aber das hielt meine Schwester nicht davon ab, von Zeit zu Zeit zu versuchen, mich zu überreden, sie in die Disco zu begleiten. Auch meine Blindheit schien sie für die Unternehmung nicht zu stören. Ich bin nämlich von Geburt an blind und hab ja vielleicht auch deshalb schon immer ruhigere Orte bevorzugt, wo man sich vernünftig unterhalten kann.

An einem Abend im Frühjahr des Jahres 1982 schaffte es meine Schwester Sabine tatsächlich, mich zu einem gemeinsamen Discobesuch zu überreden. So machten wir uns auf den Weg zur nahe gelegenen Diskothek. Unterwegs ging es mir durch den Kopf, wie der Abend für mich wohl verlaufen würde. Ich stellte mir vor, dass Sabine schon bald nach unserem Eintreffen auf die Tanzfläche geholt und ich nur dasitzen und mich langweilen durfte. Wer würde wohl ein blindes Mädchen zum Tanzen holen?
Tatsächlich, wir saßen kaum auf den hohen Barhockern, wurde Sabine aufgefordert. Sie schrie mir ins Ohr, dass sie gleich wiederkäme. Ja, man konnte nur schreiend kommunizieren, genau wie ich es mir vorgestellt hatte. Es kam dann aber ganz anders, als ich es mir in meinen Gedanken ausgemalt hatte. Kaum war meine Schwester weg, sprach mich eine männliche, sympathische Stimme an. Er fragte, ob ich mit ihm tanzen wolle. Ich war sehr erstaunt. Wenig später fand ich mich auf der Tanzfläche wieder, auf die er mich geführt hatte; doch dann ließ er mich los. Ich fragte ihn, ob wir nicht zusammentanzen wollten. Er sagte, dass wir auseinander tanzen würden, das hieß, dass jeder für sich tanzte. Ich gab zu bedenken, dass ich von der Tanzfläche abkommen könne. Er sagte, dass er mich dann zurückholen würde. Er war wirklich nett und überhaupt nicht unsicher, was meine Blindheit anging. So hampelte ich ein bisschen vor mich hin. Ich traute mich nicht, allzu sehr abzudrehen, da auf der Tanzfläche viel Betrieb war und ich Sorge hatte, jemanden anzurempeln. Aber das ist den sehenden Leuten bestimmt auch passiert, so voll wie es war.
Nach dem Tanzen brachte mich der junge Mann wieder zu meinem Hocker und ging. Sabine war inzwischen auch zurück. Mir war es einfach zu laut, und ich war auch etwas müde, daher bat ich meine

Schwester, mich nach Hause zu bringen, was sie tat. Nachdem sie mich zu Hause abgeliefert hatte, ging sie nochmal los.
Ich dachte nur kurz an den Abend in der Disco und den netten jungen Mann. Für mich war das Ganze nicht von Bedeutung und nur ein kurzer Ausflug in die Welt der sehenden, jungen Leute gewesen. Schnell war ich wieder in meiner Welt und sorgte mich mehr um meine Tiere als um alles andere.

Eines Tages bekam ich Post von meiner Schwester. Es stellte sich heraus, dass sie mir Briefe von Ulrich geschickt hatte. So war der Name des jungen Mannes, der mich in der Disco zum Tanzen geholt hatte. Später erzählte mir Sabine, dass sie an dem Abend, an dem ich mit ihr in der Disco gewesen war, ohne mich nochmal hingegangen war, und da hatte Ulli sie nach meiner Adresse gefragt. Sie hatte ihm aber ihre gegeben, und so schickte er Briefe, die für mich bestimmt waren, an Sabine.
Es folgten weitere Briefe, eine Musikkassette und dann eine besprochene Briefkassette von ihm. Wir telefonierten, und eines Tages stand er persönlich vor meiner Tür. Ich hatte gar nicht damit gerechnet, dass er mich mal besuchen würde, obwohl mir schon aufgefallen war, dass er Interesse an mir hatte. Ich war sehr aufgeregt, als Ulli so unerwartet vor mir stand. Ich bat ihn in meine kleine Einzimmerwohnung, wo ich gerade dabei war, das Abendbrot zuzubereiten. Meine Einladung, doch mitzuessen, nahm er gern an.
Später saßen wir nebeneinander auf dem Sofa.
Nachdem wir locker miteinander geredet hatten, gestand mir Ulli mit einem Mal, dass er mit mir gehen wolle. So sagte man damals, wenn man sich in jemanden verliebt hatte. Ich war völlig durcheinander, bat ihn, mir noch etwas Zeit zu geben. Meine Antwort hat

er wohl als Ja aufgefasst, denn er riss mich an sich und küsste mich so heftig, dass ich glaubte, zu ersticken.
Ehe ich mich versah, befand ich mich in einer Liebesbeziehung.
Ulli kam nun öfter zu Besuch. Er war sehr aufmerksam, machte sich in meiner Wohnung nützlich und lud mich zu Autofahrten ans Wasser ein, wo wir dann spazieren gingen.
An einem Wochenende, an dem ich meine Eltern besuchte, kam Ulli spontan mit, um sich ihnen vorzustellen. Er war wirklich ein anständiger Kerl. Und trotzdem war ich mit meinen Gefühlen hin- und hergerissen. Zweifel packten mich. Mal dachte ich, dass ich Ulli lieb hatte, dann wieder war ich mir dessen nicht sicher. Ich schrieb an einem Tagebuch, das heute noch existiert. Einen kleinen Auszug daraus möchte ich hier wiedergeben:

23.02.1982
Vorgestern war Ulli da. Haben viel diskutiert. Möchten es miteinander versuchen. Ich mag ihn immer mehr. Meine Ängste und Bedenken schwinden langsam.

01.03.1982
Ulli war am Wochenende mit mir bei meinen Eltern. Haben viel diskutiert. Fühle mich sehr elend! Mag ihn sehr, hab aber auch Angst, meine Freiheit zu verlieren. Er war bis heute Morgen noch bei mir in der Wohnung. Sagte mir heute Morgen, er liebt mich. Oh, was soll ich machen?

So schrieb ich unter anderem in mein Tagebuch. Es war ein Wechselspiel der Gefühle. Klar mochte ich ihn. Vielleicht war auch etwas Stolz dabei, einen sehenden Freund zu haben, der mir ein bisschen von der Welt draußen zeigte.

Bei meiner Freundin Doris habe ich mich während eines Wochenendbesuchs ausgesprochen. Immer wieder lag ich ihr mit meinen Gedanken um Ulli in den Ohren. Ich war ihr sehr dankbar, dass sie so geduldig zuhörte, auch hin und wieder einen Ratschlag gab, aber das brachte mich nicht weiter.
Am Morgen des 11. März war es, da sagte Ulli mir, dass er seinen Dienst als Marine-Soldat nun bald beenden würde und zurück nach Kastellaun ginge, der Ort liegt in Nordrhein-Westfalen. Ich muss hier erwähnen, Ulli hatte seinen Marine-Dienst auf dem Schiff "Zerstörer Rommel" getätigt. Ich hatte ihn einmal gefragt, ob er mich mal auf das Schiff mitnehmen würde, aber das lehnte er ab. Er meinte, da ginge es viel zu rau zu, das sei nichts für mich.
Nachdem er mir nun mitgeteilt hatte, dass er bald wieder zurück in seinen Heimatort gehen würde, fragte er mich, ob ich mitkäme. Da wusste ich, Ulli hatte mich wirklich lieb. Aber das beruhte wohl nicht auf Gegenseitigkeit, denn ich verneinte. Nicht nur, dass bei mir die Liebe wohl nicht halb so groß war wie bei ihm, ich hatte hier meinen guten Job im Sozialministerium, und es gab noch anderes, was mich oben im Norden festhielt. Erst kürzlich war ich aus Hessen wiedergekommen, wohin ich eines Mannes wegen gezogen war. Ich wollte einfach nicht schon wieder weg.
Es war ein schwerer Abschied nach einer kurzen aber heftigen Beziehung. Ulli ging weinend fort. Das war für mich das Allerschlimmste. Ich kam lange nicht darüber weg, dass Ulli meinetwegen geweint hatte und war deshalb eine Zeitlang richtig krank.

Irgendwann fühlte ich mich besser und war wieder lebenslustiger. Meine Arbeitsstelle befand sich nicht weit weg von meiner Wohnung, und so ging ich während der Mittagspause ab und zu nach

Hause, leerte den Briefkasten und sah in der Wohnung nach dem Rechten.
Da erlebte ich an so einem Mittag, als ich zu Hause ankam, eine Überraschung. Ulli stand vor meiner Wohnungstür. Ich freute mich ehrlich, aber seltsamerweise knurrte meine Schäferhündin ihn an. Eigentlich war sie ein sehr friedliches Tier. Vielleicht spürte sie, dass zwischen Ulli und mir was Besonderes lag und war eifersüchtig. Ich muss dazu sagen, dass das Tier noch nicht lange bei mir war und Ulli nicht kannte. Ulli sagte mir, dass er gerade in der Nähe war und einfach mal bei mir reingucken wollte. Das war das letzte Mal, dass ich ihn getroffen habe.
Einige Zeit später kam ein Brief von ihm, in dem er schrieb, es sei vielleicht gut gewesen, dass wir uns getrennt hätten. Er würde nun mit seinem Motorrad durch die Welt fahren. Hat er sich das eingeredet, oder war es wirklich so?
Heute nach all den Jahren weiß ich: Ulli war ein netter, anständiger Kerl, und er hat es ehrlich gemeint. Vielleicht hätte er geduldiger sein, mir mehr Zeit geben müssen, es ging alles so schnell. Ich frage mich, obwohl ich die Blinde bin, hat er sich blind verliebt?

Dr. Konrad Gerull

Eine sehr kleine Liebesgeschichte

Dr. Konrad Gerull wurde 1946 in Stadthagen geboren, studierte Mathematik und Physik in Berlin und Tübingen. Nach der Promotion in Mathematik arbeitete er am Oberstufenkolleg an der Universität Bielefeld und kam 2000 wegen der vollständigen Erblindung vorzeitig in den Ruhestand.
Die psychische und praktische Auseinandersetzung mit dem fortschreitenden Sehverlust (Retinitis Pigmentosa) brachte ihn zum literarischen Schreiben und so auch zum Arbeitskreis BLAutor. Er hat privat drei Gedichtbändchen veröffentlicht. Einzelne Texte oder Gedichte wurden in verschiedenen Sammlungen aufgenommen und veröffentlicht, z.B. in "Tentakel" und "Die Wortfinder". Er ist seit über 30 Jahren sehr engagiert in der Sehbehinderten-Selbsthilfe (Pro Retina Deutschland e.V.). Dort sind oft seine Gedichte und Texte zu Sehbehinderung und Erblindung hilfreich.

Es ist schon viele Jahre her, doch erinnere ich mich noch ganz genau. An diesem Nachmittag begegnete ich im KaDeWe bei der Fahrt vom 4. Stock ins Erdgeschoß der Frau meines Lebens:
Als wir gemeinsam oben vor der Aufzugtür warteten, fiel mir nur ihr bunter Wollpullover auf, der lang und eng geschnitten, ihre schlanke Figur betonte. Beim Einsteigen sah ich ihr Gesicht, das mich sofort faszinierte. Ihr Blick hatte etwas Lebendiges, Pfiffiges, und unterschied sich sehr von den vielen genervten oder gelangweilten Käufermienen rings herum. Sie wirkte fast noch kindlich, und doch glaubte ich eine eigentümliche Mischung von ungekünstelter Selbstsicherheit und einfühlsamer Wärme wahrzunehmen.
Im dritten Obergeschoss stiegen weitere Menschen zu. Mit unbefangener Neugier nahm sie, begleitet durch schnelle graziöse Kopfbewegungen, ihre Umgebung wahr. Ich muss sie einen Moment länger angestarrt haben, als schicklich ist, aber sie hielt meinem Blick

mit fröhlicher Miene stand, bis ich verlegen und vielleicht errötend wegsah.
Im 1. Stock wurde der Aufzug ganz voll, die Leute schoben nach, und ihr Oberkörper wurde leicht an mich herangedrückt. Sie vermied diese Berührung nicht und bemerkte sie wohl auch gar nicht. Aber für mich war dieser sanfte Eindruck ein erotischeres Erlebnis als mancher Intimkontakt, und irgendwie spüre ich es an dieser Stelle bis heute noch ...
Dann waren wir unten, die Menschen strömten drängelig in alle Richtungen davon, und im Nu hatte ich auch den braunen Lockenkopf meiner Traumfrau aus dem Blick verloren.
Obwohl ich nach Jahren völlig erblindet bin, habe ich ihr Gesicht noch heute vor meinem geistigen Auge.

Dr. Daniela Preiß

Liebe über alle Grenzen

Dr. Daniela Preiß: Tiere und Bäume bedeuten Daniela viel. Gegen ihre Depressionen helfen sie besser als jedes Medikament und so geht die blinde Fränkin auf Entdeckungsreise. Sie hat schon Elefanten berührt, Seehunde angefasst und sich zum Beispiel einen Tintenfisch als Kuscheltier gekauft, damit sie ihn begreifen kann. Im Wildpark am Edersee hat sie ein zahmes Reh gestreichelt. Regelmäßig spendet sie für Tiere und sucht derzeit noch ein Patenschaf.
Beim Schreiben mag sie es gesellschaftskritisch. Ob in einem humorvollen Fußballroman oder historisch: Daniela probiert vieles aus. So arbeitet sie auch mit ihrem Freund Oliver, der Heilpraktiker ist, an einem Anti-Stress-Ratgeber. Da schließt sich der Kreis zu Tieren und Natur.
Mehr zu Daniela und ihren Büchern gibt es unter www.daniela-preiss.de.

Es geschah in den tiefen Wäldern, wo sich die Bäume im Wind wiegten und die Vögel ihre Lieder sangen. Dort lebte auch ein Rehmädchen, das von Abenteuern träumte. Außerdem liebte Franziska die Schönheit der Natur. Neugierig, wie sie war, streifte sie gern durch das Gehölz, um neue Gebiete zu erkunden. Dabei traf sie auf die unterschiedlichsten Bewohner des Waldes.
Eines Tages, während Franzi neben einer Eiche graste, hörte sie ein Knacken in den Zweigen. Sie schaute hoch und entdeckte, dass im dichten Laubwerk ein Eichhörnchen saß. Der Pelz glänzte in der Morgensonne; ein lebendiges Braun, das an die Erde des Waldbodens erinnerte. Außerdem sprang das Eichhörnchen geschmeidig von einem Ast zum nächsten, mit einer solchen Leichtigkeit, wie auch Franzi sich im Unterholz bewegte.

Plötzlich flitzte es den Baumstamm hinunter. Franzi hörte noch, wie seine Krallen über die Rinde kratzten, und dann eine Stimme:
„Hey, was starrst du mich so an?“
„I-ich?“
„Na klar du. Oder ist sonst noch jemand hier?“
„Nein, aber ... Ich wollte nicht ...“ Ihr wurde heiß wie nie zuvor. Beschämt drehte sie den Kopf weg, stutzte dann aber, weil das Eichhörnchen lachte. Franzi atmete aus und wagte, es wieder anzusehen. Sie blickte in große, glänzende Augen. Und der Klang seiner Worte wärmte ihr Herz.
„Was treibt dich denn hier her?“, wollte das Eichhörnchen wissen.
„Ich bin auf der Suche nach Abenteuern und neuen Geschichten“, erklärte ihm Franzi.
„Oh, prima. Da komme ich mit. Ich bin übrigens Ralf.“
Schnell fanden die zwei ins Gespräch, denn sie konnten einander vieles erzählen. So trafen sie sich häufig unter den Ästen der knorrigen Eiche. Dann verbrachten sie Stunden damit, die geheimnisvollen Pfade zu erforschen und von entlegenen Ländern zu träumen.
Immer weiter entfernten sie sich vom Unterschlupf ihrer Familien. Doch kaum waren sie losgezogen, als auch schon die Dämmerung über den Baumwipfeln herabsank und sie zurückkehren mussten. Denn beide waren noch zu klein, um getrennt von den Eltern irgendwo im Unterholz zu übernachten. Das hätte Franzis Mutter nie erlaubt.
Aufgeregt erzählte Franzi ihr von den Erlebnissen des Tages, aber sie sagte wenig dazu. Erst nach einer Weile, als die Tochter das bemerkte, hörte sie selber auf zu plappern.
Mama teilte ihre Freude nicht, sondern war besorgt. „Ich wünschte nur, du würdest nicht andauernd Zeit mit diesem Ralf verbringen.“

Franzi schlingerte das Herz. „Aber … wieso?“
„Weil er anders ist als du. Das kann zu nichts Gutem führen“, mahnte die Mutter.
„Doch, doch“, begehrte Franzi auf, wobei ihre Stimme um mehrere Töne nach oben schnellte. Dringend brauchte sie etwas, das Mama überzeugen würde. „Er …“ Franzi geriet ins Stottern, aber dann wusste sie endlich weiter. „Ralf hat mir gezeigt, wie man richtig klettert. Jetzt komme ich geschickter vorwärts. Das hilft mir, vor Wölfen oder einem Luchs zu fliehen.“
„Hm.“ Die Mutter legte ihren Kopf schräg, bevor sie zugab: „Das kann wirklich nützlich sein.“
„Ja, und er sammelt den Herbst über Nüsse und Samen. Dafür kennt er die besten Verstecke. Ein paar davon hat er mir gezeigt, damit ich auch im Winter Futter finden kann, wenn es knapp wird.“
Langsam nickte die Mutter. „Du hast recht, das ist schlau. Trotzdem …“
Damit sie nicht weitersprach, sprudelte Franzi hervor, was ihr gerade auf der Zunge lag. „Es tut mir einfach gut, einen Freund zu haben, der anders ist. Ralf kennt andere Pflanzen und Tiere als wir. Jeden Tag entdecke ich mit ihm etwas Neues.“
„Trotzdem passt der Junge nicht zu dir. Mach doch die Augen auf, mein liebes Kind. Die Natur hat uns auf unterschiedliche Wege geführt und es gibt Grenzen, die wir nicht überschreiten sollten. Zwischen einem Reh und einem Eichhörnchen darf keine Freundschaft sein.“
Das mochte Franzi nicht hinnehmen, zumal ihre Gefühle für Ralf sich veränderten. Als hätte sie ihn schon ihr ganzes Leben lang gekannt, zog es sie in seine Nähe. Er war ein Teil von ihr und sie konnte die Gedanken nicht mehr von ihm abwenden.

„Wir werden Mama zeigen, dass die Unterschiede uns nicht trennen, sondern stärker machen", sagte sie zu Emilian. Der Schneeeulenmann hatte eine Höhle in einer alten Linde bezogen und Franzi setzte sich neben ihn, weil sie Zuspruch brauchte. Außerdem hörte sie gern von Emilians Reisen. Als Zugvogel war er weit herumgekommen und wusste vor allem aus Nordeuropa vieles zu berichten. Der Kontakt ging aber nicht so tief wie das, was Franzi für Ralf empfand. Ihr Herzschlag beschleunigte sich.
„Er ist so anmutig und klug. Immer wachsam, aber zugleich verspielt. Und wie er den Schwanz gebraucht, um sein Gleichgewicht zu halten … Warum gelingt mir das nicht auch?"
„Hört, hört. Ich wusste gar nicht, dass du so reden kannst", spöttelte Emilian. Darauf wurde seine Miene ernst. „Franzi, ich sage dir: Du bist verliebt."
Ob das nun stimmte, wusste Franzi nicht genau. Je mehr sie allerdings mit Ralf umherstrich, desto weniger mochten die übrigen mit ihr zusammen sein. Raunen und Wispern ging durch den Wald. Einige Tiere tuschelten hinter vorgehaltener Pfote oder warfen Franzi misstrauische Blicke zu, während andere sich wegdrehten. Sie konnte nicht verstehen, warum das passierte, hatte sie doch mit niemandem Streit. In ihrem Bauch begann es unbehaglich zu ziehen. Also fragte sie eine Rehfamilie, die öfter mit ihr sprach.
Verwundert schaute der Vater sie an. „Weißt du es wirklich nicht?"
„Nein", beteuerte Franzi und schüttelte den Kopf.
Da beugte sich ein Junges vor, wobei es die Stimme zu einem Flüsterton senkte. „Manche befürchten, dass du das Eichhörnchen bloß ausnutzen willst, um dir seine Vorräte zu greifen."
„Niemals", empörte sich Franzi.

Aber es kam noch schlimmer, denn das Reh fügte hinzu: „Umgekehrt läuft es genauso. Er spielt dir die Freundschaft nur vor, damit er deine Gunst behält."
„Wir Rehe haben scharfe Sinne", bemerkte die Mutter, als hätte Franzi das nicht selbst gewusst. Außerdem schützten sie, allein durch ihre Gegenwart, kleinere Gefährten vor Raubtieren und menschlichen Jägern.
Aber Ralf war doch kein Feigling, der sich hinter ihr versteckte. Und er würde sie im Leben nicht betrügen.
Franzi konnte nicht fassen, dass jemand so etwas verbreitete.

Doch als die Tage vergingen, wurden die Anschuldigungen immer lauter. Sogar Freunde, die einst an Franzis Seite gestanden hatten, wandten sich nun von ihr ab. Die Mutter blickte traurig drein. Doch besonders tief saß der Schmerz, dass Ralf nur noch selten zum Treffpunkt kam. Fröhlich wirkte er schon lange nicht mehr.
„Was wir machen, könnte im Wald zu großer Unruhe führen."
„Das glaubst du im Ernst?"
„Es hat doch schon angefangen", erwiderte Ralf.
Dagegen war Franzi fest entschlossen, seine Zweifel zu zerstreuen.
„Wir beide wissen es besser. Dass wir uns wohl zusammen fühlen, zählt am meisten."
Trotzdem wirkte es, als hätten die Gerüchte eine unsichtbare Mauer zwischen ihnen errichtet. Und Franzi wusste nicht, wie sie den Steinwall überwinden sollte. In wachsender Verzweiflung redete sie, aber die Worte prallten von Ralf zurück, während er den Schwanz zu Boden hängen ließ.
„Willst du alle anderen verlieren, nur damit wir zwei befreundet bleiben? Könntest du dann glücklich sein?", fragte Ralf.

„Wenn ich zulasse, dass die anderen unsere Freundschaft zerstören, geht es mir genauso schlecht“, hielt Franzi dagegen.
Aber Ralf hatte sich entschieden. Noch einmal schaute er bekümmert zu ihr hin, bevor er sich umwandte und im Dickicht davonsprang.
Verwirrt und verletzt starrte Franzi ihm nach. Sie konnte nicht begreifen, warum die meisten Tiere ihnen so misstrauten und Ralf sich von ihr distanzierte. Hatte sie ihn überschätzt?
Immer stärker nagten die Zweifel an ihrem Vertrauen. Womöglich traf zu, was so viele behaupteten, und sie sollte nicht mit Ralf zusammen sein.
Dennoch lief sie in den nächsten Tagen oft zu ihrer Eiche. Wenn die frühen Sonnenstrahlen ihre Nase kitzelten, kam sie dort an. Und sie verharrte, bis sich wiederum Schatten über die Bäume legten.
Auch die Düsternis in ihrer Brust dehnte sich aus. Franzi fühlte sich hilflos und alleingelassen, während die Dunkelheit sie umschloss wie eine tiefschwarze Nacht. Selbst das Blätterrauschen und das sanfte Gurgeln eines Baches, dem sie so gerne zuhörte, waren verstummt.
Zwar bemühte sie sich, Abschied von Ralf zu nehmen. Doch es gelang ihr nicht, den Freund aus ihrem Herzen zu verbannen.
Einmal hatte er gesagt: „Du hast leuchtende Augen, die das Licht der Sonne spiegeln. Und nachts gleichen sie den Sternen am Himmel.“
Franzi war ganz schwindelig geworden. Sie wusste, dass sie ihm gefiel. Wie konnte es da ein Fehler sein, um seine Zuneigung zu kämpfen?
Durch ihren Körper ging ein Ruck. Denn irgendjemand musste angefangen haben, die Gerüchte zu streuen. Franzi würde denjenigen

finden, damit er ihr erklärte, aus welchem Grund er sich so schändlich verhielt.

Anstatt noch länger bei der Eiche zu verweilen, durchkämmte sie den ganzen Wald. Ihr taten schon die Füße weh. Aber sie würde erst nachgeben, wenn sie den Unhold aufgespürt hätte, der solche Zwietracht säte.

Immer wieder verbarg sie sich im Buschwerk, um Gespräche zu belauschen. Tatsächlich redeten die Tiere über sie und Ralf. Aber keiner, den sie überprüfte, schien die Verstimmung ausgelöst zu haben.

„Lass es doch dabei bewenden", bat ihre Mutter.

Aber Franzi brauchte eine Antwort.

Zugleich sehnte sie sich in einer Weise nach Ralf, dass sie anfing, ihm kleine Geschenke zu machen. Dafür suchte sie Leckereien wie Samen, Früchte und Beeren. Eine davon hielt sie zwischen den Lippen fest. Dann kletterte sie den Baumstamm zu einem Nest hinauf, das seiner Familie gehörte.

Es wurde mühselig und dauerte lang, bis Franzi oben war, doch schließlich legte sie eine Himbeere in den Kobel. Außerdem brachte sie Moos und Federn, damit die Eichhörnchen ihr Nest auspolstern und es sich gemütlich machen konnten.

Aber so oft sie auch emporstieg, Ralf war nie zu Hause. Vielleicht hatte die Familie das Nest ja verlassen. Sie bauten immer wieder neue, wie Franzi wusste, an allen möglichen Orten im Wald.

Ihr sank allmählich der Mut. Doch horchte sie auf, weil die Honigbiene Marta heftig summte. Worüber war sie so erregt?

Sie umschwirrte Emilian, der ungestüm auf sie einredete. „Ich verstehe einfach nicht, was Franzi an Ralf findet."

Bei ihrem Namen fuhr sie zusammen. Doch schnell duckte sie sich hinter einen Farn, damit sie unbemerkt blieb. Hoffentlich würde das Rascheln der Blätter sie nicht verraten.
„Das Eichhörnchen ist doch nur eine Last", höhnte Emilian, „ohne ihn wäre sie besser dran."
Franzi biss die Zähne zusammen, ihr Herz pochte vor Empörung. Zumindest pflichtete Marta dem Eulenmann nicht bei, sondern unterstützte das Pärchen. „Warum hast du so eine Meinung von ihm? Die zwei sind doch gute Freunde."
Emilian lachte trocken. „Gute Freunde? Ach, Marta, du bist so naiv. Ralf zieht Franzi doch bloß runter. Sie könnte so viel glücklicher sein, wenn er aus dem Wald verschwinden würde."
Das war zu viel für Franzi. Mit einem Satz hechtete sie aus der Deckung und baute sich vor Emilian auf. „Was hast du gesagt?"
Er wich zurück und seine Augen weiteten sich. „Also ... Äh ..."
„Du hast mich verstanden. Und jetzt erklär mir, warum du so über ihn lästerst."
Aus Wut und Enttäuschung schossen ihr heiße Tränen über die Wangen. Zugleich entfaltete sich ein Verdacht. Konnte es sein, dass Emilian die Hinterlist ersonnen hatte, Ralf und sie auseinanderzutreiben? Für einen Moment fehlten Franzi die Worte.
Aber Marta gesellte sich zu ihr und starrte ihn vorwurfsvoll an. „Was fällt dir ein, solche Lügen zu erzählen?"
Emilian senkte den Kopf. „Ich wollte dir nicht weh tun, Franzi. Es ... Es war doch nur, weil ..."
„Ja?", bedrängte sie ihn.
Er stieß die Luft aus. „Weil ich dich liebe. Deshalb dachte ich, wenn er fort wäre, könnte ich mehr Zeit mit dir verbringen."
Obwohl er aufrichtig zerknirscht erschien, regte sich in Franzis Brust kein Mitgefühl. So vieles strömte auf sie ein.

„Du hättest dir meine Gefühle erschlichen“, war der erste Gedanke, der ihr über die Lippen kam.
„Doch nur, weil du die Tage heller machst“, versuchte Emilian sich an einer Erklärung. Dabei merkte er wohl selbst, wie falsch das klang. Dennoch teilten sie etwas. Denn beide, Franzi und er, suchten die Nähe einer anderen Art.
Marta legte Franzi tröstend einen Flügel auf die Schulter. Ihr Blick haftete allerdings auf dem Eulenmann. „Bring das in Ordnung. Am besten, du gehst zu Ralf und offenbarst ihm, was du angerichtet hast.“
„Ja“, versicherte Emilian.
Franzi war erleichtert, dass er sich nicht herauswinden wollte. Vielleicht konnten sie doch Freunde bleiben.
Während sich Franzi von dem Schrecken erholte, übernahm es Marta, alle übrigen zu informieren. Sie flog lange Strecken und summte den Tieren in den Ohren.
Bald kamen die ersten zu Franzi, damit sie sich entschuldigen konnten. Dazu gehörten auch die Eichhörnchen.
„Tut mir leid, ich habe mir etwas einreden lassen“, gestand der Familienvater.
„Emilian hat uns mit seinen Argumenten umgestimmt“, hängte die Mutter an. Doch jetzt, als sie erfuhren, was er für einer war, überlegten sie noch einmal neu. „Und warum sollten wir euch keine Chance geben?“
Immerhin geschah es oft, dass verschiedene Tiere zusammenhalfen. Bisweilen waren sie sogar aufeinander angewiesen, ähnlich wie Pilze und Bäume.
Allein Franzis Mutter blieb skeptisch, was Ralf betraf. Doch wenn sie ihn kennenlernte, wäre sie bestimmt von ihm begeistert.

Franzi wollte zu ihm rennen und ihn einladen. Sie spürte aber, dass besser Ralf entschied, wann er bereit war für den nächsten Schritt. Sehnsüchtig wartete sie neben der Eiche. Die Sonne tauchte den Wald in ein warmes, goldenes Licht, wozu die Vögel sangen. Auch der Bach gluckerte vor sich hin und viele Blätter wisperten. Sprachen sie davon, dass Ralf herankam?

Sie konnte ihn noch nicht erspähen. Jeder Moment, der sinnlos verstrich, fühlte sich wie eine Ewigkeit an.

Mit einem Seufzer sank Franzi zwischen den Grashalmen nieder. Alles wäre so schön, wenn Ralf nur endlich auftauchen würde.

Da raschelte es im Gebüsch. Franzi schreckte auf und hätte am liebsten einen Salto gemacht.

„Ralf", rief sie viel zu laut.

Sie grinste ihn an, doch er strahlte nicht zurück. Nur langsam kam er auf sie zu und blieb so weit entfernt wieder stehen, dass sie ihn nicht hätte berühren können.

„Franzi", begann er mit zitternder Stimme, „ich habe nachgedacht. Hast du mir all die Geschenke ins Nest gelegt?"

„Ja", hauchte sie. Das Herz schlug ihr bis zum Hals.

„Also hast du niemals aufgehört, an uns zu glauben. Nicht einmal, nachdem ich dich zurückgewiesen hatte."

Darauf nickte sie.

„Ich hatte Angst, dass unsere Liebe nicht sein könnte", gab er zu, „aber du hast mein Herz schon lange erobert. Kannst du mir verzeihen?"

„Hauptsache, wir sind zusammen", meinte sie und hüpfte ihm entgegen. Als er nach ihrem Huf griff, war die Berührung so sanft, dass Franzi vom Erdboden abhob. Zumindest kam es ihr so vor.

„Oh, Ralf", sagte sie sanft, „Liebe kennt keine Grenzen."

Seite an Seite machten sie sich auf den Weg. Sie waren bereit, jedes Abenteuer zu meistern. Und hatte sie es nicht von Anfang an gewusst? Was die Augen sahen, zählte wenig. Denn Liebe zeigte sich im Herzen.

Dorothee Feuerstein

Aber bitte mit Glasaugen

Dorothee Feuerstein, geboren 1968 in Miltenberg, ging von 1974 - 1980 in die Blindeninstitutsstiftung Würzburg. Mit ihrem Restsehvermögen besuchte sie danach im Rahmen eines Pilotprojekts eines der ersten Regelgymnasien und legte dort 1989 ihr Abitur ab. Wegen ihres regen Interesses an der Medizin entschied sie sich, medizinische Fachübersetzerin für Englisch und Spanisch zu werden und schaffte es in den Fachbereich für angewandte Sprach- und Kulturwissenschaft in Germersheim. Trotz eines Schuljahres in Amerika und eines Stipendiums vom Deutschen akademischen Austauschdienst für ein Studiensemester in England fand sie keine Anstellung als Übersetzerin. Nach mehreren Umschulungsversuchen und ABMs bekam sie für zwei Jahre die Stelle als Ausbilderin für Englisch im Berufsförderungswerk Nürnberg. 2006 musste sie wegen Verschlechterung ihres Sehvermögens sowie einer bevorstehenden Dialyse in Frührente gehen. Nach 10 Jahren kam dann 2016 die ersehnte Transplantation. Als Unruheständlerin wirkt sie an Projekten mit wie zum Beispiel bei der Redaktion Ohrenblicke beim freien Radio Z in Nürnberg. Außerdem spricht sie auch Esperanto, spielt Gitarre und Querflöte und schreibt Texte zur "literarischen Verdauung" von Erlebnissen. Sie lebt mit ihren beiden Katzen in ihrer Wohnung und bekommt ein paar Stunden Assistenz in der Woche.

Als junge Frau bin ich ja ziemlich viel in der Weltgeschichte herumgegondelt, und als Blinde hat man da häufig das Problem, sich irgendwo durchfragen zu müssen, was zwar auch Sehende tun sollten, aber die einen unterlassen es, weil sie oft zu stolz dazu sind, was so manchen Ehekrach im Auto provoziert, die anderen wiederum handeln nach dem Motto, wer lesen kann, ist im Vorteil, und orientieren sich einfach anhand der Beschilderung.

Dies ist natürlich bei einem Blinden weitestgehend unmöglich. Daher bedarf es schon einer gewissen Offenheit für Abenteuer, um sich immer wieder ein Herz zu fassen, sich auf neue Begegnungen einzulassen und aufs Geratewohl Hilfe bei der nächstbesten Person

zu suchen. So geschah es an einem schönen Werktag, als ich in Düsseldorf beim Arzt war, in einer mir völlig fremden Stadt. Ich nutzte die Gelegenheit, das Angenehme mit dem Nützlichen zu verbinden und flanierte gemächlich auf der berühmten und sündhaft teuren Kö auf und ab, und irgendwann beschlich mich dann doch ein immer stärker werdendes Gefühl von Hunger. Ich sprach die Person an, die ich am nächsten bei mir wähnte.
Die sonore Stimme eines Mannes, der gut und gerne mehrere Jahre auf See hätte verbracht haben können, rief beherzt: „Los, Hand auf die Schulter, und ab gehts!"
Er brachte mich in ein schönes und relativ teures Restaurant, in welches er mich sogar einlud. Seine Gesellschaft, bei der er mir unter anderem auch verriet, wo er das mit der „Hand auf die Schulter" gelernt hatte, wäre eigentlich sehr angenehm gewesen, wenn er nicht ein schweres Magenleiden gehabt hätte, wodurch er beim Essen öfter ziemlich penetrante Geräusche von sich gab.

Entschädigt von dieser misophonen Geräuschuntermalung wurde ich aber durch die Unterhaltung selbst, die er mir bot, und natürlich kamen wir dann auch auf das Thema Blindheit zu sprechen. Er meinte, er habe keine Partnerin, und er könne sich durchaus vorstellen, auch eine blinde Frau an seiner Seite zu haben. Und er wolle eine, die im Gegensatz zu mir überhaupt nichts sieht, möglichst mit Glasaugen. „Besorgen Sie mir doch eine von Ihren blinden Bekannten, mit Glasaugen."
Ich, die mich aus Jux, und um das Spiel am Laufen zu halten, auf sein Ansinnen einließ, sagte, ich kenne da eine Frau, sie ist allerdings ziemlich groß, kräftig und etwas schwerfällig und nicht sehr beweglich, sie ist ganz blind und sehr nett.
„Nein, aber es sollte schon etwas mit Esprit sein."
Also Ansprüche hatte der betuchte Herr auch noch. So unterhielten wir uns noch eine Weile, selbst wenn er es tatsächlich ernst gemeint hätte, wäre ich natürlich seinem Wunsch, die Kupplerin zu spielen, keinesfalls nachgekommen.

Nach dem Essen brachte er mich zu einem Taxi, drückte mir noch 20 DM für den Taxifahrer in die Hand, und dann, bevor das Fenster ganz geschlossen war, klopfte er mir noch einmal auf die Schulter und rief: „… und denken Sie daran, mit Glasaugen!"

Teddy Raft

Liebesgeflüster

Teddy Raft wurde 1946 mit der Augenkrankheit RP (Retinopathia Pigmentosa) geboren, die bei ihm im Alter von 19 Jahren zur völligen Erblindung führte. Geschrieben hat er, wenn er sich recht erinnert, schon immer.

Was ich mir vorgenommen habe, hier zu schreiben, erhebt keinen Anspruch auf Richtigkeit im allgemeinen Sinne, wie das etwa eine wissenschaftliche Studie tun würde. Deshalb "Geflüster". Es sollte daher bitte eher zurückhaltend leise erzählt und nicht laut in alle Welt hinausposaunt werden. Schließlich trifft, was ich aus eigenem Erleben denke und empfinde, nicht unbedingt auf andere blinde Menschen zu. Zwar ist es die Wahrheit, wenn auch nur meine eigene Wahrheit, die Wahrheit eines Autors, so wie er sie sieht, vor allem, wie er sie erzählen möchte. Andere erleben anderes, machen andere Erfahrungen und kommen eventuell zu völlig abweichenden Rückschlüssen. Dennoch muss und wird es immer legitim und außerdem spannend sein, Parallelen zu suchen, beziehungsweise zu finden.

Viele Frauen meinen, dass wir Männer nichts anderes im Kopf hätten als immer nur "das Eine". Doch, wir haben! Nur: Das "Andere" kann durch vertraute Liebe extrem angefeuert oder auch behindert werden. Beides ist möglich und ereignet sich tagein tagaus. Aber gerne zugegeben, irgendwie steckt etwas Wahres in dem Spruch, denn diese Ursehnsucht nach Liebe durchströmt mit Macht unser ganzes Leben, und sie versiegt nie.

Ich bin mit neunzehn Jahren blind geworden. Mein erster "GAU". Vielleicht meint jemand vorschnell, das gehöre nicht hier her? Doch, doch, denn nicht nur mein Beruf war von heute auf morgen dahin; der Großteil meiner Hobbys entzog sich mir plötzlich; viele

Interessen konnte ich nicht weiterverfolgen; einige Freunde wussten nichts mehr mit mir anzufangen. Nein, auch meine große Liebe versiegte nach wenigen Wochen. Heute ahne ich, dass ich sie damals vielleicht vor allem deshalb verlor, weil ich unentwegt ihre Nähe, ihren Trost, ihren Humor, ihre Stärke, besonders eventuell ihre Unversehrtheit suchte. Wenn aber Körper und Seele derart eingeengt werden ... In so hoher Dosierung hält das wohl niemand auf die Dauer aus.

Ein Kumpel rief an: „Teddy, alte Lebedame, ich wollte mal hören, wie es dir geht."
„Nicht so besonders. Ich sitze ewig alleine hier herum."
„Alleine? Ist ja doof. Pass auf: Ich fahre jetzt mit Erika vier Wochen zelten. Wenn wir wieder da sind, komme ich dich mal besuchen. Ist das was?"
„Ja klar, ich würde mich freuen. Du kannst auch ein paar Leute mitbringen."
„Vielleicht wäre das eine Idee: Fahr doch mal in ein Blindenerholungsheim oder wie das heißt. Da hast du sicher sofort Kontakte. Du weißt doch: Lieber 'ne Blinde im Bett als 'ne Taube auf dem Dach. (hihi)"
„... Finde ich überhaupt nicht witzig."
„Ach komm, früher hättest du gelacht. Es heißt sowieso immer, blind sein brächte auch seine Vorteile mit sich. Zum Beispiel dürften Blinde eher mal tasten."
„Auch Blinde kriegen ganz sicher ein paar auf die Finger, wenn sie sich daneben benehmen."

Schon klar, der Anruf sollte mich aufbauen, mich erheitern, mir gut tun. Das tat er aber kaum. Mehrere Monate lang war ich verzweifelt, einsam, ganz unten, ohne Kumpel, ohne ein paar Leute, ohne Zukunft, ohne Idee, ohne Perspektive, ohne ... alles.

Dann an einem Sonntag nahm mich mein älterer Bruder mit auf sein Segelboot. Super, er hatte mich noch nie zuvor eingeladen. Mein erstes Segelerlebnis. Ich saß an der Reling und genoss den Wind, die Geräusche, die gesamte Atmosphäre.
„Kannst du einen Palstek?“ Ich bekam ein Tau in die Hand gedrückt. „Hier muss jeder einen ordentlichen Palstek können“, lachte eine junge Frau mich an und griff nach meinen Händen: „Komm, ich zeige ihn dir.“ Das war nicht einfach, einen derart komplizierten Schifferknoten zu schlingen. Unsere Finger verhedderten sich immerzu. Wir grinsten und amüsierten uns. Bis mir das Tau unwichtig wurde. Dann spielten eine Zeit lang nur noch unsere Finger miteinander, ganz ohne Tau.
Irgendwann fragte ich sie: „Darf ich mal dein Gesicht abtasten?“
„Ja.“
Meine Hände suchten ihre Schultern, den Hals, berührten ihr Gesicht. Sie trug eine Kurzhaarfrisur. Ich spürte kleine Ohren, weiche Haut, ihre Stirn, Augenbrauen, eine schmale Nase, ein amüsiertes Lächeln. Ihre vollen Lippen waren minimal geöffnet. Sanft glitten meine Finger über ihr Kinn, über die Jochbeine, den Rand ihrer Nase, ihres Mundes. Ich tastete und tastete immer wieder. Auf einmal ging mir durch den Kopf, dass man so lange nicht tasten darf. Aber es war so schön. Ich legte meine Hände sanft an ihre Wangen, meine Daumen an ihre Mundwinkel. So fand ich ihren Mund ganz genau mittig mit meinen Lippen, als ich sie vorsichtig küsste.
„Du bist ja ein Schlimmer“, hauchte sie. Und dann küsste sie mich zurück, aber keineswegs vorsichtig. Das schrie nach Wiederholung. Wir küssten uns, minutenlang, immer und immer wieder und noch einmal. Ihre Zunge vollbrachte ein paar kleine Kunststücke, herrlich, noch ein Kuss. Bis sie plötzlich verschwand und nicht mehr wiederkam. Dabei war sie doch an Bord, vielleicht nur einen Meter von mir entfernt? Oder fünf Meter? Wie aus einer anderen Welt war sie zu mir gekommen, um mich ins Leben zurückzuholen, und nun war sie wieder fort. Ich ließ das Erlebte in mir widerhallen, genoss meine Erinnerung, spürte ihren Lippen auf den meinen hinterher.

Später überlegte ich, ob sie vielleicht Pfadfinderin war. Die tun doch jeden Tag eine gute Tat. Das hatte sie getan. Ich weiß nicht einmal ihren Namen, aber ich empfinde noch heute, nach annähernd sechs Jahrzehnten, wie wertvoll diese wundervoll intime Viertelstunde für mich war, die sie mir geschenkt hat. Danke, falls du dies liest!

Alles, man könnte sagen, restlos alles musste von mir damals neu erlernt werden. Natürlich auch alles, für das es keine geordneten Ausbildungswege gibt: zum Beispiel Verliebtheit, Liebesbeziehung, Liebe. Besonders hierbei verloren Äußerlichkeiten erstaunlich bald an Bedeutung, wurden immer unwichtiger. Dafür reagierte ich beim gesprochenen Wort irgendwann wie animalisch auf die Zwischentöne in einer Stimme, auf die tiefen Untertöne, das in den Raum strahlende und ihn ausfüllende Falsett, auf den Sound einer Frau. Ich hörte, ich spürte, ich genoss ihre Aura als wirkliches Klangerlebnis. Das konnte und kann mich auch heute noch erwischen, und – nicht übertrieben – es funktioniert sogar am Telefon.
Früher verstand ich die menschliche Stimme lediglich als eine Art Kommunikationsgerät zur Verständigung, zum Gedankenaustausch, zum Übermitteln von Fakten oder Gefühlen. Seit meiner Erblindung, seit meine Aufmerksamkeit zunehmend auf ihren Klang gelenkt ist, weiß ich, dass sie weit mehr ist. Man kann nämlich in ihr "lesen", etwas aus ihr erfahren, denn die Stimme stellt unbewusst und daher einigermaßen unverfälscht ein Stück der Persönlichkeit des Sprechenden dar. Das ist deutlich ehrlicher als alle visuellen Äußerlichkeiten, die mit Hilfe von Friseur, Kosmetik, Schmuck, Kleidung und einigen Tricks oder gar mit Hilfe medizinischer Eingriffe gezielt manipuliert werden.
Sie kam als neues Mitglied in unseren Kirchenchor. Besonders gut singen konnte sie nicht, egal. Als sie vorne stand und sich vorstellte, war ich nach zehn Sekunden einigermaßen magnetisiert. In den Pausen suchte ich ihre Nähe, aber das taten 60 andere Frauen und Männer auch, die "die Neue" kennenlernen wollten. Da hat man als

Blinder zunächst kaum eine Chance. Jedenfalls befand ich mich immer wieder in der falschen Ecke des Proberaums und hörte sie weit weg mit anderen sprechen. Ihre Worte verstand ich nur ungefähr, aber der Klang ihrer Stimme erreichte mich, und er tat seine Wirkung. "Liebe auf den ersten Blick" gilt nicht für mich. Viel treffender wäre: "Liebe auf den ersten Sound".

Das ging einige Wochen so. Ich wurde immer ratloser und konnte kein einziges Wort mit ihr reden. Inzwischen gehörte sie zu einem Grüppchen von fünf oder sechs Frauen, die in jeder Pause sofort zusammenliefen und beisammenblieben. Sie gingen gemeinsam in den Küchenbereich oder an die Bar, gemeinsam an den Notenschrank, gemeinsam nach draußen rauchen, gemeinsam mal schnell ins nahe Einkaufszentrum, gemeinsam zur Toilette, hatte ich den Eindruck. Für mich war sie wie abgeschirmt, vollkommen unerreichbar. Nur der Klang ihrer Stimme wehte immer wieder her zu mir. Ich fieberte von Chorprobe zu Chorprobe, ohne eine Gelegenheit für ein paar Worte zu finden. Vielleicht sollte ich mich jemandem anvertrauen, der mich zu ihr führen würde? Nein, unmöglich, das bekämen ja alle Chormitglieder mit. Eine peinlich lächerliche Situation.

Schließlich hatte ich eine Idee, die sich dann als rettender Einfall erweisen sollte. Beim nächsten Probeabend strebte ich während der Pause zum Klavier und spielte leise ein paar uralte Jazzstandards. Rundherum die Gespräche wurden mit der Zeit etwas gedämpfter; ich erntete eine gewisse Aufmerksamkeit, verschiedentlich auch Zwischenapplaus. Es war toll. Ein kleiner Kreis bildete sich um das Klavier herum, rückte näher.

Auf einmal stand sie unmittelbar neben mir und fragte: „Kannst du 'Only You'?"

Man darf mir glauben: So gerne, auch mit so vielen Variationen und Improvisationen hatte ich das Lied nie zuvor gespielt. Jetzt endlich war sie da, ganz nah bei mir. Ich konnte mit ihr reden. Es zeigte sich

bald, dass wir beide Durst hatten. Sie "steuerte" mich zur Bar und sorgte wie nebenbei für die angenehmsten Plätze. Eine tolle Frau. Von da ab war ich existent für sie. Wir begrüßten uns in jeder Probe. Viel später erzählte sie kopfschüttelnd, dass sie anfangs Hemmungen gehabt hätte, mich von sich aus anzusprechen, weil ich doch blind bin.
"Reden ist Silber, Schweigen ist Gold!" Der Urheber dieses Sprichworts war ganz sicher nicht blind. Zumindest bei mir ist es gerade umgekehrt: Nur Reden ist Gold, Schweigen ist schrecklich.
Beim Probewochenende vor unserem Jahreskonzert saß ich zufällig kurz alleine an einem kleinen Tisch und genoss meinen zweiten Kaffee.
„Teddy, ist hier frei oder erwartest du jemanden?"
Sie stellte ihre Kaffeetasse ab, setzte sich, und wir unterhielten uns über unsere Berufe, über Literatur, Familienumstände und sonst was. Irgendwann fragte ich zögernd, ob sie mal mit mir spazieren gehen würde, oder ins Theater, oder vielleicht ins Kino oder in ein Konzert. „Oder darf ich dich mal zum Essen einladen?"
„Warum?", fragte sie schelmisch zurück.
„Weil ich so gerne möchte", antwortete ich.
„Und warum möchtest du?"
„Weil ... weil." Und dann sagte ich ihr, was ich für sie empfinde.
Sie schwieg. Sie schwieg nach fünfzehn Sekunden immer noch. War sie vielleicht gegangen? Hatte sie sich leise davon gemacht? Dann hörte ich, wie sie ihre Kaffeetasse absetzte. Erleichterung, sie war noch da. Aber sie sagte immer noch nichts.
Ich stockend: „Bin ich zu weit gegangen? Habe ich mich blöde ausgedrückt, dich verärgert? Jetzt würde ich gerne deine Augen sehen, sogar wahnsinnig gerne. Schaust du böse oder vielleicht abweisend oder mitleidig oder betroffen und willst mir nicht weh tun? Oder lachst du mich etwa aus? Ich würde jetzt unendlich riesig gerne deine Augen sehen."
Da spürte ich ihre Hand federleicht auf meiner liegen, wobei ihre Fingerspitzen ein wenig auf meinem Handrücken trommelten.

„Teddy, Teddy hör auf. Ich sage dir ja gleich, was du in meinen Augen sehen würdest, wenn du könntest. Ich muss nur ein bisschen nachdenken. Ich schaue ... dich ... im Grunde ... ziemlich ... liebevoll an.“

Und dann war alles so einfach, weil: Reden ist Gold.

In jeder Paarbeziehung genießt man die Stärken und lebt tolerant mit den Schwächen des anderen. Ein ununterbrochenes Geben und Nehmen. Klar, blind sein ist eine deutliche Schwäche. Sie macht aber nur einen Teil der Persönlichkeit aus. Achtung: Wie schwer dieser Teil wiegt, hängt sehr stark von beiden Partnern ab.
Es ist schön, gemeinsame Interessen zu haben und ihnen gemeinsam nachgehen zu können. Aber sehr schön ist es auch, den eigenen Horizont zu erweitern, indem man die Interessen des anderen für sich selbst entdeckt. Da lernt man vielleicht eine neue Sprache, liest andere Bücher, geht einem bestimmten Sport nach oder befasst sich mit einer Kunstform, zu der man bislang keinen Zugang fand.
Deshalb freute ich mich, als sie die Blindenschrift erlernen wollte. Besonders schwierig ist das nicht, solange man sie mit den Augen lesen möchte und nicht den Ehrgeiz hat, sie zu ertasten. Das Grundprinzip kann an den sechs Punkten eines Spielwürfels deutlich werden. Links liegen von oben nach unten die Punkte eins, zwei und drei. Rechts daneben, ebenfalls von oben nach unten die Punkte vier, fünf und sechs.
Der Punkt eins für sich alleine ist ein “a“. Die Punkte eins und zwei sind ein “b“. Die Punkte eins, zwei und drei sind ein “l“. Ein “d“ wird durch die Punkte eins, vier und fünf gebildet, ein “i“ von den Punkten zwei und vier usw.

Wir saßen uns bei der Rückfahrt von einem Konzert in der Deutschen Bahn gegenüber. Ich griff nach Zeige- und Mittelfinger ihrer rechten Hand, die auf ihrem Knie lag.

Dann tippte ich auf das Endgelenk ihres Zeigefingers und sagte: "eins", tippte auf das Mittelgelenk und meinte: "zwei".
Beim Tippen auf das Grundgelenk: "drei".
Beim Mittelfinger Endgelenk: "vier".
Mittelgelenk: "fünf",
Grundgelenk: "sechs".

Und dann tippte ich eine Botschaft:
Punkte zwei und vier. Punkte eins, zwei und drei. Punkte eins, vier und fünf.
Sie verstand sofort und tippte ihre Antwort auf meine Fingerrücken. Bald waren wir vertieft in unsere Korrespondenz. Man hat sich ja so viel zu sagen/zu schreiben. Als ich tippte „Wir sind sicher bald da und müssen aussteigen", lachte sie nach kurzem Zögern: „Teddy wir sind zu weit gefahren und haben unsere Haltestelle überhaupt nicht mitbekommen. Vor einer Viertelstunde hätten wir aussteigen müssen."
Seitdem verstehe ich das Sprichwort "Liebe vergisst Zeit und Raum".

Damit mir dies beim Schreiben nicht passiert, beende ich an dieser Stelle mein Liebesgeflüster. Vielleicht eines noch: Im Oktober feiern wir unseren vierzigsten Hochzeitstag. Die vierzig besten Jahre meines Lebens.

Dana Granowski

Von Herz, Hirn und Leidenschaft

Dana Granowski wurde 1979 im brandenburgischen Perleberg geboren. Dana besuchte eine Sehbehindertenschule in Berlin, da sie eine angeborene Augenerkrankung hat. Pippi Langstrumpf, Ronja, Momo und viele mehr waren ihre Wegbegleiter. Dank des frühen Erlernens des blinden Zehn-Finger-Schreibens konnte sie ihr Textverständnis und die Schnelligkeit auf der Tastatur im beruflichen Kontext nutzen. Das Texten und die Schriftstellerei waren bislang ein Hobby und haben nun seit Wegfall der Berufstätigkeit mehr Bedeutung erlangt. Dana Granowski hat zwei Kinder und lebt in Wuppertal.

Da zog die Leidenschaft eines schönen Tages los, um ihr Glück allein zu versuchen. Von dem Herzen verabschiedete sie sich mit den Worten: „Es tut mir leid, dich zurückzulassen, aber wann immer du aufhörtest zu lieben, so löschtest du mein Feuer."
Das Herz argumentierte: „Vielleicht aber verbrannte dein Feuer aber die ein oder andere zarte Blüte in seinen lodernden Flammen."

Und auch der Verstand gab seinen Senf dazu: „Ihr beide seid ja kaum auszuhalten, beide unberechenbar und ich muss hinterher immer wieder eure Scherben aufräumen. Macht ihr ruhig mal ein bisschen Urlaub voneinander." Das Herz seufzte, als die Leidenschaft von dannen zog und der Verstand lehnte sich bequem zurück. Nach einiger Zeit war es die Leidenschaft, die tief seufzte. „So habe ich mir das nicht vorgestellt", sagte sie zu dem Herzen.
„Nein? Was fehlt dir denn?", fragte das Herz behutsam.
„Deine Liebe – ohne deine Herzenswärme gibt es kein Feuer."
Das Herz lächelt zaghaft. „Aha ..." Das Lächeln des Herzens wurde immer größer und die Leidenschaft fühlte diese Wärme sofort.
„Es ist wohl doch besser zu zweit, aber was können wir tun, damit wir nicht immer so verbrennen?", fragte sie sich mehr selbst, als dass es eine ernsthafte Frage gewesen sei.

Das Herz antwortete ihr trotzdem wie immer wahrheitsgemäß: „Nun, du weißt, meine Liebe ist immer unbegrenzt für alle da. Ich vermag nicht, sie zu dosieren oder ihr eine Wertigkeit verleihen."
Die Leidenschaft sah das Herz verständnislos an: „Es ist der Verstand, der meinen Gefühlen ein Gewand zu verleihen versucht. Sei es durch Erklärungen, durch Bewertungen oder durch viele verschiedene strukturelle und kategorische Mythen, die die Menschen sich selbst verschaffen. Meine Liebe und alle anderen Gefühle sind absolut rein und wahrhaftig. Du verleihst ihnen die Flügel, welche die Menschen zum Beispiel zu Inspiration oder neue Errungenschaften verschaffen oder eben leidenschaftliche Liebesbeziehungen führen lassen. Du, liebe Leidenschaft bist das Salz in der Suppe, ich bin der Ursprung, und der Verstand ist unsere Kontrollinstanz."
Aus dem fragenden Ausdruck in den Augen der Leidenschaft wurde nun ein erhellendes Lächeln: „Warum hast du mir das nicht gleich gesagt, bevor ich loszog, um allein glücklich zu werden?", fragte sie nun das Herz.
„Weil du ein wahrer Hedonist bist!", polterte der Verstand in diese Unterhaltung: „Du bist egoistisch, gemein und hast oft zerstörerische Wirkung. Du denkst kein bisschen nach, bevor du ganze Familien zerstörst oder gar ganze Völker aus purem Egoismus! Vernunft und Weitsicht sind dir Fremdwörter, weil immer der Moment im Vordergrund steht. Das momentane Glücksgefühl, die Endorphine, du bist süchtig nach diesen dummen Hormonen und doch bringen sie nur Unheil!", analysierte und belehrte der Verstand vorwurfsvoll.
Sofort verwandelte sich das durch Herzenswärme entstandene Lächeln der Leidenschaft in einen wütenden Gesichtsausdruck: „Was für einen Unsinn redest du denn da? Nur, weil du niemals spontan sein kannst und vor Begeisterung im Zickzack springen kannst, bin ich noch lange nicht egoistisch. Du bist langweilig und gewöhnlich! Eben kein Salz in der Suppe, eher der fade Beigeschmack einer alten Leberwurst bist du – jawoll", entbrannte die Leidenschaft und machte sich selbst alle Ehre.

„Hey, ihr beiden, nun habt ihr euch so wundervoll die Meinung gesagt, da können wir uns doch nun überlegen, ob wir nicht doch gemeinsam glücklich werden können?“, schaute das Herz fragend in die Runde.
„Ja klar, in dem ich wieder hinter euch aufräume, wenn ihr fertig seid?“, fragte der Verstand zynisch.
„Und ich ´ne Fußfessel bekomme?“, fragte die Leidenschaft noch etwas erhitzt.
Nun war es das Herz, das wieder einmal seufzte. „Glaubt ihr eigentlich, mir macht das Spaß, mich immer wieder zu verlieben und enttäuscht zu werden? Das wirklich schwierige an den Menschen ist, dass ich ihre Herzen oft gar nicht hören kann. Es ist fast so, als seien sie verschüttet und ganz allein …“ Nun fing das Herz an zu schluchzen und die anderen beiden zu frösteln.
„… So wie ich mich manchmal fühle. Ich weiß, dass sie eigentlich da sind, aber sie sind so schwer zu erreichen. Die Menschen machen so viele seltsame Dinge, die ihre Herzen verschütten.
Statt miteinander zu reden, schauen sie fern, statt sich gegenseitig zu fühlen und im Miteinander zu sein, hetzen sie durch die Stunden und perfektionieren alles. Statt sich zu begegnen und aufeinander einzulassen, machen sie Termine und Verabredungen für bestimmte Zwecke. Statt sich wirklich zu sehen, schauen sie nur auf ihre Körper und fühlen gar nichts. Durch all diese Dinge verlassen sie ihre Herzen.“ Nun weinte das Herz ganz bitterlich – und Verstand und Leidenschaft froren bitterlich.
„Oh scheiße“, schrie die Leidenschaft. „Wenn das Herz so heftig weint, dann haben wir ein echtes Problem“, wurde sie sehr unruhig.
„Glaubst du, das weiß ich nicht?“, nörgelte der Verstand. „Aber wenn wir uns jetzt streiten, wird es nicht wieder fröhlich“, analysierte er ebenfalls folgerichtig.
„Ja, hast du eine Idee?“, fragte die Leidenschaft.
„Ich bin der Diplomat von uns dreien, und ich würde vorschlagen, wir drei sollten in Zukunft besser zusammenarbeiten und jedem seine Stärken ausleben lassen, während die anderen freundschaft-

lich zugewandt beobachten und unterstützen“, war der Vorschlag des Hirns.
„Hmm ...“, grummelte die Leidenschaft, während das Herz etwas leiser schniefte.
„Vielleicht wäre ja ein bisschen Optimismus auch angebracht“, fügte sie dem Vorschlag hinzu.
Das Herz nickte. „Ja ...“, schluchzte es. „Optimismus ist immer gut. Liebe entsteht aus positiven Gefühlen.“
Die Leidenschaft nickte und packte nun die beiden anderen an die Hand: „Also, in Zukunft wieder im Team?“, fragte sie euphorisch und spürte, wie die Wärme langsam zurückkehrte.
„Aber klar doch, bevor sich die Geschmacksknospen auch noch zu Wort melden!“, rief der Verstand.
Das Herz hüpfte aufgeregt und erwärmte mit seiner Freude das Band der drei noch stärker: „Au ja, da bin ich wenigstens in diesem Körper nicht mehr so allein.“
Die Leidenschaft runzelte die Stirn. „Die Geschmacksknospen ...?“, überlegte sie. „Hmmm, die sind nicht so weit weg von den Lippen ... ja ... das gefällt mir, ein leidenschaftlicher Kuss und ich bekomme endlich wieder etwas zu tun“, frohlockte sie regelrecht.
„Yippie, und dann noch ein bisschen Romantik und ehrliche Gefühle, und ich bin überglücklich“, stimmte das Herz mit ein.
„Ich fang schon mal an, den Beobachtungsposten zu bauen“, murmelte der Verstand noch etwas missgünstig, genoss aber sichtlich die Herzenswärme.
„Hey, wo bleibt dein Optimismus?“, schoss es gleichzeitig aus den Mündern von Herz und Leidenschaft.
„Okay ... Fürs Erste ergebe ich mich, aber glaubt mir, ich bleibe wachsam, immer, das ist nun mal meine Aufgabe!“, antwortete der Verstand.
Nun verband die drei nicht nur ein wärmendes Band, sondern auch die Hoffnung, noch viele Menschen würden ihrem Beispiel folgen.

Bettina Hanke

Kniefall

Bettina Hanke wuchs in Nordostbayern auf, wo sie nach dem Abitur zunächst eine kaufmännische Lehre und anschließend ein Betriebswirtschaftsstudium absolvierte. Sie arbeitete einige Jahre als Wirtschaftsprüfungsassistentin.
Zum Schreiben kam sie durch eine Netzhauterkrankung. Als sie aufgrund dieser nichts mehr vorlesen konnte, erfand sie kurzerhand eigene Gute-Nacht-Geschichten für ihre Kinder. Daraus entwickelte sich ihre Leidenschaft fürs Schreiben.
Ihr Hobby seit Kindertagen ist das Lesen. Handelte es sich früher um gedruckte Bücher, so greift sie heute zu Hörbüchern und, seit sie sich die Brailleschrift selbst beigebracht hat, auch zu Punktschriftbüchern.
Sie lebt mit ihrem Mann und ihren drei Kindern im Norden Frankens.

Schöner Mist. Sie war zu spät dran. Und ausgerechnet heute stand ihr lilafarbener Agila meilenweit entfernt von ihrer Wohnung. Wieso bloß hatte sie nicht daran gedacht, dass sie Lady Lila gestern vor Vickis Tür zurückgelassen hatte?
„Da hast du einmal im Leben ein Blind Date und dann vergisst du, dass du erst zu Fuß durch die halbe Stadt musst", schimpfte Maria mit sich selbst. „Sag wenigstens dem Typen, dass du es nicht pünktlich schaffst. Denk dir eine gute Ausrede aus."
Im Gehen kramte sie in der Handtasche nach dem Handy. Hatte sie überhaupt seine Nummer? Sie wusste es nicht.
Vicki und sie hatten es gestern mit den Cocktails eindeutig übertrieben, sonst säße sie jetzt am Steuer von Lady Lila und könnte sich an alles erinnern. Oder Vicki und sie wären gar nicht erst auf diese abwegige Idee mit dem Date gekommen.
Na bitte, da war es, das Handy. Sie klappte die Hülle auf. Schaltete es ein oder versuchte es zumindest, denn das Display blieb dunkel.

„Mist, Mist, Mist!“ Heute ging aber auch alles schief. In ihrer Hektik hatte sie das Handy beim Heimkommen nicht an die Steckdose gehängt.
Wie konnte ihr sowas bloß passieren? Zwei Stunden ohne ein einziges “Bing“. Das hätte ihr auffallen müssen. Doch sie hatte nur das Treffen mit dem Typen im Sinn gehabt. Ein Date mit einem ihr völlig unbekannte Mann.
Statt aufs Handy hatte sie in ihr Badschränkchen geschaut und in ihren Kleiderschrank, hatte sich geschminkt, sich fünfzehn Mal umgezogen, um sich am Ende doch für das rote Kleid zu entscheiden. Das Kleid, das sie bestimmt eine halbe Stunde zuvor als allererstes vom Bügel geholt hatte.
Genau diese halbe Stunde fehlte ihr jetzt. Sie ließ das Handy zurück in die Handtasche gleiten und hastete weiter. Trotz der kühlen Luft und der viel zu dünnen Strickjacke wurde ihr warm. Ihre Wangen begannen zu glühen.
„Hör auf zu rennen“, ermahnte sie sich, „es ist eh schon zu spät.“
Wenn sie weiterhin wie eine Verrückte lief, würde sie durchgeschwitzt ankommen, würde einen unangenehmen Schweißgeruch verströmen. Und wahrscheinlich tat diese Rennerei ihrer kunstvoll aufgesteckten Frisur auch nicht gut.
Sie verlangsamte ihre Schritte. Entweder der Typ wartete auf sie oder es sollte eben nicht sein. Vielleicht war er ohnehin nicht die Art Mann, die sie sich vorstellte. Was wusste sie schon von ihm? Nichts.
Sieben Minuten später erreichte sie die Ecke Erich-Kästner-Allee und hielt inne. Wenn sie nach links abbog, konnte sie den Weg durch den Bürgerpark nehmen. Damit würde sie Zeit einsparen. Nur, dass sie im Dunkeln nicht gerne durch den spärlich beleuchteten Park lief.
Ihr war, als hörte sie Vicki lachen. Ihre Freundin kannte derlei Bedenken und Ängste nicht. „Ich geh da so oft lang und ich sag dir“, verkündete Vicki allenthalben, „da ist nachts kein Mensch. Das ist sicherer als die Straße. Und kürzer sowieso.“

„Ach, komm." Kurzentschlossen bog sie nach links ab. Hoffentlich hatte Vicki recht.
Der Park lag in Halbdunkel gehüllt da. Das spärliche Licht der wenigen Laternen reichte nicht aus, um die Wege richtig auszuleuchten. Sie ging noch langsamer. Setzte vorsichtig einen Fuß vor den anderen. Spähte argwöhnisch in die Dunkelheit abseits des Weges. Die Bäume ragten drohend in die Höhe und warfen unheimliche Schatten, die sich zu bewegen schienen. Die Steine knirschten unter ihren Schuhen. Irgendwo raschelte es.
Sie drehte den Kopf. Schaute in die Richtung, aus der das Geräusch gekommen war.
Wie eine Mauer aus unheilbringenden Gestalten stand dort ein fahler Schemen. Büsche vermutlich. Dahinter undurchdringliche Finsternis.
Wieder hörte sie etwas. Ein Rascheln. Ein Knacken. Schlich da jemand herum? Ihr stockte der Atem. Nichts wie weiter. Weg aus diesem finsteren Park. Sie rannte jetzt. Starrte nach rechts, durfte die Gefahr nicht aus den Augen lassen.
Herrgott nochmal. Es war bloß ein Gebüsch. Bestimmt trieb sich dort nur ein Vogel oder ein nachtaktives Tier herum. Warum ängstigte sie sich dermaßen? Sie sollte lieber auf den Weg vor sich schauen. Sie wandte den Kopf. Und erstarrte.
Keine fünf Meter vor ihr sprang ein Schatten auf den dort kaum beleuchteten Weg. Sie stieß einen Entsetzensschrei aus und blieb abrupt stehen. Runter vom Weg! Los! Sie drehte sich nach rechts. Floh mitten hinein in die alles verschlingende Schwärze des Parkgeländes.
Aber sie kam nicht weit. Jemand prallte gegen sie. Oder sie gegen etwas. Die Kollision brachte sie zu Fall. Sie schlug mit dem rechten Knie auf etwas Hartes, Spitzes. Wieder schrie sie auf.
Hätte sie doch nur die längere Route gewählt. Wäre nicht in den Bürgerpark abgebogen. Heulend kauerte sie sich auf den Rasen. Ihr war kalt. Eiskalt. Und das Knie tat höllisch weh.
„Kann ich Ihnen helfen?" Eine Männerstimme, wie aus dem Nichts.

Sie zuckte zusammen. Stieß einen Laut des Entsetzens aus. Hob langsam den Kopf. Konnte nichts erkennen.
Wo steckte der Kerl? Und wie meinte er das? Wollte er ihr wirklich helfen? Oder verfolgte er eine ganz andere Absicht?
Immerhin schien er einige Schritte von ihr entfernt stehen geblieben zu sein. Und er klang höflich.
„Mein Knie“, sagte sie und ärgerte sich über ihren kläglichen Ton, „ich bin voll auf mein Knie geknallt.“
Erst jetzt bemerkte sie, dass sie wimmerte. Hatte sie das die ganze Zeit über schon getan? Und wie lange kauerte sie hier in völliger Dunkelheit? Sie zitterte vor Kälte. Und vor Angst.
„Warten Sie, ich helfe Ihnen.“
Vorsichtig tastende Schritte näherten sich ihr. Und da war noch etwas. Leise. Undefinierbar. Wie ein Schaben oder schleifen. Oh Gott, was war das? Was führte der Kerl im Schilde?
Sie schluchzte auf. Sie wollte hier weg. Musste weg. Sofort.
Zu spät. Etwas Kaltes berührte ihren Fuß. Verschwand wieder. Dann eine Hand auf ihrem Rücken. Warm. Sanft. Beruhigend. Und zugleich bedrohlich.
„Möchten Sie, dass ich Ihnen aufhelfe?“ Er klang freundlich. Besorgt. Mitfühlend. Nicht wie jemand, der finstere Pläne schmiedete. Mit einem Mal war ihre Angst wie vom Wind fortgeblasen. Sie hatte ohnehin keine Wahl. Also warum nicht diesem Fremden vertrauen? Dem glauben, was sie neben den Worten noch aus dieser Stimme herauszuhören meinte? Aus dieser Stimme, die irgendetwas mit ihr machte.
„Ja bitte!“, flüsterte sie. „Mein Knie tut so schrecklich weh.“
„Gut. Ich greife Ihnen jetzt unter die Arme. Wenn Sie erlauben?“
Wieso fragte er so übertrieben rücksichtsvoll? Wie sollte er ihr denn sonst aufhelfen? Das ging wohl kaum, ohne sie anzufassen. Seit wann hatte ein Mann Probleme damit, eine Frau zu befingern? Sie unterdrückte ein Kichern.
„Ja, klar“, sagte sie und fügte rasch ein „Bitte“ hinzu.

Hände schoben sich in ihre Achselhöhlen. Zogen sie in den Stand. Hielten sie weiterhin, behutsamer jetzt. Jagten ihr tausende von Ameisen über ihre Haut. Im nächsten Moment baumelte etwas leicht gegen ihren Rippenbogen. Ein Schlagstock?

Sie verdrängte den beängstigenden Gedanken. Setzte den rechten Fuß vorsichtig auf den Boden. Versuchte, das Bein ein bisschen zu belasten. Ein unerträglicher Schmerz schoss durch ihren ganzen Körper und eine zitternde Welle kalten Schweißes rollte von unten nach oben.

„Ich kann nicht auftreten." Sie weinte jetzt hemmungslos. Es war ihr egal, was der Unbekannte von ihr hielt.

„Am besten wird es sein, ich bringe Sie ins Krankenhaus", sagte der Mann. „Meinen Sie, Sie können bis zur Straße laufen, wenn ich Sie stütze?"

„Ich weiß nicht. Wir können es ja mal versuchen." Sie hängte sich die Handtasche so um, dass diese nicht mehr herumbaumelte.

„Gut. Legen Sie Ihren Arm über meine Schulter. Ich halte Sie mit meinem an der Taille fest. Wo müssen wir hin?"

Irgendwie gelang es ihm tatsächlich, ihren Arm im Stockdunklen so über seine Schultern zu legen, dass ihr rechtes Bein in der Luft hing. Mit seinem linken Arm zog er sie dicht an sich heran. Ganz langsam liefen sie los. Nein, eigentlich nur er; sie hüpfte auf dem einen Bein, das bei ihrem Sturz unbeschadet davongekommen war, in die Richtung, in der sie den Weg vermutete.

Obwohl sie das rechte Bein nicht belastete, spürte sie bei jedem Aufkommen des linken Fußes die Erschütterung als durchdringenden Schmerz im rechten Knie. Sie schloss die Augen und ließ ihren Tränen freien Lauf.

„Atme tief durch", sagte der Mann zu ihr, „vielleicht lindert das den Schmerz wenigstens ein bisschen. Versuche, gleichzeitig mit dem Aufsetzen deines Fußes tief einzuatmen."

Die Wirkung war erstaunlich. Sie wurde ruhiger. Der Schmerz wurde erträglicher. Und plötzlich funktionierten auch ihre Sinne wieder.

Er roch angenehm. Seine Hand an ihrer Taille war warm und hielt sie entschlossen eng an seinem Körper. Es fühlte sich gut an. Wie ein Liebespaar, schoss es ihr durch den Kopf und sie musste wider Willen lachen.
Endlich näherten sie sich dem Weg und ein Hauch von Licht durchdrang die Finsternis. Da sah sie es. Und hörte es. Das Schaben des Stockes, den er vor sich hin und her pendeln ließ.
Sie wandte den Kopf. Schaute hoch in sein Gesicht. Sah seine konzentrierte Miene im Schein der Laterne, auf die sie geradewegs zugingen. Sie kannte ihn. Und hatte ihn doch noch nie so genau betrachtet.
„Du bist der Blinde!“, rutschte es ihr heraus.
Er sah gut aus. Richtig gut. Und sie hatte es nie bemerkt. Hatte immer nur den Blinden gesehen, der mit dem Stock seinen Weg ertastete. Hatte stets einen weiten Bogen um ihn gemacht, um ihm nicht in die Quere zu kommen.
„Ich bin der Josef“, erwiderte er und er lächelte. „Und ja, ich bin blind. Jedenfalls fast.“
„Wie, fast?“ Sie starrte ihn an. Gott, dieses Lächeln. Zum Dahinschmelzen.
„Ich kann noch Hell und Dunkel wahrnehmen. Mehr leider nicht mehr.“
„Oh.“ Verlegen strich sie sich eine Haarsträhne aus dem Gesicht, die der Wind dorthin geweht hatte.
Er konnte nicht sehen und wollte sie ins Krankenhaus bringen? Wie sollte das gehen? Das Krankenhaus lag Kilometer vom Park entfernt. Und sie sollte lieber auf den Weg vor ihnen beiden schauen, damit wenigstens einer aufpasste, dass sie nicht stolperten.
Kurz bevor sie zur nächstgelegenen Treppe gelangten, die hinauf zur Straße führte, geschah es. Wieder sprang ein Schatten vor ihnen auf den Weg. Wieder erstarrte sie. Wieder schrie sie vor Entsetzen auf.
Der Blinde, nein, Josef, blieb stehen und fragte voller Besorgnis in seiner Stimme: „Was ist mit deinem Knie?“

Im selben Moment erkannte sie ihren Irrtum. Niemand war vor ihnen auf den Weg gesprungen. Die mächtigen Äste bewegten sich im Wind. Warfen ihre Schatten hin und her. Sie war ganz umsonst geflohen. Hatte sich das Knie nur wegen eines lächerlichen Schattens verletzt. Wegen des Windes.
„Mmh“, sagte sie unbestimmt. „Es geht schon wieder.“
Sie würde ihm keinesfalls auf die Nase binden, dass sie sich vom herumspringenden Schatten der Äste hatte ängstigen lassen. Wie gut, dass er nichts sah. Auch nicht die Röte, die ihr ins Gesicht schoss.
Und nicht ihre zerrupfte Hochsteckfrisur. Sie zog die Kämmchen aus dem Haar und schüttelte es im Wind.
Die Treppe war eine Herausforderung. Hinaufspringen. Stufe für Stufe. Ohne Josefs Unterstützung hätte sie es nie geschafft.
Irgendwann standen sie oben an der Straße, sie völlig durchgeschwitzt und außer Atem, Josef ganz ruhig. Offenbar war er bewundernswert durchtrainiert.
Er zog ein Smartphone aus seiner Jackentasche. Erkundigte sich bei ihr, wo genau sie sich befanden. Fragte nach besonderen Merkmalen wie Schildern oder auffälligen Gebäuden. Dann telefonierte er. Bestellte ein Taxi zu ihrem Standort.
Wie konnte er das Smartphone bedienen, ohne etwas zu sehen? Er tat das mit einer Selbstverständlichkeit, als wäre es überhaupt kein Problem. Und als bestellte er jeden Tag ein Taxi.
„Aber das ist doch teuer“, protestierte sie. „Ich glaube nicht, dass ich genug Geld für eine so lange Fahrt dabei habe.“
„Du musst dringend ins Krankenhaus. Und den Rettungswagen möchte ich nicht blockieren. Den überlassen wir den echten Notfällen. Denen, wo es vielleicht um Leben und Tod geht. Also nehmen wir ein Taxi.“
Er hatte „wir“ gesagt. Hieß das, er kam mit? Hoffentlich. Es war albern, aber in seiner Gegenwart fühlte sich das Knie schon viel weniger schlimm an. Und seine Besonnenheit, seine Entschlossenheit,

sein klares Urteilsvermögen flößten ihr Vertrauen ein. Und Respekt. Er hatte recht.
„Okay", sagte sie, „das klingt vernünftig."
Er wartete mit ihr auf das Taxi. Half ihr beim Einsteigen. Setzte sich neben sie. Nannte dem Fahrer das Ziel. Machte Small Talk mit dem Mann, ganz so, als kenne er ihn.
Es tat so gut, ihn in dieser Ausnahmesituation an ihrer Seite zu wissen. Nicht allein zu sein mit ihrem schmerzenden Knie.
Als sie am Krankenhaus ankamen, bezahlte er die Fahrt, ohne auch nur eine Sekunde zu zögern. Und er begleitete sie in die Notaufnahme.
Gemeinsam saßen sie im Wartebereich. Anscheinend gab es dringendere Notfälle als ihr ramponiertes Knie, denn es dauerte und dauerte. Sie vertrieben sich die Zeit mit Reden. Über ihre Lieblingsmusik. Über Bücher. Über Gott und die Welt.
„Jetzt habe ich dir deinen ganzen Abend ruiniert", entschuldigte sie sich irgendwann bei ihm, „das tut mir so leid."
„Also, ganz ehrlich", begann er und grinste über das gesamte Gesicht. „Ich bin froh über dieses Eingreifen der Vorsehung. Ich hatte herumgetrödelt und verzweifelt nach einer glaubwürdigen Ausrede gesucht. In dem Park kenne ich mich nicht besonders gut aus. Vielleicht wäre ich dort völlig orientierungslos herumgeirrt. Mein Kumpel wollte mich nämlich heute Abend an die Frau bringen. Und wer weiß, wen der wieder für mich ausgesucht hat. Die letzten vier Male war es ein einziger Reinfall. Aber er kann es partout nicht lassen."
„Sowas kenne ich", erwiderte sie vage und dachte an Vicki und den vergangenen Abend. Und daran, wie Vicki das Profil eines Blinden ganz schnell wieder weggeklickt hatte. War das Josef gewesen?
Josef wischte auf seinem Handy herum, das in einer Affengeschwindigkeit mit einer Roboterstimme plapperte.
„Da." Er hob das Telefon hoch. Spielte etwas ab. Aber sie verstand es nicht.
„Was?"

„Ach so, du bist nicht an die Sprachausgabe gewöhnt. Ich hab sie auch ziemlich schnell eingestellt. Also, mein Kumpel fragt, wo ich bleibe. Und dass die Braut ...", er lachte erheitert auf, „er schreibt wirklich Braut. Der Verrückte. Also, sie ist nicht an seinem Tisch aufgetaucht. Aber er vermutet, sie sitzt hinten in der Ecke. Jedenfalls beobachtet ihn von dort eine Braut", wieder lachte er, „die zehn Minuten nach der vereinbarten Uhrzeit allein reingehuscht ist und nach wie vor alleine an ihrem Tisch sitzt."
Sie lachte mit ihm. Die Vorstellung war wirklich zu komisch. Und es war beruhigend, dass nicht nur Vicki auf eine so abwegige Idee kam, ein Date für jemand anderen auszumachen.
Wobei es für einen blinden Mann vermutlich schwierig war, eine Freundin zu finden. Jedenfalls, wenn es alle Frauen so machten wie sie. Sie hatte nie den Mann in ihm gesehen. Irgendwie war er für sie unsichtbar gewesen. Eben einfach ein Blinder. Jetzt schämte sie sich dafür.
„Mir ist etwas Wichtiges dazwischengekommen. Hast du Alkohol getrunken?", diktierte er in sein Smartphone. Wartete. Lauschte. Sagte dann: „Okay, bleib bitte nüchtern. Ich brauch dich vielleicht noch als Chauffeur. Das kann aber dauern. Ich erkläre dir später alles."
„So", sagte er, „das wäre geklärt."
Das Knie war nicht gebrochen. Eine starke Prellung. Ein Bluterguss. Und eine Wunde, die man ihr säuberte, desinfizierte und verband. Sie musste nicht in der Klinik bleiben.

Kurz nach Mitternacht standen sie vor dem Krankenhaus und warteten auf Josefs Kumpel. Es war sternenklar und sie zitterte vor Kälte und Erschöpfung.
„Frierst du?", fragte Josef. „Möchtest du meine Jacke überziehen, bis Leon da ist?"
Sie schüttelte stumm den Kopf. Ach, das konnte er ja nicht sehen. „Nein, behalt sie selber an. Er kommt bestimmt gleich."

Wie zuvorkommend er war. Wie wohl sie sich in seiner Gegenwart fühlte. Wie sie sich danach sehnte, sich bei ihm anzulehnen.
Ob es möglich war, mit einem blinden Mann eine ernsthafte Beziehung einzugehen? Ob sie das konnte? Und wieso dachte sie überhaupt über sowas nach? Das war verdächtig. Äußerst verdächtig. Wieder betrachtete sie ihn. Ja, verdammt noch mal, er gefiel ihr. Was er sagte, gefiel ihr. Wie er es sagte auch.
Sie blickte hoch in den Sternenhimmel. Der Wind hatte die letzten Wolkenfetzen vertrieben. Abertausende glitzernder und funkelnder Punkte durchbrachen das nächtliche Schwarz am Firmament. Schade, dass Josef das nicht sah. Vielleicht hätte er sie dann ein bisschen in den Arm genommen.
Oha, was war mit ihr los? Was fantasierte sie hier herum? War sie dabei, sich zu verlieben? Besser nicht so genau darüber nachdenken.
Ein Auto näherte sich. Wurde langsamer. Hielt direkt neben ihnen. Die Beifahrertür wurde aufgestoßen und heraus sprang Vicki.
„Maria, du?", rief Vicki erstaunt und begann schallend zu lachen.
„Wie, ich? Und was bitte machst du mitten in der Nacht hier, Vicki?", erwiderte sie und deutete auf die sich öffnende Fahrertür. „Und mit wem bist du so spät noch unterwegs?"
Ein schlaksiger, blonder Typ kam um den Golf herumgelaufen und begrüßte Josef mit einem Schulterklopfen. „Da gibt man sich alle Mühe, dir eine Braut zu beschaffen", sagte er breit grinsend, „und dann suchst du dir derweil eine andere aus."
Maria starrte auf die Szene. Welch ein unglaublicher Zufall. Vicki und Josefs Freund. Zusammen in einem Auto. Und dann, plötzlich, fielen die Puzzlestücke an ihren Platz und sie begriff.
Vicki, die neugierigste Person, die sie kannte. Vicki, die wusste, wo sie sich mit dem Unbekannten treffen sollte. Vicki, die sich hingeschlichen hatte, um zu sehen, wie es lief.
Josef, dem sein Freund ein Date aufgedrängt hatte. Josef, der herumgetrödelt hatte, statt pünktlich dort zu sein. Josefs Freund, der sich ebenfalls dorthin begeben hatte, um Josef beizustehen. Oder

vielleicht auch nur, um zu beobachten und Josef dann zu beschreiben, wie die "Braut" aussah.
Von wegen Zufall. Nichts war hier Zufall. Außer vielleicht, dass sie gestürzt war und ausgerechnet Josef ihr geholfen hatte.
„Das heißt also, Josef war mein Date", stellte Maria fest. „Auch wenn in seinem Profil nichts von wegen blind drinstand."
„Nein", sagte Leon, „Josefs Date heißt Mia."
„Ja", sagte Vicki gleichzeitig. „Nur ist er nicht aufgetaucht. Genauso wenig wie du."
„Aber nur, weil ich in deinem blöden Bürgerpark gestürzt bin. Wie konntest du mich als eine Mia ausgeben?" Maria drohte Vicki mit dem Zeigefinger.
„Sorry", Vicki hob beschwichtigend die Hand. „Ich war besoffen. Soll nicht wieder vorkommen. Echt."
„Also, ich glaub das jetzt nicht", murmelte Leon und schüttelte fassungslos den Kopf. „Josef, wie hast du es bloß geschafft, dein Date ganz woanders zu treffen als ausgemacht? Und dann fällt sie auch noch vor dir auf die Knie." Er lachte. „Du bist mir übrigens noch eine Erklärung schuldig. Aber erst, wenn wir alle im warmen Auto sitzen. Hier draußen ist es krass kalt."
Er dirigierte Josef und Maria auf die Rückbank, während Vicki auf den Beifahrersitz zurückkehrte.
„Und wohin jetzt?", erkundigte er sich bei Josef.
„Als Erstes zu mir", sagte Maria schnell. „Ich gehe nirgendwo mehr hin. Ich muss das Knie schonen. Was ihr anschließend noch macht, überlasse ich euch."
Sie lehnte ihren Kopf ganz leicht an Josefs Schulter. Hörte sein Herz schlagen. Inhalierte den ihm eigenen Duft. Fühlte sich geborgen. „Welch eine Nacht", wisperte sie.
„Okay", kicherte Vicki vorne im Wagen, „alle Mann zu dir. Ich hoffe, du hast ein gutes Schlückchen für uns kühlgestellt. Leon, ich lotse dich zu Mias, äh, Marias Wohnung." Sie lachte schallend.
„Na warte!" Maria beugte sich vor, um mit ihrem Zeigefinger vor Vickis Gesicht herumfuchteln zu können. Da sah sie es.

Leons Hand lag auf Vickis Oberschenkel. Und auf Leons Hand die von Vicki.

„Da sind mir ja die zwei Richtigen blind in ein Date gestolpert, das gar nicht für sie bestimmt war“, frotzelte sie und ließ sich lachend zurücksinken.

Leise ergänzte sie für Josef: „Da vorne, da wird nämlich schon herumgefummelt.“ Dann schob sie ihre Hand in seine und genoss das prickelnde Gefühl, als er die ihre ganz sachte drückte.

Gerhard Jaworek

Schau, was Liebe ändern kann

Gerhard Jaworek, der sich auch der Sternenonkel nennt, wurde am 21. Februar 1969 als fünftes von sechs Kindern in Schopfheim geboren. Da er zwei Monate zu früh das Licht der Welt erblickte, musste er zunächst in den Brutkasten. Letztlich führte dies zu einer Augentrübung, die der Grund für seine Erblindung ist.
Er wuchs mit zwei Brüdern und drei Schwestern in einer armen Handwerkerfamilie auf. Somit führte vor allem sein Vater ihn trotz seiner Blindheit an technische Dinge heran und lehrte ihn den Umgang mit Werkzeug, Strom und Werkstoffen wie Holz.
Von seiner Mutter wurde auch er stets zur Arbeit und Mithilfe in Haus, Hof und Garten herangezogen. Jeder musste für alle etwas übernehmen und war dafür verantwortlich. Seine Schulzeit verbrachte er stets in Internaten an verschiedenen Blindenschulen.
Heute arbeitet der Sternenonkel als Informatiker am Karlsruher Institut für Technologie. Er bezeichnet sich als Nerd, der sich vorwiegend mit allem beschäftigt, was sich rund um Astronomie, Weltraum und das Universum dreht.
Als BLAutor-Mitglied kümmert er sich um die Website www.blautor.de.
Es existiert aber auch die nichttechnische Seite in ihm. Es gab in seinem Leben eine Geschichte, ohne die er nicht der geworden wäre, der er heute ist. Das erzählt er in "Schau, was Liebe ändern kann".

Lassen Sie sich in eine Zeit entführen, die viele Parallelen zur Gegenwart in sich birgt. Eine Zeit, in welcher wir ebenfalls einem Atomkrieg recht nahe waren, möglicherweise sogar näher als heute, einer Zeit, in welcher es mir wirklich gut ging, vermutlich die Zeit meines Lebens, in welcher ich am meisten inkludiert, gebraucht und akzeptiert wurde. Und vor allem in eine Zeit, in welcher ich wirklich sehr geliebt wurde und selbst viel Liebe geben durfte. Es geht um die Zeit zwischen 1982 und 1992, zehn Jahre also.

Wie soll es anders sein, alles begann mit der Liebe zu einem Mädchen, meiner ersten Liebe. Ich kam gerade von einem Klinikaufenthalt zurück, der fast ein dreiviertel Jahr in Anspruch nahm. Es gab da irgendwo eine Ausstellung, die wir mit der Blindenschule besuchten. Das Mädchen war dort als Sängerin eingeladen. Sie sang Friedenslieder, z. B. "We Shall overcome", Hannes Wader, Bettina Wegener und viele andere. Ich kannte viele dieser Lieder schon, weil mein großer Bruder diese Musik hörte und auf Friedensdemos ging. Er hatte mich schon angesteckt, zum Leidwesen unserer sehr konservativen Mutter.
Nun sang also dieses Mädchen für den Frieden. Und das mit einer Inbrunst und Kraft, dass es um mich geschehen war. Ich kniete mich tatsächlich vor sie hin, hörte zu und sang auch mit. Kurz, ich verliebte mich in sie mit Haut und Haaren.
Mir war sofort klar, dass ich so etwas auch tun wollte. Ich wollte mit ihr Seite an Seite für den Frieden kämpfen und singen. Ich hatte gerade keine gute Zeit hinter mir. Es gab nicht viele Menschen, die damals an mich glaubten. Ich hatte eine sehr schwierige Jugend, und unsere Familie war auch eher kaputt. Viele Lehrer hatten mich quasi aufgegeben.
Und heute ist mir klar, dass ich Liebe in dem Maße, wie ich sie später mit diesem Mädchen erleben durfte, bisher noch nie erfahren hatte. Natürlich traute ich mich zunächst überhaupt nicht, mich ihr anzunähern oder sie gar anzusprechen. Sie war so unglaublich intelligent, wortgewandt und sprach schon so erwachsen, obwohl sie auch erst dreizehn war wie ich. Rasch fand ich heraus, dass sie bis jetzt noch keinen Freund hatte. Sie war aber an unserer Schule derart beliebt und bekannt, dass sich das sehr schnell ändern konnte, wenn ich zu lange wartete. Was also tun? Ich war so unerfahren in all diesen Dingen und wusste nicht, wie ich sie ansprechen und was ich sagen oder fragen wollte.
Nun wollte der Zufall, dass wir plötzlich gemeinsam Musikunterricht hatten und eine Handarbeits- und Töpfer-AG besuchten. In diesen Arbeitsgemeinschaften gab es sehr viel Austausch. Wir

redeten über viele Themen und hörten nebenbei unsere Friedenslieder. Da stellte ich fest, dass wir sehr viele Gemeinsamkeiten hatten. Wir mochten dieselbe Musik, brannten für die Friedensarbeit, interessierten uns für ähnliche Bücher und Filme und waren immer gegen die Strömung und das Etablissement unterwegs. Im Musikunterricht hatten wir ein gemeinsames Feindbild, unsere Lehrerin. Wir waren nicht gut zu ihr, aber sie auch nicht zu uns. Nun ja, das sah doch alles schon ganz gut aus. Aber ich traute mich noch nicht, weil ich mir sicher war, dass sie wusste, dass ich eher der gemobbte Außenseiter mit schlechten Noten war, der dauernd aus dem Unterricht flog und ansonsten auch nichts zu bieten hatte. Wenn wir aber zusammen waren, beteiligte sie sich nie daran, wenn andere mich verlachten oder sonst wie mobbten. Langsam wurde es also Zeit, mal einen Schritt weiterzugehen, bevor mich ein anderer Junge überholte.
Also passte ich sie auf einem der nächsten Disco-Abende in unserem Partykeller ab, kramte meinen Mut zusammen, bat sie zum Tanz und fragte sie, ob wir „zusammen gehen" wollten. Sie glaubte an mich. Ich weiß noch, dass sie sagte: „Das kann doch nicht alles sein, was du bist und was man von dir hört."
Zu meiner größten Verblüffung sagte sie „ja".
Ich konnte es einfach nicht glauben. Ich dachte, sie wollte vielleicht nur ein Abenteuer mit mir erleben. Ich kannte das kaum, dass jemand zu mir „ja" sagt, „ja, ich will mit dir gehen und habe dich lieb." Aber einen Rückzieher wollte ich jetzt auch nicht mehr machen, wo ich dieses goldene "Ja" in meinem Herzen trug. Der Gedanke, ich würde sie dann später mit einem anderen Jungen gehen sehen, vielleicht noch mit einem, den ich nicht leiden konnte, war mir unerträglich. Nein! Jetzt war ich an der Reihe. Also nahm ich mein Glück in die Hand und unser gemeinsames Stück Lebensweg begann.

Das Feuer war entzündet und wir erlebten einen ganz intensiven Höhenflug. Unser Hauptziel war, den Frieden zu schaffen.

Von nun an wollten wir die Welt verbessern. Wir gingen auf die Straße des spießigen Nestes, in welchem unsere Blindenschule stand, und sangen unsere Lieder für Frieden, Freiheit und gegen Ausländerhass. Das wurde nicht überall gerne gesehen. Bisher war es so, dass wir Blinden eher hinter dem Zaun unserer beschaulichen Blindenschule verweilten. Wir kamen nur zusammen mit unseren Erzieherinnen heraus. An politischen Entwicklungen kam trotz Radio nur wenig zu uns herein. Das änderte sich durch die Friedensbewegung erheblich.

An unserer Blindenschule gab es viele Zivildienstleistende, die die Unterstützung von Menschen mit Behinderung, dem Militärdienst vorzogen. Diese Generation von Zivis war sehr in der Friedensbewegung, bei den gerade neu entstandenen Grünen, bei Amnesty International oder sonst wo engagiert. Einige von ihnen spielten auch Gitarre und kannten all die schönen Lieder.

Und da tat unsere Liebe bereits die erste Änderung. Ich hatte zwar noch keine eigene Gitarre, lernte aber schon langsam die Griffe, weil ich das auch können wollte.

Bei den Lehrern und Erziehern gab es im Grunde zwei Lager. Es gab die alten sehr konservativen Lehrer, die schon auch mal nach alter Tradition die Hand ausrutschen ließen und die uns Blinde unbedingt vor der Sünde der Sexualität zu bewahren suchten. Leider waren die noch in der Überzahl und lenkten die Geschicke in Internat und Schule. Das andere Lager, meist jüngere, entstammte u. a. der 68er-Bewegung. Sie brachten diesen Geist zunächst verhalten in unsere Reihen. Als Sandra und ich viele mit unseren Ideen und Liedern ansteckten, loderte ein Feuer und ein Geist auf, den es in diesen Mauern vorher noch nie gegeben hatte.

Wir beide brachen einfach alle Tabus. Ich kann mich noch gut an einen Skandal erinnern. Sandra war mit einem Mädchen im Zimmer, das jeden Mittwoch von ihrer Mutter besucht wurde. Wir wussten, dass diese Dame sehr spießig, konservativ und verklemmt war. Einmal bereiteten wir uns auf den Zeitpunkt vor, als die arme Mama das Zimmer betreten sollte. Sobald sich die Türe

öffnete, knutschten wir intensiv und laut, so dass die verstörte Frau sofort das Zimmer verließ und sich bei der Heimleitung beschwerte. Ich weiß in unserem Liebesrausch gar nicht mehr, was das für Konsequenzen hatte, aber schmunzeln muss ich darüber noch immer, obwohl ich nun schon auf die Sechzig zugehe.
Aber zurück zu, was Liebe ändern kann.
Durch diese, meine Verbindung, verbesserte sich meine schulische Leistung derart, dass ich die Klasse, obwohl ich über ein halbes Jahr nicht am Unterricht teilnehmen konnte, als Klassenbester abschloss. Mein langer Klinikaufenthalt und meine Liebe machten mich so erwachsen und stark, dass ich nach meiner Rückkehr das Gefühl hatte, alle hätten in dieser Zeit keinen Unterricht gehabt.
Plötzlich brauchte ich auch meine Medikamente nicht mehr, die mir helfen sollten, im Unterricht stiller zu werden. Plötzlich besaß ich einen unglaublichen Panzer gegen das, was mir leider oft in meiner Familie geschah. Das Bewusstsein, dass ich etwas in meinem Herzen besaß, wovon sie nichts wussten, und das für sie immer unerreichbar sein würde, stärkte mich, und ich hielt alles aus.
Sandra und ich entwickelten uns mehr und mehr zu Friedensaktivisten und zogen auch andere in unseren Bann.
Es kam nun mehr und mehr vor, dass wir mit unseren Zivis oder den Erziehern der zweiten Gruppe auf Friedenskonzerte gingen, Wir erlebten Joan Baez, Hannes Wader, Franz Josef Degenhardt live und beteten sie an. Man las uns auch aktuelle Zeitungsartikel, Flugblätter u. ä. vor. Zu derlei Material hatten wir Blinden damals – ob bewusst gewollt oder wegen mangelnder technischer Möglichkeiten – keinerlei Zugriff. Somit bildeten wir uns und entwickelten uns zu richtigen Friedensbeweglern.
Bald schon fanden wir auch Kontakt zu Ausländern. Ich kannte damals viele Chilenen, Italiener und Türken. Sandra und ich gingen in deren Familien ein und aus. Wir erfuhren vieles über deren Kultur, aßen und tranken mit ihnen und merkten, dass alle Vorurteile, die uns anerzogen wurden, nicht stimmten.

Zum Leidwesen so mancher Erzieherin suchten Sandra und ich auf so manchem Fest Ausländer auf. Wir gingen immer dorthin, wo wir viele andere Sprachen hörten. Schon klar. Ganz ungefährlich war das nicht immer, aber Verliebte haben einen Schutzengel, sodass das immer gut ausging. Immerhin hatten unsere Betreuer ihre Aufsichtspflicht und damit trieben wir sie oft schier in den Wahnsinn. Aber das ist auch das Recht von jungen Menschen. Und wir Blinden wurden damals schon noch sehr behütet und fern von der Welt gehalten.

Zensuren und Verbote

Unserer Schulleitung schmeckte es gar nicht, dass ich mittlerweile Schulsprecher war. Unsere Schülerzeitung "Der Friedensbote" wurde stark zensiert. Galt es, eine Rede zu halten, musste die vorher komplett geschrieben und vorgelegt werden. Dennoch gelang es mir häufig, in der Rede abzubiegen und plötzlich kamen Worte aus meinem Mund, die überhaupt nicht im Skript standen.
Das brachte mir unter den Lehrern Ärger, manchmal Strafarbeiten, aber auch viel Anerkennung und Applaus ein, die zwei Lager eben. Ohne meine liebe Sandra hätte ich mich derlei nie getraut. Schon alleine aus der Angst heraus nicht, dass eventuell meine Eltern informiert würden. Das hätte Konsequenzen nach sich gezogen, über die ich hier auf keinen Fall schreibe. Aber Sandra traute sich alles, und ich merkte, dass ihr nur wenig passierte. Also folgte ich ihr nach, und tat das auch. Natürlich ließ man uns auch nicht alles durchgehen, was hier deutlich wird.
Nun war gerade die Zeit, als man uns die Pershings vor die Nase setzen wollte und Giftgas im Pfälzer Wald gelagert wurde. Und ja, der saure Regen tötete gerade unseren Wald.
Genug Themen also, für die es sich zu singen und zu spielen lohnte. Dazu versammelten sich Sandra und ich und wer Lust hatte auf der großen Wiese in der großen Pause. Wir sangen und diskutierten. Selbstverständlich hörte niemand von uns, dass die Pause längst vorüber war. Wir hatten Wichtigeres zu tun.

Schließlich wurde unsere kleine Friedensdemo vom Lehrkörper aufgelöst.
Alle strömten zurück in ihre Klassenzimmer. Für Sandra und mich war ein anderer Weg vorgesehen.
Begleitet von einer Lehrerin fanden wir uns im Büro des Direktors wieder. Noch nie zuvor war ich in diesem Raum. Ich wusste nicht mal genau, wo dieses Büro lag. Keine Ahnung, ob Sandra schon mal in diesen Gemächern war. Konnte aber wegen ihrer rebellischen Art durchaus sein.
Der Direktor hatte dann so schöne Attribute wie „Aufrührer", „Kommunisten", „utopische Linke" und noch einiges mehr für uns parat. Sandra wurde auch noch extra dafür gerügt, dass ausgerechnet sie als Mädchen bei so etwas mitmachte.
Als Strafe wurde uns für sechs Wochen unser Ausgangsschein entzogen. Den bekam man, wenn man ein Mobilitätstraining mit dem Stock absolviert hatte. Je nach Trainingsstand durfte man sich dann außerhalb des Schulgeländes bewegen. Den Ausweis hinterlegte man stets an der Pforte, damit immer klar war, wer noch draußen war.
Das war das höchste Privileg, die höchste Auszeichnung, selbstständig nach draußen zu dürfen. Umso härter war der Entzug dieses Dokumentes für Sandra und mich, weil wir ja dann für sechs Wochen draußen auf den Straßen keine Friedenslieder mehr singen konnten. Wer wusste schon, was bis dahin mit dem Weltfrieden wäre, ohne Mut machende Lieder.
Eingesperrt für sechs Wochen wegen einiger harmloser Friedenslieder und einer überzogenen großen Pause.
Natürlich gab es Stellen, an welchen man locker über den Zaun nach draußen kam, aber das war sehr gefährlich, denn man konnte draußen von einem Lehrer oder Erzieher gesehen werden. Das ließ sogar Sandra bleiben.
Natürlich haben wir das auch mal ausprobiert, aber im Grunde war es wirklich dumm, denn die darauffolgenden Strafen konnten sogar einige Tage Schulverweis oder noch Schlimmeres bedeuten. Das

ließ man also besser bleiben. Wir überbrückten diese sechs Wochen Ausgangssperre ganz anders.
Wenn man Mobilitätstraining bekommt, dann gibt einem der Trainer schon mal eine kleine Aufgabe, um zu testen, wie selbstständig man schon war. Mal musste man einen Ort finden, mal etwas einkaufen und manchmal kam auch ein Behördengang dazu.
So wie bei mir. Meine Trainerin schickte mich mal ins Rathaus. Ich sollte für sie ein Dokument beglaubigen lassen. Das kannte ich vorher noch nicht. Als ich dann meinen Ausgangs-Schein bekam, tat ich genau das. Ich ließ einige Kopien anfertigen und diese beglaubigen. Eigentlich wollte ich damit nur das Original-Dokument schonen, indem ich immer eine beglaubigte Kopie vorlegte. Ich weiß noch, dass die Pförtnerin sich sehr darüber freute, dass ich so viel Acht auf meinen Original-Ausweis gab. Das kam mir jetzt gut zu Pass. Ohne zu zögern, händigte ich dem Direktor meinen Ausweis aus und zu meiner großen Überraschung tat Sandra ohne Widerstand dasselbe. Was war da los? Als wir wieder auf "freiem Fuß" waren, fragte ich sie bei einer heimlich gerauchten Zigarette danach. Es stellte sich heraus, dass ihre Eltern für sie ebenfalls beglaubigte Kopien anfertigten, weil sie das Original lieber in ihren Unterlagen haben wollten. Was ein Glück – oder vielleicht auch nicht? Kurz begann ich mir schon auszumalen, wie es wäre, wenn sie ohne Ausweis eingesperrt und ich mit meiner Kopie ihr draußen alles "erjagte", was sie benötigte ...
Nun ja. So war es auf jeden Fall besser zu zweit, als wenn ich den Edelritter gespielt hätte. Aber ein Liebesbeweis wäre derlei schon gewesen.
Also retteten unsere beglaubigten Kopien vielleicht sogar die Welt, denn wer weiß, was ohne weitere Lieder ...
Wir sollten auch noch eine Strafarbeit anfertigen, aber von meiner hielt mich Sandra ab. Natürlich von ihrer auch. Wir hofften, dass derlei mit hoher Wahrscheinlichkeit versanden würde. Und tatsächlich geschah, wie vermutet, nichts mehr in dieser Sache. Ließen wir diesen Hund also schlafen.

Nun kam die Zeit, dass mein Mädchen auf das Gymnasium für Blinde nach Marburg wechseln sollte. Eine schwierige Zeit würde das für mich werden, aber zu verhindern war das nicht.
Mich ließ man dort wegen meiner schwierigen Vergangenheit nicht hin. Geld, uns zu besuchen, hatten wir keines. Anrufen war schwierig und so hatten wir nur Briefe in Punktschrift. Die darf man bis heute kostenlos mit der Post verschicken, wenn es sich um eine Blindensendung handelt.
Das Schlimmste bei dieser Trennung war für mich, dass mir von verschiedener Seite ihre Briefe vorenthalten wurden, wenn es z. B. daheim mal wieder Ärger gab.
Was mir aber immer klar war: Ich wollte Sandras Werk weitertreiben. Ich wollte unsere Lieder weiterhin singen, wollte Gitarre lernen und somit ihr Werk weiterführen.
Dieser Wunsch wurde noch klarer, denn sie verstarb zwei Jahre später an der Krankheit, die sie erblinden ließ.

Nun war ich also wieder alleine, und das Werk, das ich weiterführen wollte, war Sandras Lebenswerk geworden. Wir erlebten so viel miteinander. Sie war so aktiv, quirlig und umtriebig, dass ich im Nachhinein den Eindruck hatte, dass ihre Uhr einfach rascher ablief als die der meisten Menschen. Manchmal fragte ich mich, ob sie irgendwie wusste, dass ihre Zeit bemessen war, und dass sie versuchte, so viel wie möglich in ihr kurzes Leben zu packen.
Was sollte ich nun tun? Wie sollte ich ihr Werk fortführen können? Erst mal musste eine Gitarre her, aber die Aussicht, eine über die Familie zu bekommen, war zunächst gleich null. Das Glück und mein Schicksal wollten es, dass ich eine auf dem Sperrmüll fand.
Im Grunde war es ein fürchterliches Instrument, aber man konnte noch Saiten darauf spannen und spielen lernen.
Unterricht hatte ich nie. Ich ließ mir die Griffe von ganz verschiedenen Menschen aus der Friedensbewegung zeigen. Nach sechs Wochen war ich dann so weit, dass ich viele Lieder schon begleiten

konnte. Ein Zivildienstleistender lieh mir bald schon seine Gitarre, damit ich etwas Besseres unter die Finger bekam.
Und so ging die Friedensarbeit weiter. Ich sang, wurde besser und auf der Gitarre virtuoser und fühlte mich in so vielen Dingen absolut integriert und angenommen. Ob Zeltlager, Lagerfeuer, Gottesdienste oder Friedensveranstaltung. Wenn man singen und gut Gitarre konnte, war man der König und die Blindheit spielte keine Rolle mehr. Und außerdem gab mir viel Kraft, dass ich das alles auch in Sandras Vermächtnis tat.
Mittlerweile erkannte meine Großmutter, dass es nicht mehr zu ändern war mit mir. Sie sah ein, dass ich jetzt endlich mal eine eigene Gitarre bräuchte. Und so gingen wir eines Nachmittags in unseren kleinen aber gut sortierten Musikladen aus dem Dorf und es wurde eine Gitarre gekauft.
Das war das erste Mal, dass ich etwas besaß, womit meine anderen fünf Geschwister nichts anfangen konnten.
Etwas, das nur mir alleine gehörte.
Etwas Neues und nicht Gebrauchtes oder Abgetragenes.
Etwas, womit ich mich ausdrücken konnte.
Da ich auch auf Familienfesten, Weihnachten, Geburtstagen etc. spielte, hielt sich der Neid meiner Geschwister in Grenzen.
Nun begann ich auch langsam meine eigenen Friedenslieder zu schreiben. Schließlich hatte mir Sandra ihre eigenen Lieder hinterlassen, und ich wollte Liedermacher werden. Es waren einige ganz nette Liedchen dabei. Mit einem gewann ich sogar mal "Jugend musiziert". Dafür durfte ich mit meinem Vater als Begleitung nach Berlin fliegen. Das erste Mal in einem Flugzeug. Das erste Mal wirklich einen Auftritt mit Radio, Fernsehen und Presse. Das alles war für mich so beeindruckend, dass ich fast nichts mehr davon weiß.
Aber an den Applaus nach meinem Friedenslied kann ich mich noch gut erinnern. Er schmeckte vorzüglich.
Heute stehe ich eher in Sachen Astronomie auf Bühnen. Doch noch immer setze ich mich für den Frieden ein. Noch immer spiele ich Gitarre und singe, wenn auch weniger als früher.

Ich setze mich gerne für Menschen, vor allem für Jugendliche, ein, die aus welchen Gründen auch immer nicht unbedingt auf der Sonnenseite ihres Lebens stehen.
Ich glaube nicht, dass ich ohne Sandra so lebendig geworden wäre, um dann auch noch Abitur und mein Studium zu absolvieren, um in einen guten Beruf zu finden.
Vielleicht war es Sandras Aufgabe, mich zu retten. Stünde es in meiner Macht, so würde ich ein Himmelsobjekt nach ihr benennen.

Melanie Joußen

Die Tücken beim blind Verlieben

Melanie Joußen wurde 1980 in der Nähe von Aachen in NRW geboren. Kurz nach ihrer Geburt stellte sich heraus, dass mit ihren Augen etwas nicht stimmte, es sollten aber noch Jahre vergehen, bevor die Diagnose LCA gestellt wurde. Diese hat für sie zur Folge, dass sie einen so geringen Sehrest hat, dass sie als gesetzlich blind gilt.
Sie besuchte erst die Sehbehindertenschule und wechselte später auf ein Regelgymnasium. Nach dem Studium der Sozialen Arbeit war sie viele Jahre lang in einem Altenpflegeheim im Sozialdienst beschäftigt. Da sie die Naturheilkunde und die Gesundheit im Allgemeinen immer schon sehr interessierten und sie auch im beruflichen Kontext mit vielen für sie unbefriedigenden Umständen in Bezug auf Gesundheitsvorsorge konfrontiert wurde, absolvierte sie schließlich ein Fernstudium zur geprüften Gesundheitscoachin.
2022 gründete sie daraufhin ihr Unternehmen als ganzheitliche Gesundheitsberaterin.
Die Liebe zu Tieren begleitet sie durch ihr gesamtes Leben. Mit 9 Jahren begann sie mit dem Reiten und bekam mit 12 Jahren ihr erstes eigenes Pferd. Einige Jahre später ging ihr größter Traum in Erfüllung und ihre Eltern kauften zwei Fohlen, die sie selbst ausbildete. Seit 2005 begleiten sie Blindenführhunde, die für sie Partner auf ihrem Weg sind. Sie inspirierten sie schließlich auch zum Schreiben ihrer bisherigen Bücher. Heute lebt sie mit ihrem sehenden Partner und den jeweils im Dienst oder der Rente befindlichen Hunden am Stadtrand von Stolberg in NRW. Das Schreiben von Sachbüchern im Bereich Hunde ist ihr großer Schwerpunkt und ihre Leidenschaft. Sie ist Autorin im Edition Paashaas Verlag und freut sich, dass im Januar 2024 ihr zweites Buch veröffentlicht wurde, ein Frühstücksratgeber, diesmal für Menschen.

Lange habe ich überlegt, welche Geschichte Ihnen, meine verehrten Leser, gefallen könnte. Ich bin blind und damit mehr als prädestiniert, um sich blind zu verlieben. Aber einerseits sind meine eigenen blinden Liebesgeschichten doch genau das, sehr eigen. Andererseits bin ich nicht so gut im Geschichten schreiben, um eine

wundersame, lustige und spannende Liebesgeschichte vollkommen frei zu erfinden.
Was tue ich also? Höre ich an Ort und Stelle gleich auf mit dem Versuch, Sie zu unterhalten oder fange ich noch einmal ganz von vorne an?
Ja, ich bin ja aufgrund meiner eigenen Blindheit genau der richtige Mensch, Ihnen etwas über die blinde Liebe zu berichten.
Ich habe also eine Idee:
Lassen Sie sich von mir in das Reich der blinden Liebe entführen.
Machen Sie es sich also bequem, vielleicht schließen Sie sogar die Augen und denken Sie an einen Moment, an dem es Sie einmal so richtig erwischt hat. Erinnern Sie sich zurück an den einen Augenblick, ganz gleich, ob als Jugendlicher oder Erwachsener, wo Sie die Liebe wie ein Blitzschlag getroffen hat.
Wenn Ihnen nichts auf Anhieb einfällt, das ist nicht schlimm.
Sagen wir einmal, Sie sitzen irgendwo. Vielleicht in einem schönen Café an einem warmen Sommertag. Ihr Blick fällt auf einen Menschen, der Ihnen sofort auffällt. Genau jetzt ist der Augenblick gekommen. Ja, jetzt sind wir an der Stelle, wo jeder blinde Mensch Ihnen erklären wird, dass Sie sich nun vorstellen müssen, dass Sie Ihr Gegenüber eben nicht sehen können. Kein in den Augen des anderen versinken, kein tiefer Blick, kein Wahrnehmen eines zarten Errötens bei Ihrem Anblick, ja, Sie sehen noch nicht einmal dieses wundervolle Lächeln. Irritiert werden Sie nun überlegen, wie Sie sich denn bitte schön blind in jemanden verlieben sollen, ohne die Person zu sehen? Das ist doch gar nicht möglich!
Oh doch, das ist es. Es ist nur völlig anders und von einigem mehr an Stolpersteinen geprägt als der Augenblick, in dem man sich sehend blind verlieben mag.
Sie wissen nun, dass sie die angebetete Person gar nicht sehen können. Was bleibt Ihnen also übrig? Sie hören, riechen und fühlen die angebetete Person. Wobei beim Anbeten sind wir ja noch nicht angelangt. Erst einmal müssen wir uns ohne Blickkontakt blind verlieben. Nehmen wir also einmal an, Sie hören die eine glockenklare

oder wundervolle Stimme. Es durchfährt Sie wie ein Blitz, diese Stimme muss zu einem unglaublichen Menschen gehören. Diesen Menschen müssen Sie kennenlernen. Ja, Sie sind sich sicher, dass Sie mit diesem Menschen wohlmöglich den Rest Ihres Lebens verbringen wollen. Das ist schon einmal ein guter Anfang für die blinde Liebe, die doch schon manchen Menschen in die Irre, aber auch zu seinem Seelenpartner geführt hat. Nun heißt es also, Kontakt herstellen. Vielleicht geschieht das ganz automatisch, indem sich diese herrliche Stimme ganz in Ihrer Nähe befindet. Vielleicht gibt es auch gerade in diesem Moment einen guten Freund, den Sie fragen können, wem diese Stimme gehört. Aber Vorsicht: Sie können sich nicht vollkommen sicher sein, dass Ihr Freund auch die gleiche Stimme hört und meint wie Sie selbst. Was, wenn es da zu einer Verwechslung kommt und statt dieser unglaublich lieblichen Stimme plötzlich ein tiefer Bass oder gar eine knorrige Stimme zu Ihnen an den Tisch kommt? Was sagen Sie dann zu Ihrer Entschuldigung? Vielleicht müssen Sie dann diese Stimme zu einem Getränk einladen und die wirklich unglaubliche Person verschwindet indes im Gewirr der üblichen Geräusche und ist für immer verloren. Seien Sie also sehr beharrlich und erst, wenn Sie sich wirklich sicher sind, dass Ihr Freund auch die gleiche Tonlage hört wie Sie, lassen Sie einen Kontakt herstellen. Auch hier bedarf es einiger Vorsicht. Was wollen Sie tun, wenn diese attraktive Person an Ihrem Tisch steht? Was, wenn Sie Ihr Gegenüber auf einen Kaffee einladen, man aber schon hätte sehen können, dass das wohl so gar nicht der Kaffee-Typ ist? Was, wenn Sie zu schnell voran gehen und die Person auf ein Glas Wein einladen wollen, auf dem T-Shirt aber ein Spruch darauf hinweist, dass nur Bier ein richtiges Getränk ist? So etwas sollte man doch wissen, oder? Sie sollten also vorher Ihren Freund fragen, wie Ihre angebetete Person denn aussieht und was sie für einen Eindruck macht. Das Problem an so einer Vorgehensweise ist aber, dass sie viele Gefahren birgt. So kann Ihnen ein Mensch als groß gewachsen, schlank, attraktiv und in den mittleren Jahren beschrieben werden – und wenn es dann dazu kommen

sollte und sie die Hand ausstrecken dürfen, um diesen adonischen Körper und sei es auch erst einmal die Hand sein – zu berühren, um dann festzustellen, dass da ein dünner Hering vor Ihnen steht, der knapp 2 Meter groß ist und sich zwar noch in den mittleren Jahren befindet, aber für sein Alter gut gehalten hat und sich bereits auf die bevorstehende Pensionierung freut. Die kleine, dralle und wirklich gut aussehende Person, die so richtig frisch und jugendlich aussieht, kann je nach Geschmack durchaus gut genährt, sagen wir fast übergewichtig sein und so gut gestylt, dass das wahre Alter nicht auffällt. Selbst bei Haarfarbe und Klamotten wird es nicht leichter. Ist eine Haarfarbe nun blond oder schon rot-blond? Gut, das macht für jemand, der von Geburt an blind ist, keinen Unterschied, genau so wenig, wie die Frage, ob das rote T-Shirt nun zur karierten Hose und den grünen Sneakern passt oder nicht. Wer bunte Kleidung trägt, könnte doch durchaus ein munteres und lustiges Gemüt haben. Aber es könnte sich auch um einen Hippie handeln, vor allem, wenn dann auch noch die Haare grün gefärbt sind und zu einem Kamm empor gestylt. Vielleicht ist es ja aber auch ganz fürchterlich einseitig einen Menschen nach seinem Äußeren zu beurteilen und einsortieren zu wollen. In diesem Falle wäre es doch eine wunderbare Sache, sich so blind zu verlieben ohne visuelle Ablenkung.
Aber selbst als blinder Mensch möchte man mehr von seinem Angebeteten wissen, als nur die Stimme zu kennen.
Also spielt es doch auch irgendwie eine gewisse Rolle, in der wir uns ganz schön verstricken können, wie wir oben gesehen haben.
Noch komplizierter wird es dann, wenn Sie sich sicher sein wollen, wie Ihr Angebeteter nun auf Ihre Avancen reagiert.
Wird Ihr Lächeln erwidert oder mit einem Augenrollen quittiert? Wirft Ihnen Ihre große Liebe schmachtende oder eher genervte Blicke zu? Ist dieser Ausdruck des Entzückens auf dem Gesicht zu erkennen, wenn Sie gesehen werden oder eine Grimasse des Erschreckens?
All das führt zum Erfolg oder Scheitern Ihres gemeinsamen Glücks.

Nun könnten Sie erwidern, dass selbst ein Sehender oftmals in fürchterlich peinliche Fettnäpfchen tappt, wenn er davon überzeugt ist, dass die Liebe erwidert wird und das dies nicht so anders sein kann, wenn man sich blind verliebt hat. Das mag an sich stimmen, die Fettnäpfchen können aber ohne visuelle Rückmeldung noch um einiges tiefer sein.

Gehen wir nun davon aus, Sie haben Ihre angebetete Stimme zu sich an den Tisch rufen können, ob nun mit oder ohne Hilfe Ihres Freundes und ob mit oder ohne Beschreibung der Gestalt und des Aussehens. Was nun? Ab hier wird es einfacher. Sie betreiben erst einmal höfliche Konversation. Das können Sie, denn ganz gleich, ob nun sehend oder nicht, Konversation ist immer eine gute Idee. Man lernt sich kennen, trinkt gemeinsam eine Tasse Kaffee oder was auch immer gerade zur Tageszeit passen mag, und Ihr erstes Gefühl des Blitzschlags der Liebe bestätigt sich. Sie versuchen aus jeder Stimmlage, jeder Bewegung des Angebeteten herauszuhören, wie Ihr Gegenüber denn zu Ihnen stehen mag. Bedenken wir dabei, dass Ihr Gefühl noch ganz jung ist. Sie werden also nicht gleich in die Vollen gehen müssen und einen ersten Kuss herbeiführen, aber ein wenig Herzrasen und zarte Schmetterlingsflügel wollen Sie sich ja erhalten und daher wäre es schön zu wissen, ob Ihre Avancen denn auch auf fruchtbaren Boden fallen. Es ist dabei stets ein gutes Zeichen, wenn man sich auf Anhieb versteht, gemeinsam lacht und das Gefühl entsteht, man würde sich schon ewig kennen. Vielleicht ist da auch ein gewisses Gefühl von Unbeholfenheit, aber es sollte auf keinen Fall nur höfliches Zuhören sein, gepaart mit einem Satz wie: „Oh, ich bewundere, wie du das so blind machst, ich könnte das nicht.“ So etwas kann ein echter Liebestöter werden, vor allem, wenn dieser Satz noch gestelzt daherkommt und mehr aufgesetzt wirkt als ernst gemeint.

Wenn es einen ernst gemeinten Wunsch zum Wiedersehen gibt, sogar die Frage aufkommt, wie denn nun Telefonnummern ausgetauscht werden können, wo Sie doch nichts sehen, dann sind Sie auf dem besten Weg, dass Ihre blinde Liebe auf fruchtbaren Boden

gefallen ist und nicht nur Sie sich blind verliebt haben, sondern Ihre Liebe auch möglicherweise erwidert werden könnte.
Denken Sie jetzt, wo wir fast am Ende unserer gemeinsamen Geschichte angelangt sind aber noch an Folgendes:
Erst einmal geht es um das Aufschreiben des Namens und der Telefonnummer. Sie müssen nun ohne aufdringlich zu wirken eine Nummer erhalten, die Sie in Ihr Smartphone tippen können, denn Sie haben ja ein Smartphone mit Sprachausgabe. Verlassen Sie sich auf keinen Fall auf einen Zettel oder ein Kärtchen. Wer weiß denn, was darauf steht? Die Visitenkarte könnte auch die vom Pizzaservice sein, bei dem Ihre angebetete Person regelmäßig bestellt und das erfahren Sie erst dann, wenn Sie zu Hause alleine die Karte mit Ihrem Telefon einscannen und voller Vorfreude auf die Telefonnummer warten. Noch unangenehmer ist es natürlich, wenn Sie jemanden aus Ihrem Freundeskreis bitten, Ihnen die Nummer ins Telefon einzutippen und dann die Frage erhalten, seit wann Sie denn dort etwas bestellen würden. Also bitte keine Visitenkarten annehmen oder Zettel, auf denen auch einfach nur der Einkaufszettel stehen könnte. Seien Sie sich sicher, dass der Austausch an Nummern auch wirklich erwünscht ist.
Wenn auch das erreicht ist, geht es noch ein wenig weiter, denn:
Sie haben nun keine Möglichkeit wundervolle Selfies zu versenden, kein Sonnenuntergang mit Ihnen im Vordergrund und einem schmalzigen „Ich denke ständig an dich“. Klar, den Satz können Sie schreiben, denn Sie haben ein Handy mit Sprachfunktion, mit einer Sprachausgabe, um genauer zu sein. Ihnen wird alles vorgelesen, was sich auf dem Display abspielt. Naja, fast alles. Denn die meisten Fotos bleiben nur Fotos ohne Beschreibung. Sie erfahren nicht, ob Ihr Angebeteter Ihnen nur ein Bild vom Abendessen oder von sich selbst gesendet hat und was er dabei anhatte und was nicht. Und wahrscheinlich werden Sie auch nicht ohne sehende, also fremde Hilfe in der Lage sein, eigene Fotos zu schießen und zu versenden. Wäre doch echt peinlich, wenn Sie das falsche Bild auswählen und statt Ihres ansehnlichen Körpers vor der Silhouette eines wunder-

vollen Abendleuchtens das Bild versenden, welches Sie vom Rohrbruch für den Klempner machen mussten. Sie werden sich außerdem wundern, wie Ihnen plötzlich diese Emojis beschrieben werden und dann wird Ihnen auffallen, dass so manche gar nicht zu dem Text passen, der Ihnen gesendet wird. Denn was will jemand sagen, wenn er ein Emoji wählt, welches Ihnen als "errötendes Gesicht mit einer Hand vor dem Mund" beschrieben wird? Sie sehen, selbst die Welt der Textbeschreibungen hat so seine Tücken. Kennt man sich aber einmal darin aus, dann wird es leichter. Nur die Sache mit den Fotos bleibt Ihnen zumeist leider verwehrt. Mit Worten dagegen können Sie viel erreichen oder auch viel Chaos anrichten. Das gilt eben vor allem dann, wenn Ihnen nur Worte ohne das passende Bild dazu bleiben.
Aber seien Sie nicht verzagt, denn auf jeden Topf passt ein Deckel. Sich blind zu verlieben ist genauso leicht, wie sich sehend blind zu verlieben und eigentlich ist es auch gar nicht so kompliziert.
Sich blind zu verlieben, ist etwas Wundervolles, vor allem, wenn man es geschafft hat, den richtigen Partner für die blinde Liebe zu finden.

Brigitte Kemptner

Damals

Brigitte Kemptner ist Jahrgang 1952, geboren in Südhessen und von Geburt an sehbehindert. Dass sie auf dem linken Auge aufgrund einer Netzhautablösung völlig blind ist, erkannte man erst, als sie vier Jahre alt war. Auf dem rechten sieht sie noch so viel, dass sie in ihrem gewohnten Umfeld gut zurecht kommt. Sie hat die Blindenschule in Friedberg/Hessen besucht und mit einer Ausbildung zur Phonotypistin abgeschlossen, obwohl ihr Traumberuf Kindergärtnerin gewesen wäre. Heute lebt sie in der Nähe von Mannheim, ist mit einem blinden Mann verheiratet und hat zwei erwachsene Töchter.
Zu ihren Hobbys gehören das Lesen von Kindheit an, ebenso das Verfassen von Lyrik und Prosa. Sie machte ein Fernstudium bei der Schule des Schreibens in Hamburg mit Schwerpunkt Kinder- und Jugendliteratur. Außerdem schreibt sie gerne Fantasiegeschichten. Mittlerweile wurden mehrere Romane in diesen Genres veröffentlicht. Sie ist Verlagsautorin im Edition Paashaas Verlag und aktives Mitglied bei BLAutor.

Gabi wartet nicht im Park, wie es so schön in dem Schlager von Udo Jürgens heißt, sondern in ihrer Wohnung. Dort wartet sie auf ihn. Wartet voller Vorfreude auf ein paar glückliche Stunden mit ihm. Sie hat Angst, auch heute wieder vergeblich zu warten. So, wie sie es schon seit vier Wochen tut. Ohne ein Lebenszeichen von ihm.
Das Telefon liegt neben ihr auf dem Tisch, griffbereit, falls es klingelt, und er endlich doch noch sein Kommen ankündigt.
Traurig sitzt sie in ihrem Sessel und versinkt in Erinnerungen ...

Damals, als es zwischen ihr und Frank so richtig funkte, war sie gerade siebzehn, er zwei Jahre jünger. Sie besuchten beide die gleiche Blindenschule mit Internat. Gabi selbst war blind, Frank dagegen besaß noch einen relativ guten Sehrest. So trafen sie sich an einem Nachmittag im Frühling rein zufällig auf einer Bank im Schulhof. Als Frank eine Unterhaltung begann, merkte Gabi gleich an seiner Stimme, dass er traurig war.

„Ist denn was passiert?", wollte sie wissen.
„Meine Freundin hat mit mir Schluss gemacht", war seine Antwort. Gabi tröstete ihn so gut sie konnte, denn auch sie war schon von einem Freund verlassen worden.
Von diesem Tag an trafen sie sich häufiger auf dem Schulgelände oder auf den Fluren während der Pausen. So wurde bald aus guten Schulkameraden ein Liebespaar. Nun trafen sie sich oft auch heimlich, denn Freundschaften, besser gesagt Liebeleien zwischen Mädchen und Jungen waren im Internat damals untersagt. Aber da Verbotenes bekanntlich lockt, nutzten beide jeden sich bietenden Augenblick, um Zärtlichkeiten auszutauschen. Selbst als Gabi die Schule verließ und Frank in eine andere ging, um seine Ausbildung zum Physiotherapeuten zu machen, fanden sie noch genug Möglichkeiten, sich zu sehen.

Gabi war ein sehr anhänglicher Mensch, wäre liebend gerne für den Rest ihres Lebens mit Frank zusammengeblieben, aber er sah das wohl anders. So kam es schließlich zum Bruch. Mit seinen Worten „Ich lass mir von dir meine Zukunft – was immer er damit auch meinte – nicht kaputtmachen" endete ihre Beziehung.

Gabi heiratete zum Trotz einen früheren Freund, der genau wie sie blind war. Sie gründete mit ihm und dem Töchterchen eine Familie, die jedoch schon nach wenigen Jahren vor dem Aus stand. Enttäuscht von ihrem untreuen Ehemann wollte sie vorerst nichts mehr mit den Männern zu tun haben.
Einige Jahre später fuhr Gabi eines Samstags zu einem Schülertreffen, wo sie Frank wieder begegnete. Dieser war inzwischen nicht nur stolzer Vater, sondern auch Besitzer einer gutgehenden Physiotherapie-Praxis, die er gemeinsam mit seiner sehenden, aber wesentlich älteren Ehefrau führte.
Das Wiedersehen mit ihm ließ in Gabi all ihre Gefühle, die sie einst für ihn hatte, wieder aufleben. Nach dem Schülertreffen fuhr er

sogar mit ihr im Zug nach Marburg, obwohl er in einer ganz anderen Richtung, und zwar in Fulda, wohnte.
„Darf ich dich denn mal besuchen?", fragte er, bevor er sich vor ihrer Haustür von ihr verabschiedete.
Gabi antwortete nur zu gerne mit „Ja". Trotzdem vergingen erst einmal einige Wochen, bis es an einem Samstag endlich wahr wurde.

Das Klingeln des Telefons reißt Gabi aus ihren Erinnerungen. Ihr Herz klopft etwas stürmisch bei dem Gedanken, dass es Frank ist, der wie immer sein Kommen telefonisch ankündigt. Aber sie wird enttäuscht. Es ist ihre Tochter, die anfragt, ob sie Lust auf einen Stadtbummel hätte. Gabi lehnt dankend ab, obwohl sie gerne mal hier herausgekommen wäre. Aber die Vorstellung, dass Frank kommt und sie nicht zu Hause antrifft, ist unerträglich.
Kurz darauf schweifen ihre Gedanken wieder zurück ...
Gabi sehnte an jedem Wochenbeginn den Samstag herbei. Doch oft wartete sie vergebens. Manchmal vergingen sogar etliche Wochen, bis er wieder einmal sein Kommen telefonisch ankündigte. Er rief dann meistens vom Bahnhof aus an.
Gabi selbst durfte ihn ja niemals zu Hause in der Wohnung oder in seiner Praxis anrufen. Wenn sie es doch einmal tat, weil sie länger nichts von ihm hörte, reagierte er recht unfreundlich. So war Gabi eben auf seine Anrufe angewiesen. Doch wenn Frank endlich wieder bei ihr war, sie in den Arm nahm, zählte nur noch er und die gemeinsame Zeit.
So geschah es, dass sie sich immer mehr von Wochenend-Veranstaltungen ihres Blindenvereins zurückzog, sei es zum Beispiel ein Grillfest, eine Adventsfeier oder die Kegelmeisterschaft. Samstags musste sie daheim bleiben für den Fall, dass Frank sich ankündigte. Manchmal fuhr sie montags zu ihrer besten Freundin, die etwa 120 Kilometer entfernt wohnte. Dort blieb sie jedoch immer nur bis Freitag.
„Warum bleibst du nicht auch einmal übers Wochenende bei uns?", beschwerte sich Susanne.

Doch Gabi lehnte dies ab und meinte: „Wenn Frank kommt und ich bin nicht da, kommt er vielleicht nie wieder.“
„Der nutzt dich nur aus. Seine Frau wird er doch nie verlassen für dich“, meinte einmal eine weitere Freundin, die ebenfalls von diesem Verhältnis wusste.
„Du bist nicht nur mit den Augen blind, sondern auch blind vor Liebe. Wenn er echte Gefühle für dich hätte, würde er sich doch scheiden lassen“, war die Meinung ihrer Schwester.
Aber Gabi winkte all diese Einwände ab. Natürlich war sie niemandem böse. Sie meinten es ja sicher nur gut.
Um einmal mehr als nur einige Stunden an den Samstagen mit ihrem Liebsten verbringen zu können, erkundigte sich Gabi öfter mal, ob in der Nähe von Marburg Lehrgänge für Physiotherapeuten angeboten wurden. Einmal war ihr das Glück sogar hold. Frank meldete sich dort zu Gabis ganzer Freude auch an. Er übernachtete während dieser Zeit natürlich bei ihr. Seiner Frau erzählte er, dass er sich ein Pensionszimmer genommen hätte.
Von Gabis Verhältnis mit Frank wussten nur einige Eingeweihte. Sie waren immer sehr vorsichtig, und in Marburg kannte ihn zum Glück niemand.
Doch, dass er während eines Schülertreffens in der Blindenschule recht heftig mit Helga, einer ehemaligen Schulkameradin flirtete, und mit ihr sogar früher das Treffen verließ, machte im Blindenkreis schnell die Runde.
Gabi rief Susanne, die genau wie sie selbst nicht bei diesem Treffen war, an und erzählte es ihr.
„Ich habe schon länger die Vermutung, dass sich Frank außer mit mir auch noch mit anderen Frauen trifft. Vielleicht war es nicht das erste Mal, dass er sich mit Helga getroffen hat.“
„Wenn dem so ist, macht dir das denn gar nichts aus?“, fragte Susanne.
Gabi machte ein betrübtes Gesicht. „Natürlich lässt mich das nicht kalt, aber was soll ich machen? Ich liebe ihn nun mal.“

Sie kam einfach nicht von ihm los, auch wenn ihre Liebe sie blind machte für die Tatsache, dass sie nicht die einzige war, mit der er sich traf. Das würde vielleicht auch erklären, warum er oft wochenlang nicht kam. Aber wenn Frank dann bei ihr war, sie in den Arm nahm und küsste, ließ ihre Liebe alles andere winzig klein erscheinen.

So vergingen die Jahre. Internet und Handy eroberten den Markt. Nun war es auch für Gabi leichter, Frank auf seinem eigenen Handy anzurufen, dachte sie. Nun musste sie nicht immer warten, bis er sich meldete. Das brachte ihr zwar auch öfter Ärger ein, wenn sie zu einer Zeit anrief, wo er nicht reden konnte – oder wollte! Sie einigten sich deshalb auf eine Zeit in seiner Mittagspause, wenn er seine Hausbesuche machte. Doch auch da ging er oft nicht ans Handy oder drückte sie sogar weg.

Gabi kehrt aus ihrer Erinnerung zurück in die Gegenwart, als es an der Tür läutet. Es ist die Nachbarin, die ihr Kuchen bringt. Gabi hat keinen Appetit. Sie stellt den Kuchen in den Kühlschrank, lässt sich wieder in ihren Sessel sinken und taucht abermals ab ...

„Meine Frau ist plötzlich misstrauisch geworden", sagte Frank eines Tages am Telefon zu Gabi, „vielleicht ahnt sie etwas. Es geht um die Samstage, an denen ich zu dir komme. Sie glaubt mir nicht mehr, dass ich nur ins Grüne fahre, weil ich einfach mal Zeit für mich brauche. Sie will wissen, wo genau ich mich aufhalte. Einen ganzen Tag lang. Wir müssen vorsichtig sein. Deshalb kann ich keinen ganzen Tag mehr wegfahren, Gabi. Jedenfalls vorläufig nicht."
„Und was bedeutet das für uns?", fragte sie mit einem unguten Gefühl in der Magengegend.
„Dass wir uns wohl über eine längere Zeit mal nicht sehen können."
Franks Antwort versetzte ihr einen Stich ins Herz.
Doch Gabi wäre nicht Gabi, wenn ihr keine Lösung eingefallen wäre: Schulfreundin Anna, auch eine Eingeweihte, die genau wie

Frank in Fulda wohnte. Nach einem längeren Telefonat mit ihr fühlte sich Gabi wieder etwas besser. Anna war damit einverstanden, den Liebenden für ein, zwei Stunden samstags zu einem Treffen in ihrer Wohnung zu verhelfen. Nun musste Gabi nur noch mit Frank reden. Sie war so aufgeregt und hoffte, dass er ans Handy ging. Zu ihrer großen Freude tat er es auch. Nach diesem Gespräch fühlte sie sich endgültig wohler.
Über ein halbes Jahr lang trafen sie sich einmal im Monat für zwei Stunden bei Anna, bis Frank es wieder riskierte, zu Gabi nach Marburg zu fahren.

Eines Tages erfuhr Gabi von Frank, dass er sich wieder einmal zu einem Lehrgang angemeldet hatte. Ganz in der Nähe ihrer besten Freundin Susanne. Dieser Lehrgang ging über ein halbes Jahr und fand immer in der zweiten Woche eines Monats – von Montag bis Mittwoch – statt. Das bedeutete, dass sich Frank für diese Tage ein Zimmer suchen musste. Gabi hatte sofort die zündende Idee, und zwar eine mögliche Lösung für Franks Unterbringung während des Lehrgangs: Susanne, die mit ihrem Mann ein eigenes Haus mit Gästezimmer besaß. Gabis Herz klopfte etwas heftig, als sie ihre Freundin anrief und von dem bevorstehenden Lehrgang erzählte. „Hättet ihr etwas dagegen, wenn Frank bei euch übernachten würde?", fragte sie. „Dann könnte ich auch kommen, und wir hätten so etwas mehr Zeit für uns."
Selbstverständlich hatten die Freundin und deren Mann nichts dagegen.

So schwebte Gabi auf einer rosaroten Wolke, als sie abends mit Frank einschlief und morgens mit ihm aufstand, bevor er zu seinem Lehrgang fuhr. Am Abend konnte sie es kaum erwarten, bis er wiederkam. Da zählte nur noch er.
Doch irgendwann begann es bei diesen Treffen zu kriseln. Gabi hatte immer öfter das Gefühl, als wäre er mit seinen Gedanken plötzlich gar nicht mehr bei ihr. An einem Tag war er launisch und

irgendwie abwesend, tags drauf war er wieder der Alte. Außerdem sprach er oft von einer Lehrgangsteilnehmerin, mit der er sich prima verstand und die ihm wegen seiner Seheinschränkung bei schriftlichen Arbeiten half.
Am letzten Tag des gesamten Lehrgangs, gleich vormittags, fand eine Prüfung statt. Danach wollte Frank eigentlich mit Gabi nach Hause fahren, um mit ihr allein in Ruhe zu feiern. Das hatte er ihr fest versprochen. Erst am nächsten Tag wollte er dann zu seiner Familie fahren.
Aber es kam ganz anders. Frank rief die bereits wartende Gabi an und erklärte ihr, dass er die bestandene Prüfung mit den anderen feiern wollte. „Alle gehen was trinken, da kann ich mich nicht ausschließen. Ich komme später meine Sachen holen und fahre dann gleich nach Fulda“, erklärte er ihr.
Gabi war, als hätte ihr jemand den Boden unter den Füßen weggezogen.
Frank kam am späten Nachmittag. Er bedankte sich für die Unterbringung, bevor er im Gästezimmer seine Reisetasche packte.
„Wir wollten doch bei mir deine Prüfung feiern“, sagte Gabi leicht vorwurfsvoll. Mehr brachte sie nicht heraus.
„Ich konnte mich nicht ausschließen, außerdem weiß meine Frau, dass heute Prüfung ist. Sie erwartet mich zu Hause“, erwiderte er. „Lass uns jetzt nicht diskutieren, ich muss den nächsten Bus zum Hauptbahnhof bekommen, damit ich meinen Zug nicht verpasse.“
„Wann sehen wir uns wieder?“, musste sie noch fragen.
„Ich melde mich bei dir“, waren seine letzten Worte. Ein letzter Kuss, eine flüchtige Umarmung, dann ging er.

Gabi reißt sich von ihren Erinnerungen los und merkt, dass sie Tränen in den Augen hat. Vier Wochen sind seit Ende des Lehrgangs vergangen. Vier Wochen sehnsüchtigen Wartens auf ein Lebenszeichen. So vergeht auch dieser Samstag, gefolgt von einer schlaflosen Nacht.

Am nächsten Morgen fühlt sich Gabi wie gerädert. Ihre Tochter kommt mit ihrem Mann zu Besuch und lenkt sie ab. Später, als sie wieder allein ist, hält sie es nicht mehr aus. Sie muss ihn anrufen, doch es meldet sich nur der Anrufbeantworter. Mehrmals versucht sie es in den nächsten Tagen. Nichts. Auf ihre Sprachnachricht reagiert er nicht einmal.
Doch dann endlich erreicht sie ihn, diesmal geht er ans Handy.
„Ich will jetzt nicht reden. Ruf mich nicht mehr an", ist alles, was er sagt.
Ist das das Ende nach einer jahrelangen Beziehung? Nach allem, was sie für ihn vernachlässigt und aufgegeben hat? Sie wäre ihm blind überall hin gefolgt.
Gabi kann nicht anders, sie muss wissen, was los ist, was sie getan hat. Er geht abermals ans Handy.
„Was ist denn passiert? Warum meldest du dich nicht mehr?", fragt sie, bevor er etwas sagen kann. Ihr Herz pocht heftig, ihre Finger sind ganz verschwitzt.
„Es hat nichts mit dir zu tun, also ruf mich nicht mehr an." Er legt einfach auf.
Gabi versteht die Welt nicht mehr.
Es vergehen etliche Tage, als sie von ihrer Freundin Anna erfährt, dass Gerüchte um Franks Familie in der Stadt kursieren. Aber Einzelheiten weiß sie auch nicht. Gabi ruft ihn noch einmal an, weil sie einfach nicht verstehen, vor allem nicht hinnehmen kann, dass er sie ohne Angabe eines triftigen Grundes einfach fallen lässt. Abermals sagt er unfreundlich, dass sie ihn nicht mehr anrufen soll.

Als Gabi nach einem halben Jahr noch immer nichts von ihm gehört hat, gibt sie die Hoffnung auf, ihn jemals wiederzusehen.

Dieter Kleffner

Tierisch blind verliebt

Dieter Kleffner wurde 1957 in Essen NRW geboren. Seine anfängliche Sehbehinderung mündete im Erwachsenenalter in Erblindung. Er arbeitete beruflich bis zum Ruhestand in der klinischen Physiotherapie. Dieter Kleffner wohnt in Hattingen, ist verheiratet, hat zwei erwachsene Kinder und eine Enkelin.
Dieter Kleffner schreibt seit Jahren überwiegend im Genre Belletristik. Seine Kurzgeschichten und Romane wurden in Magazinen, Hörzeitungen, Anthologien, eigenen Büchern, und als Hörbücher bei Blindenhörbüchereien veröffentlicht. Zurzeit sind von ihm 14 Buchtitel im Buchhandel erhältlich.
Er ist Sprecher des literarischen Arbeitskreises BLAutor, einem Zusammenschluss sehbehinderter und blinder AutorInnen. Seit 2022 gibt er Online-Lesungen auf der BLAutor-Lesebühne im Online Veranstaltungszentrum BLINDzeln, die im BLINDzeln Radio und über Amazon- Assistenten übertragen werden.
Er erhielt den Planet Award – Autor des Jahres 2018 – im Künstler Radioplanet Berlin und mehrere Buchpreise.
Informationen zu Büchern, Presseberichten, Radio- und Web-TV-Interviews gibt es unter:
www.dieterkleffner.de, www.verlag-epv.de, www.blautor.de

Die Schafskälte und die Hundstage locken die Sonne ins Alpenland. Zur Sommersonnenwende reisen die ersten Urlauber an. Die Fahrt zum Bergbauernhof hinauf bietet den Städtern ein traumhaftes Panorama. Graue Spitzen mit weißen Mützen erheben sich über bewaldete Hügel. Lustig plätschert der Bach unter der Brücke, die den schmalen Weg zum Berghof leitet. Schon ist das stolze Bauernhaus zu sehen. Auf dem Satteldach thront ein Glockengestühl. Seit Generationen ruft die Glocke zum Mittagessen oder ruft bei Feuer um Hilfe. In den Blumenkästen des Balkons leuchtet eine Blütenpracht. Unterm hölzernen Giebel strahlen schneeweiße Wände. Grüne Läden zieren die Fenster des Langhofs.

Vor dem Haus streckt sich eine saftig grüne Wiese bis ins Tal hinab. Obstbäume spenden Tischen und Bänken kühlenden Schatten. Himbeer- und Brombeerhecken laden zum Pflücken ein.
Katze Minka springt mit leichten Sätzen in die oberen Äste des Apfelbaums. Das hier ist ihr Baum und ihr Ausguck. Misstrauisch beobachtet sie, wie das Auto der Urlaubsgäste neben dem Haus einparkt.
Die Fremden steigen aus. Ein menschliches Pärchen blickt sich mit strahlenden Gesichtern um. Ein elfjähriger Menschenjunge rennt sofort auf die Wiese und verfolgt zwei Laufenten.
Schon kommt der Ganter Ernest unter einer Bank hervorgeschossen und kneift dem Menschenkind ins nackte Bein. Der Junge weint. Die Menschenmutter stößt ihren Mann aufgeregt an: „Sieh nur, was die böse Ente mit unserem Pepe macht! So tue doch etwas!"
Minka hoch oben im Baum ist amüsiert: Ja, mit Ernest ist nicht gut Kirschen essen, wenn es um seine Weiber geht.
Doch der Ganter hat sich verrechnet. Ein Golden Retriever eilt bellend aus dem Auto herbei und jagt Ernest von dem Kind fort. Der treue Hund leckt Pepe die Tränen aus dem Gesicht.
Der Bauer und die Bäuerin kommen aus dem Haus, begrüßen ihre Pensionsgäste.
Minka spitzt die Ohren. Sie hört, wie der Chef des Hofes sagt: „In unserem Land besteht für Hunde Leinenpflicht. Auch ein Maulkorb muss Ihr Hund tragen, wenn Sie sich mit ihm vom Hof entfernen. Der Jäger schießt auf Hunde, die sich nicht an diese Regeln halten. Doch nun kommen Sie bitte ins Haus."
Das Herrchen streichelt seinem treuen Vierbeiner mitleidig über den Kopf und sagt: „Bello, du passt hier draußen auf Pepe auf. Wir bringen unser Gepäck in die Zimmer."
Minka staunt. Dieser sogenannte Bello versteht offensichtlich die Menschensprache. Brav setzt sich der Hund auf die Wiese und beobachtet, wie Pepe eine Schaukel besteigt.
Minka muss zugeben, dass Bello ein sehr hübscher Kerl ist. Da hat sie aber schon ganz andere Hofhunde gesehen. Na klar, Bello ist ja

auch ein Städter. Sein Fell ist golden, die Nase schwarz, die Augen sind braun.
Bello kommt in den Schatten ihres Apfelbaums. Was will der denn hier? Was macht der blöde Kerl denn jetzt?
Bello stellt sich neben den Stamm und hebt ein Bein. Will der den Baum etwa umtreten?
Minka kommt den Stamm herabgeschossen. Kurz kratzen ihre Krallen seinen Hundekopf.
Husch – ist sie im benachbarten Birnbaum verschwunden.
Bello schüttelt sich. Was war das denn? Er guckt zum Birnbaum hinauf, in dem Minka auf einem Ast sitzt und süffisant herunterschaut. Sie hat silbergraues Fell, eine blaue Nase und grüne Augen.
„Bist du bescheuert?", fragt Bello die Katze.
„Bescheuert ist nur ein Hund, der versucht einen Baum umzutreten."
„Ich hatte gar nicht vor, den Baum zu treten. Ich musste mal meiner Natur nachgeben. In der Stadt gibt es dafür Bäume."
„Ich bin Minka, die Hofkatze in zwanzigster Generation. Das hier ist mein Reich, verstehst du?"
„Ich will es dir ja gar nicht streitig machen. Wir machen hier nur Urlaub."
„Urlaub, was soll das sein?"
„Die Menschen haben den Urlaub erfunden. Sie arbeiten elf Monate im Jahr zu zweit als Sklaven eines Dienstherrn und machen zusätzlich noch Überstunden, damit sie einen Monat lang in der Fremde wohnen können. Einige lassen sich auch für zwei bis drei Wochen auf einem riesigen Schiff einsperren. Dort sitzen sie in viel engeren Ställen als zuhause. Außerdem dürfen sie erst vom Schiff, wenn sie sich kugelrund gefressen haben und nur noch japsen."
„Aaah ja, das macht Sinn."
„Du bist übrigens eine außergewöhnlich hübsche Katze. Für ein Landei eine wahre Schönheit."
„Bello, ich bin stolz, ein Landei zu sein. Ich liebe die Natur und lebe meine Natur. Die einzige Aufgabe, die ich hier habe, ist das Jagen

von Nagern. Vor allem die diebischen Mäuse und Ratten, die nicht ins Haus der Menschen gehören. Was für eine Aufgabe hast du denn in der Stadt?"
„Oh, da gibt es eine Menge. Ich melde mit Bellen, wenn der Postbote oder der Paketdienst etwas bringt."
„Ach, habt ihr noch keine Türklingel? Unser Hof hat so etwas schon seit Jahrzehnten."
„Manchmal muss ich auch knurren, wenn ein Vertreter für Staubsauger, Versicherungen und Telefon lästig wird."
„Und was jagst du so?"
„Warum soll ich denn jagen? Hin und wieder werfen meine Menschen einen quietschenden Gummiball oder ein Stöckchen, das ich dann zu ihnen zurückbringe."
„Oh, das ist bestimmt sehr aufregend und mutig", sagt Minka spöttisch.
„Ich bekomme laut Türstehervertrag fertige Mahlzeiten und habe ein eigenes Körbchen in der Diele. Wenn ich Frauchen schöne Augen mache, dann gibt es auch hin und wieder Hundeschokolade."
Neben dem Baum macht es "plumps". Pepe ist von der Schaukel gefallen und schreit panisch.
Minka schüttelt den Kopf. So ein Theater hat selbst ihr empfindlichstes Kind nicht gemacht, wenn es beim Klettern vom Baum heruntergefallen war. Diese Menschen sind seltsame Tiere.
Bello tröstet Pepe mit Hundeküsschen und schleckt ihm die Tränen aus dem Gesicht. Der Junge beruhigt sich langsam.
Als Bello wieder zum Birnbaum schaut, ist Minka verschwunden. Schade, noch nie hat ihm eine Katze so gut gefallen.
Mit einer Wanderkarte bewaffnet lotst das Urlauberherrchen Frau und Kind bergauf und bergab durch die reizvolle Landschaft.
Urlaub bedeutet für den Hund, tagsüber zu beobachten, wie die Familie in einem See plantscht.
Urlaub machen bedeutet, in einem heißen Auto zu sitzen und zu warten, bis Herrchen im Geschäft einen neuen Wanderrucksack und Frauchen das x-te neue Paar Schuhe gefunden hat.

Urlaub machen bedeutet, im Eiscafé unter einem Tisch zu sitzen und den Geruch von unzähligen Schweißfüßen der Menschen zu inhalieren.
Als Entschädigung lassen zappelige Kinder manchmal ihr Schokoladeneis auf den Boden fallen, das für Bellos Geschmack allemal gut genug ist.

Dank des schönen Wetters setzt die Abenddämmerung erst spät ein. Minka schleicht um eine Brombeerhecke, die ihren Hof vom Nachbarhof abgrenzt. Dort sitzt Kater Peter, ein großer durchtrainierter Typ.
„Hi, Minka, wie wäre es mit einem kleinen Schäferstündchen?"
„Mach dich sofort vom Acker! Du hast auf meinem Hof nichts zu suchen!"
„Minka-Mädel, ich habe noch gute Erinnerungen an das letzte Mal mit dir. Komm, lass uns ein bisschen Spaß haben. Ein bisschen Spaß muss sein, dann ist die Welt voll Sonnenschein."
„Ein bisschen Spaß gibt es nur für dich, du Taugenichts. Dein bisschen Spaß hat mir drei Kinder eingebracht. Und – hast du dich um die gekümmert? Nein. Verschwinde!"
„Du bist für ein Mädel vom Land ganz schön mutig, aber eben nur ein Mädel."
„Peterle, von deinem rechten Ohr fehlt ein Stück. Bist du mit deiner großen Klappe endlich mal an den Richtigen gekommen? Ich hatte gehört, dass du dich mit Leo angelegt hast."
„Ach, Leo, den kannst du doch vergessen. Ein Kater, der träumt, ein Sphinx zu sein."
„Aber er hat dein Ohr zerfetzt, nicht wahr?"
Mit einem Satz springt der riesige Kater Peter auf Minka. Er krallt und beißt sich an ihr fest. Sie faucht, versucht vergeblich mit ihren Tatzen zu schlagen und zu kratzen. Doch ihre Gegenwehr reicht nicht. Plötzlich schreit der Kater auf. Blut spritzt aus seinem buschigen Schwanzende. Wie ein Blitz springt er zur Seite und flüchtet hinter die Hecke.

Als Minka sich schüttelnd auf die Pfoten stellt, ist Bello immer noch zornig am Bellen.
„Danke, mein Hütehund. Du bist im rechten Moment gekommen", sagt sie mit zittriger Stimme.
„Was war das denn für ein übler Typ?"
„Er nennt sich Peter der Große und wohnt zwei Gehöfte weiter. Er meint, er hätte immer noch ein Anrecht auf mich, weil wir drei gemeinsame Kinder haben."
„Drei Kinder von so einem Schurken?"
„Das war eine Jugendsünde, ein Blind Date, ein One-Night-Stand in der Scheune."
„Wo sind deine Kinder jetzt?"
„Drei Jahre war ich alleinerziehend. In der Natur müssen Kinder bei Zeiten erwachsen werden und ihre Aufgaben übernehmen. Alle drei sind hier im Dorf auf anderen Höfen beschäftigt worden. Wir sehen uns nur noch selten."
Ein Pfiff schallt durch die Dunkelheit. Jemand ruft: „Bello, wo steckst du?"
„Das ist mein Herrchen. Ich muss jetzt gehen. Sehen wir uns morgen?"
„Ja, wenn ich ausgeschlafen hab. Jetzt muss ich noch an einigen Mäuselöchern anklopfen und die Miete eintreiben."
„Was du nicht alles machst! Du bist eine tolle Mieze. Gute Nacht."
„Was soll ich sein? Eine Mieze? Was bedeutet das?"
„So nennt man in der Stadt eine sehr schöne und anziehende Katze."

Am nächsten Morgen haben die neuen Gäste genüsslich gefrühstückt. Der Bio-Bauernhof bietet eigene Produkte an. Selbst Bello kann davon profitieren.
Das Menschenkind fühlt sich stark genug, mit dem Retriever eine kleine Wanderung über die Wege zu den anderen Höfen dieser Bergbauern zu machen. Die Eltern sind nach ihrem Zögern und nach nervigem Betteln des Jungen bereit, diesen mit dem braven

Bello ziehen zu lassen. Das Stadtkind muss endlich mal Landluft schnuppern und erwachsen werden.
Deutlich weist der Bauer noch einmal daraufhin, dass in dieser Region Anleinpflicht herrscht und der Hund einen Maulkorb tragen muss.
Ob Bello das nun gefällt oder nicht, dementsprechend ausgerüstet zieht das Gespann los.
An der Brombeerhecke, auf der Grenze zum Nachbarhof, sitzt Kater Peter der Große. Hasserfüllt blickt er den Hund an, der ihm hinterlistig ein Stück aus seinem Schwanzende gebissen hat. Es hatte keinen Kampf gegeben, sondern dieser hinterlistige Hund hatte ihm in den Schwanz gebissen, als er Minka vernaschen wollte. Ein echtes Duell wäre völlig anders ausgegangen.
Minka hatte danach Peter den Großen sogar verhöhnt: „Hallo, kleiner Peter, dein buschiger Schwanz hat nun nicht mehr zwanzig Zentimeter!"
Der in seinem Stolz verletzte Kater hat nur noch einen Gedanken: Rache ist ein Gericht, das kalt serviert werden muss!
Er verfolgt jede Bewegung seines Widersachers Bello und des dummen Menschenkindes. Wie günstig: Der blöde Köter läuft wie ein Sklave an der Leine. Noch besser: Er trägt einen Maulkorb!
Als Bello den Kater sieht, bellt er aufgrund des Maulkorbs nur verhalten. Bello ist zufrieden, denn seine Ansage scheint Wirkung zu zeigen. Peter der Große läuft in die Gegenrichtung, läuft dem Duo in respektvollem Abstand zum Nachbarhof voraus. Hin und wieder schaut er sich um, ob ihm der Hund samt Jungen noch folgt. Denn das sollen die beiden ja auch. Peter ist nicht erst seit dem Kampf mit Leo ein sprichwörtliches Schlitzohr. Nein, das war er schon immer.
Alle drei passieren gemütlich den Fichtenbauer-Hof, den Mühlen-Hof und nähern sich dem großen Fleischhauer-Hof. Plötzlich macht Peter einen Satz in die Hofeinfahrt, springt mit wenigen Sätzen auf das Dach eines Geräteschuppens. Pepe blickt sich neugierig um. Er und sein Hund stehen vor einem großen Tor, das links und rechts

von zwei sehr hohen Steinpfeilern gehalten wird. Ein Torflügel steht offen. Als Bello und der Junge hinaufschauen, thront auf einem der Pfeiler eine gelbe Katze. Sie ist riesengroß, erinnert Bello an einen Löwen, wie er schon mal einen im städtischen Zoo gesehen hat. Den Jungen erinnert das gelbe Geschöpf an den ägyptischen Sphinx, über den gerade in der Schule gesprochen wird.
„Guten Morgen", grüßt der Sphinx in seiner tierischen Sprache von oben herab. „Ich bin Leo, der Torwächter. Ihr dürft nur passieren, wenn ihr mein Rätsel löst."
Bello fragt: „Was geschieht, wenn wir dich einfach ignorieren und weitergehen?"
„Das bedeutet für euch große Schmerzen, tiefe Kratzer, üble Bisse und vielleicht den Tod."
Bello hat die Verantwortung für Pepe – und er trägt einen Maulkorb. So kann er sie beide nicht gegen scharfe Krallen und spitze Zähne verteidigen. Also gibt er klein bei: „Gut, du hast gewonnen. Wir gehen wieder zurück."
„Nein, ihr geht nirgendwo hin. Zuerst löst du ganz allein mein Rätsel. Dein dummes Menschenkind versteht die Sprache der Tiere ja sowieso nicht."
Pepe verkennt die gefährliche Situation, wird ungeduldig. Er will weitergehen. Er zerrt an Bellos Leine. Der kräftige Hund ist nicht von der Stelle zu bewegen.
Endlich gibt Pepe das Zerren beleidigt auf und ruft: „Blöder Köter, dann bleib doch hier sitzen. Ich geh jetzt nach Hause und hole Papa!"
Bello sieht Pepe um eine Ecke laufen, weiß den Jungen schon bald in Sicherheit. Er blickt zu Leo auf. „Stell schon deine Rätselfrage, damit ich weiterkomme."
„Gut – höre ganz genau zu: Eine Maus wird auf der Weide von einer Katze verfolgt. Die Maus flüchtet zwischen die Hinterläufe einer Kuh. Um der Maus zu helfen, lässt die Kuh einen Kuhfladen auf die Maus fallen. Nur deren Mauseschwänzchen ist noch zu sehen. Die

Katze zieht die Maus daran heraus. Sage mir, was dieses Rätsel bedeutet."

Bello kratzt sich mit einer Pfote hinterm Ohr. Er überlegt und überlegt und überlegt. Ihm fällt die Lösung nicht ein.

Plötzlich hört er aus dem Gebüsch eine flüsternde Stimme: „Nicht jeder, der dich bescheißt, ist dein Feind!

Nicht jeder, der dich aus der Scheiße zieht, ist dein Freund!

Wer in der Scheiße sitzt, sollte unbedingt den Schwanz einziehen!"

Bello wiederholt diese Worte und blickt erwartungsvoll zu Leo auf.

Verärgert brüllt der löwenartige Kater: „Das hat dir eine Katze verraten! Das hat dir eine Katze verraten! Nenne mir sofort ihren Namen!"

„Leo, das ist doch völliger Quatsch. Kannst du dir vorstellen, dass eine Katze gerade einem Hund so ein wichtiges Geheimnis verraten würde?"

„Ja, wenn eine Katze blind verliebt ist, dann kann sie oft nicht alle Geheimnisse für sich behalten. Bello, du kannst dieses Mal gehen. Sage deiner geschwätzigen Katze, dass ich ihren Namen schon bald herausfinden werde. Wer als Katze Katzenrätsel verrät, wird bis in die siebte Generation von allen anderen Katzen verstoßen."

Mit einem riesigen Satz springt Leo vom Pfeiler herunter. Er jagt nun mit wütendem Fauchen hinter Peter dem Großen her, der bis jetzt amüsiert auf dem Dach des Geräteschuppens alles beobachtet hat.

„Minka, du kannst rauskommen", flüstert Bello. Er blickt zu dem Busch, aus dem die Stimme gekommen war. Nichts geschieht. Mit hängendem Kopf und auf dem Boden schleifender Leine trottet er den Weg zu seiner Bauernhofpension zurück.

Als er das Haus erreicht, ist die Stimmung der Urlaubsgäste dahin. Pepe hatte auf seinem Alleingang neugierig in eine Jauchegrube schauen wollen und war halb hineingerutscht. Das Kind ist völlig verdreckt und stinkt. Wer ist wieder schuld? Natürlich der abwesende Hund!

„Warum hast du dich von Pepe losgerissen, du böser Bello!“, schnauzt Frauchen ihren Retriever an. „Es wird Zeit, dass wir nach Hause fahren. Das Landleben ist für einen Hund wie dich nichts!“

Während die Menschen ihr Gepäck ins Auto schleppen, sitzen Minka und Bello unter dem Birnbaum im Schatten.
„Minka, ich danke dir, dass du mir die Lösung des Katzenrätsels aus dem Busch zugeflüstert hast. Mit dem Maulkorb hätte ich mich schlecht gegen Leos Krallen und Zähne wehren können.“
„Ich soll dir, einem Hund, die Lösung eines Katzenrätsels zugeflüstert haben? Spinnst du? Wie käme ich denn dazu? Damit hätte ich ein altes Katzengesetz verletzt.“
„Minka, ich habe deine Stimme erkannt. Ich liebe dein Schnurren und Miauen.“
„Warum sollte ich für dich ein Gesetz brechen?“
„Leo meint, dass blind verliebte Katzen so etwas tun.“
„Bello, ich liebe dich nicht blind und auch nicht sehend. Entschuldige mich nun, ich habe Katzenwäsche.“ Mit einem großen Satz springt Minka in den Apfelbaum und ist im Blätterdach nicht mehr zu sehen.
Ein Pfiff hallt über den Hof. „Bello, komm ins Auto. Wir fahren heim. Komm ganz brav!“
Mit hängendem Kopf trottet der Hund zum Wagen und klettert auf die Rückbank zu Pepe.
Hoch im Apfelbaum sieht Minka das Auto davonfahren. An der Heckscheibe drückt Bello traurig seine Nase platt.
Eine Maus huscht unachtsam über die Wiese. Ein schmackhaftes Exemplar. Sie hat Glück.
Minka ist im Moment der Appetit vergangen. Auch am nächsten Tag will der Appetit noch nicht kommen.
„Tolle Mieze“, hatte er gesagt ...

Maria Knoke

Tom oder die Sonne in der Dunkelheit

Maria Knoke lebt in Düsseldorf und wurde 1956 in Essen geboren. Schon als Kind diagnostizierten die Augenärzte eine fortschreitende Netzhauterkrankung. Damals war die Seheinschränkung noch nicht gravierend, so dass sie die Regelschule besuchen konnte. Nach der Höheren Handelsschule machte sie eine Ausbildung zur Fachangestellten im steuerberatenden Beruf. 1980 hat sie geheiratet und nach der Geburt ihres Sohnes wechselte sie in die Immobilienbranche. Hier ist sie seit 1991 selbständig tätig mit nun fortgeschrittenem Sehverlust.
Die Liebe zum Schreiben von Geschichten und Gedichten hat sich schon während der Schulzeit gezeigt. Der Fantasie waren hier keine Grenzen gesetzt. Später konnte sie der Arbeitswelt, die aus vielen Zahlen und Berechnungen besteht, etwas Ausgleichendes entgegensetzen. In Workshops, Austausch mit anderen Autoren in Schreibwerkstätten und Internetforen hat sie viele Anregungen und Tipps bekommen.
Präsentiert hat sie ihre Werke bei Veranstaltungen von Vereinen, selbst erstellten Broschüren, Internetforen sowie in der "Litera", dem Hörmagazin des Arbeitskreises BLAutor.

Endlich, der Tag unseres Klassentreffens nach 20 Jahren war gekommen! Da ich schon lange nicht mehr in meiner Heimatstadt lebte, hatte ich mich im Hotel "Zur alten Liebe" einquartiert, denn hier fand auch das Treffen statt. Britta hatte die Organisation in die Hand genommen. Sie begrüßte mich gleich bei der Ankunft.
„Wer hat denn alles zugesagt? Wie viele werden wir denn sein?", fragte ich neugierig.
„Lass dich überraschen. Leider haben einige abgesagt. Bei Tom war das noch nicht klar. Er ..."
Tina kam hereingestürmt und umarmte uns beide gleichzeitig: „Mensch, ich freu mich so, euch zu sehen! Danke, Britta, dass du alles vorbereitet hast."
Ich wollte mich noch etwas frisch machen und so brachte ich gleich mein Gepäck ins Zimmer. Hoffentlich kam Tom! Auf ihn war ich

besonders neugierig. Er war damals mein großer Schwarm. Mir gefiel besonders, dass er so erwachsen wirkte. Andererseits hatte er, Gerüchten nach, mehrere Mädels gleichzeitig, aber ganz diskret. Da ich nicht eine von vielen sein wollte, hielt ich mich möglichst fern von ihm und versuchte meine Sehnsucht zu verbergen. Das gelang mir bis zu unserer internen Abschlussfete kurz nach dem Abi. Der Alkohol floss reichlich, und ich wurde leichtsinnig. Übermütig bat ich Tom, mit mir zu tanzen, eng umschlungen natürlich. Er tanzte mit mir in einen abgeschiedenen Teil und küsste mich leidenschaftlich. Berauscht von seinen Küssen und dem Alkohol merkte ich nicht, dass Tina auf uns zukam. Sie verpasste uns beiden eine Ohrfeige. Ich wusste nicht, dass sie, oder sonst wer, seine aktuelle Freundin war. Tom sprach beruhigend auf sie ein, sonst hätte sie mir noch die Augen ausgekratzt. Er nahm die Schuld auf sich und erklärte ihr, dass sie sich zum Teufel scheren sollte, wenn sie so besitzergreifend sei. Die beiden stritten, und ich verließ wütend die Party. Wütend war ich auf mich selbst, gleichzeitig versuchte ich Toms Leidenschaft nachzuspüren. Mein Verstand sagte mir, dass ich Tina dankbar sein sollte. Wer weiß, was sonst noch passiert wäre. Aber mein Gefühl wollte eine Fortsetzung dieser Leidenschaft. Letztendlich war ich froh, dass zwei Tage später mein Flug nach London ging, wo ich die nächste Zeit erst jobbte und dann studierte. Tom hatte ich seit dem Abend nie wieder gesehen und ich hatte auch nichts von ihm gehört.
Im Hotelzimmer machte ich mich frisch, zog mein himbeerfarbenes Sommerkleid an, von dem alle bestätigten, dass es mir besonders gut stand, bürstete mein langes, dunkelbraunes Haar und frischte mein Make-up auf. So war ich zufrieden mit meinem Äußeren und ging in den Raum, in dem unser Treffen stattfand.
Es waren jetzt fast alle angekommen und die Wiedersehensfreude war bei allen groß. Britta überblickte den Raum und wollte gerade ein paar Begrüßungsworte sprechen, da öffnete sich die Tür erneut und ein weißer Schäferhund im Führgeschirr führte einen Mann herein. Es war Tom.

„Hallo allerseits!", rief er lässig.
Britta eilte auf ihn zu und brachte ihn zu seinem Stuhl, an der Frontseite der Tafel. Dort hatte auch der Hund genug Platz. Britta setzte sich daneben. Sie sprach nun ihre Begrüßung und gab das Wort an Tom.
„Hi, Leute, die meisten von euch wissen nicht, was mir passiert ist. Damit ich nicht jedem einzeln meine Geschichte erzählen muss, erlaubt mir, dass ich diese jetzt an alle richte. Wir können dann anschließend zum gemütlichen Teil übergehen. Seid ihr einverstanden?" Natürlich wollten alle wissen, was geschehen war und so berichtete er: „Nach dem Abi habe ich Kunstgeschichte studiert. Ich hatte es nicht eilig mit dem Abschluss und bin viel gereist, habe auch diverse Praktika, meist in Italien, absolviert. Mir war klar, dass es nicht leicht werden würde, eine adäquate Anstellung im Anschluss zu finden, aber dass es unmöglich war, hatte ich nicht gedacht. Nach einem Jahr erfolgloser Suche nahm ich einen Job bei einem Reiseunternehmer an. Ich begleitete die Reisegäste im Bus nach Italien, berichtete künstlerisch interessierten Menschen mein Wissen über Bauwerke, Gemälde und Skulpturen. Die Arbeit machte mir Spaß und die Trinkgelder konnten sich sehen lassen. Die von mir geleiteten Reisen waren bald besonders schnell ausgebucht, da ich mir eine heitere Art der Wissensvermittlung zugelegt hatte. Der Reiseunternehmer bot mir eine Partnerschaft an. Ich würde einen eigenen Bus bekommen, mit Fahrer und zahlte meinen Geschäftsanteil mit meinem Gehalt ab. Leben konnte ich vom Trinkgeld bzw. den Spesen. Es klappte alles ganz prima. Wir überlegten, nach einer Zeit zu expandieren. Dann wurde unser Busfahrer langfristig krank. Der Chef sprang selbst ein. Wir machten gemeinsam eine Italienrundreise. Ich hatte natürlich auch einen Busführerschein, denn das Gesetz verlangte, dass wir uns beim Fahren abwechselten. Ich fuhr zwar nicht gerne und nur das Nötigste, aber dann kam ein Anruf, dass der Chef dringend zurück nach Deutschland musste. Also übernahm ich in Florenz den Bus alleine. Um dem Gesetz zu genügen, planten wir kurz hinter der deutschen Grenze

eine Zwischenübernachtung in einem kleinen Hotel ein. Dort saß ich abends noch gemütlich mit den Reisegästen zusammen. Am nächsten Morgen erwachte ich und war blind. Einfach so. Ich machte die Augen auf und sah nichts mehr, keinen Lichtschein, einfach nichts. Ich konnte es nicht fassen, nicht begreifen. Ich wollte den Chef anrufen, aber ich wusste nicht, wie. Ich konnte nichts, war von jetzt auf gleich völlig hilflos. Das kann sich keiner vorstellen, wie das war. Ich drehte durch. Das Hotelpersonal war sehr hilfsbereit. Sie informierten den Chef, der die Reisegäste abholte. Mich ließ man in eine Klinik bringen. Ja – und dann begann die Odyssee. Ich kam von einer Klinik in die nächste, in die übernächste und überübernächste. Keiner konnte eine Ursache festmachen. Es gab nur Vermutungen. So ist es bis heute. Das kommt sehr, sehr selten vor, aber ich bin nicht der Erste und werde nicht der Letzte sein. Ich musste alles neu lernen, vom Telefonieren über das Essen, die Körperpflege, das Laufen mit dem Stock bzw. Hund, Bezahlen mit Münzen und Scheinen, die Nahrungszubereitung, eben einfach alles. Sie wollten mich zum Masseur oder Telefonisten ausbilden, eben typische Blindenberufe. Aber das war nichts für mich. Ich musste kämpfen, damit ich etwas anderes arbeiten durfte. Ein elender Papierkrieg, und das alles ohne Augenlicht! Glaubt mir, es war die Hölle. Aber ich habe mich nicht unterkriegen lassen. Jetzt arbeite ich als Übersetzer für einen kunsthistorischen Verlag und kann mein Wissen aus dem Studium anwenden. Damit hatte ich nie gerechnet. Aber es hat auch viel Kraft gekostet. Heute lebe ich zusammen mit meiner treuen Hündin Lizzy in einem Penthaus in Hamburg und bin finanziell unabhängig. Das war ein extrem harter Weg, aber er hat sich gelohnt. So, und nun seid ihr dran. Was habt ihr so gemacht in den letzten 20 Jahren?“
Britta bedankte sich bei Tom für die Offenheit und erzählte von ihrer Ausbildung als Erzieherin, dem Studium der Sozialwissenschaft, ihrem Job in einem internationalen Forschungsteam. Der Reihe nach erzählten alle aus ihrem privaten und beruflichen Leben. Ich war froh, dass ich zum Schluss an der Reihe war. Tom hatte

zwar fast emotionslos berichtet, aber mich hatte seine Schilderung sehr berührt. So fasste ich mich sehr kurz.
Nach dem Essen tauschten wir mehrfach die Plätze. Mit Tom sprach ich erst zu vorgerückter Stunde. Ich war unsicher, da ich bisher noch nie mit blinden Menschen zu tun hatte. Aber Tom war ganz unkompliziert. Wir stellten fest, dass wir für die gleiche Verlagsgruppe arbeiteten, er in Hamburg als Übersetzer und ich in Frankfurt als Korrektorin. Wir liebten beide die italienische Küche in allen Variationen und auch das Land selbst. Er erzählte mir, dass seine Exfreundin Alessia aus Neapel stammte und er ja während seiner Busreisezeit meist in Italien unterwegs war. Ich erzählte von meinen Italienreisen und er konnte mir noch Insidertipps geben, für den Fall, dass ich noch einmal dort hinreisen würde. Nach und nach verabschiedeten sich die anderen. Wir waren die letzten Gäste. Unsere Unterhaltung war von Italien zu Kunstausstellungen, Theaterbesuchen, Literatur, Autos zum Sport gekommen. Er berichtete mir, dass er Showdown, eine besondere Art von Tischtennis spielte, bei der man den Ball hören konnte. Sehende Menschen müssen hier mit verbundenen Augen spielen. Ich wollte das gerne ausprobieren. So verabredeten wir uns zu einem Spiel, wenn ich mal nach Hamburg kommen würde.
Die Bedienung wollte dann auch kassieren und so gingen wir zu unseren Zimmern. Ich fragte ihn, ob ich ihm helfen sollte, sein Zimmer zu finden.
Er meinte grinsend: „Nur, wenn du dann auch bei mir übernachten möchtest. Ansonsten findet meine Lizzy das Zimmer." Er deutete auf seinen Hund.
„Aber ich finde es auch selbst. Es ist auf der zweiten Etage direkt links neben dem Aufzug. Also, wenn du mitkommen möchtest ..." Er grinste schelmisch. „Aber vorher muss ich noch mit Lizzy eine Runde um den Block."
„Nein danke, bis morgen", lachte ich.
„Wollen wir morgen zusammen frühstücken?", fragte er freundlich.

„Ja gerne! Ich wollte so um 10:00 Uhr fahren, wäre 08:30 Uhr für dich okay? Ich brauche morgens etwas länger."
„Ja, ich auch. Passt prima. Also gute Nacht!"

Ich freute mich schon auf den nächsten Morgen. Tom ließ mein Herz heftig pochen – wie damals.
Ausgesprochen gut gelaunt erwachte ich am nächsten Morgen und sang leise vor mich hin: „Ein schöner Tag ..." Das war mir schon lange nicht mehr passiert.
Um kurz vor halb neun klopfte ich an seine Tür, um ihn abzuholen. Es erfolgte keine Reaktion. War er schon abgereist? Enttäuscht pochte ich jetzt heftig, ohne Erfolg. Traurig und ratlos stand ich im Gang.
Das Zimmermädchen kam aus dem Nachbarzimmer und meinte: „Der junge Mann mit dem Hund ist schon beim Frühstück!"
Erleichtert sah ich ihn sofort im Frühstücksraum. Er lachte gerade mit der Hotelangestellten, die seine Bestellung aufnahm und ihm alles vom Buffet holte.
Gut gelaunt sagte er zur Begrüßung: „Hey, wenn der Tag mit einem abwechslungsreichen Frühstück und so lieber Gesellschaft beginnt, kann es kaum noch besser werden. Wie hast du geschlafen? Du hast gestern gar nichts über deine Familie erzählt. Bist du verheiratet, hast du Kinder?"
Als ich beides verneinte, meinte er: „Dann spricht doch nichts dagegen, wenn du mich bald in Hamburg besuchst, oder?" Ich war überrascht und er stellte gleich klar: „Ich habe ein schickes Gästezimmer. Ich kann dir blind die Stadt zeigen, wetten?", schmunzelte er. „Und ich werde dir ein fast so gutes Frühstück zaubern, wie du es hier bekommst. Kochen kann ich auch ganz gut, sagen meine Freunde ... Also ja oder ja?"
„Sehr gerne, wann hast du Zeit?"
Wir verglichen unsere Terminkalender und einigten uns auf das übernächste Wochenende. Herzlich verabschiedeten wir uns und als er mich freundschaftlich umarmte, durchzuckte mich ein

elektrischer Schlag, der mich vor Schreck zurückweichen ließ. Aber ich freute mich schon sehr auf unser Wiedersehen.

Ich fuhr mit dem ICE knappe fünf Stunden nach Hamburg. Hier nahm ich ein Taxi zu Toms Wohnung. Als ich dort ankam, sah ich eine Frau aus dem Haus kommen. War das Britta? Leider war sie schon um die Ecke verschwunden, bis ich ausgestiegen war. Ich nahm mir vor, Tom zu fragen, aber vor lauter Wiedersehensfreude, vergaß ich es. Zur Begrüßung gab es gleich ein Glas Sekt. Ich hatte seit dem Mittag nichts gegessen. So stieg mir der Alkohol gleich in den Kopf. Als ich das bemerkte, ging Tom sofort in die Küche und schob ein dick belegtes Pizzablech in den Ofen. „Alles original italienische Zutaten. Alessia hat mir einen italienischen Lebensmittelladen ganz in der Nähe gezeigt, also meine Ex."
„Ist es indiskret zu fragen, warum ihr nicht mehr zusammen seid?"
„Ich bin gerne zu Hause. Hier weiß ich, wo alles steht, finde mich zurecht. Ihr war das auf die Dauer zu langweilig. Italienisches Temperament ist auch anstrengend, aber wir hatten eine gute Zeit."
Als der Herd meldete, dass die Pizza fertig war, stürmte Tom in die Küche. Dabei muss er wohl gegen den Wassernapf von Lizzy gestoßen sein. Ich ging ihm nach, sah das verschüttete Wasser zu spät, rutschte aus, wollte mich an Toms Arm abfangen und da rutschte ihm die Pizza samt Backpapier vom Blech und verteilte sich in der Küche.
„Ach du Sch...", rief ich entsetzt.
Der Hund kam, lief durch den Pizzabelag und schnüffelte an allem herum, aber es war sehr heiß.
Tom begann zu lachen. „Da siehst du gleich, was mir so andauernd passiert. Ich rege mich nicht mehr darüber auf."
„Aber das war doch meine Schuld", jammerte ich.
„Ist doch egal, komm wir machen gemeinsam die Sauerei weg, bevor es sich noch mehr verteilt. Wenn du mir hilfst, geht es schneller. Dann schiebe ich zwei Tiefkühlpizzen in den Ofen, und wir lassen uns davon nicht den Abend vermiesen."

Als wir alles sauber hatten und die Pizzen im Ofen backten, goss Tom uns noch ein Glas Sekt ein. Auf den Schrecken leerte ich das Glas in einem Zug. Da wurde mir ganz schwindelig. Tom hielt mich fest und ich spürte einen wohligen Schauer, der meinen ganzen Körper erfasste. Er streichelte mir über den Rücken, nahm mein Gesicht in beide Hände und wir küssten uns innig. Fast hätten wir die Pizzen anbrennen lassen, aber es ging gut.

Am nächsten Tag zeigte er mir blind seine Stadt. Zuerst besuchten wir den Bäcker, der die besten Franzbrötchen backte. Tom erzählte mir, dass die Franzbrötchen mit dem Besuch Napoleons die Stadt eroberten. Das Rezept stammt aus Frankreich. Zu Ehren des französischen Kaisers wurde dieses Gebäck in Hamburg eingeführt und ist seitdem zurecht sehr beliebt.
Ich war erstaunt, dass er nicht nur auf Anhieb alle Sehenswürdigkeiten fand, mich auf Details aufmerksam machte, die er noch aus seiner sehenden Zeit kannte und mir zu allem eine Geschichte erzählen konnte. Wir gingen Arm in Arm. Lizzy begleitete uns natürlich. Tom zeigte mir seinen Lieblingsplatz an der Alster. Wir besuchten ein traditionelles Restaurant. Mein privater Stadtführer empfahl mir die Hamburger Aalsuppe. Später zeigte er mir, wo es die besten Fischbrötchen der Stadt gab. Dann gingen wir zu dem italienischen Lebensmittelladen und Tom erledigte seinen Wocheneinkauf. Es war ein wundervoller Tag an der Seite eines charmanten, klugen und witzigen Begleiters. Ich war abends so voll von den vielen Eindrücken, dass ich es genoss, einfach mit Tom auf seinem Sofa zu kuscheln und zu küssen. Das Gästezimmer brauchte ich in dieser Nacht nicht.

Am nächsten Morgen zeigte mir Tom ganz in der Nähe, wie man Showdown spielte. Danach frühstückten wir ausgiebig auf seiner Terrasse. Wir tauschten Erinnerungen an die Schulzeit aus und lachten über längst vergessene Streiche.

Mittags fuhren wir gemeinsam zum Bahnhof. Der Abschied nahte und ich schmiegte mich ganz eng an Tom.
„Wann kommst du wieder? Ich kann es kaum erwarten", fragte er hoffnungsvoll.
„Vielleicht in zwei Wochen, wenn du dann Zeit hast."
„Es gibt nichts Schöneres für mich, als meine Zeit mit dir zu verbringen. Mit dir ist mein inneres Dunkel gleich heller. Du bist die Sonne, die ich nicht mehr sehen kann, die jede Zelle in meinem Körper mit Lebensfreude füllt und mich zum Strahlen bringt. Mit dir kann ich lachen, tausend schöne Dinge fallen mir ein, wenn du an meiner Seite bist. Das Wochenende war wirklich grandios. Schade, dass du nicht bleiben kannst. Ich mag gar nicht zurück in die leere Wohnung. Dort werde ich die Stunden zählen, bis du wiederkommst." Dann küsste er mich stürmisch, wollte mich gar nicht loslassen.
Es fiel mir schwer zu gehen, aber der Zug würde nicht warten. Seine Worte hallten in meinem Kopf nach. Ja, auch er war meine Sonne.

Am Abend telefonierten wir und auch am nächsten Morgen. Ich überlegte, ob ich nicht doch schon am kommenden Wochenende fahren sollte, aber meine Mutter hatte Geburtstag. Sie hat nicht viele soziale Kontakte und wäre sicher sehr traurig, wenn ich nicht käme. Also trösteten Tom und ich uns mit dem Telefon.
Nach dem Besuch bei meiner Mutter schlenderte ich noch ein wenig durch meine alte Heimatstadt. Hier war ich mit Tom zur Schule gegangen. Hier hat er mich damals so leidenschaftlich geküsst. Ich nahm die Stadt jetzt ganz anders wahr. Hier waren unsere gemeinsamen Wurzeln. Gerade, als ich in mein Auto steigen wollte, sah ich Britta. Wir beschlossen spontan, in einem Bistro noch etwas zu trinken und ein wenig über unser Klassentreffen zu plaudern. Da fiel es mir wieder ein.
„Sag mal, kann es sein, dass ich dich vorletzten Freitag vor Toms Haustür in Hamburg gesehen habe?"

Sie blickte mich erstaunt an und meinte: „Wie jetzt, du warst bei Tom? Hast du ihn besucht? Das hat er mir ja gar nicht erzählt ..." Sie sah mich ungläubig an.
„Also warst du es tatsächlich! Ich war mir nicht sicher, du warst so schnell verschwunden!"
„Ja ... ich arbeite eng mit einem Hamburger Institut zusammen und ein bis zweimal im Monat muss ich für zwei Tage dort arbeiten. Tom hat mir im Vorfeld des Klassentreffens angeboten, dass ich in seinem Gästezimmer übernachten kann, um die Hotelkosten zu sparen. Das habe ich natürlich gerne angenommen. Letzte Woche musste ich Freitagabend nach Hause fahren. Sonst bleibe ich auch schon mal das Wochenende in Hamburg. Wir verstehen uns einfach großartig und telefonieren fast täglich. Wegen des Tratsches haben wir es beim Klassentreffen geheim gehalten."
Das durfte doch nicht wahr sein! Ja, er war zum Telefonieren auf die Terrasse gegangen. Ich hatte mir nichts dabei gedacht. In der hinteren Ecke des Badregals hatte ich Schminkutensilien sowie ein Damenparfüm zufällig entdeckt und dachte, es wäre von seiner Ex vergessen worden. Und doch konnte ich es nicht glauben.
„Was habt ihr geheim gehalten? Seid ihr ein Paar?", fragte ich mit belegter Stimme.
„Ja, ich war erst skeptisch. Er war ja bei unserem ersten Wiedersehen frisch getrennt. Aber was hast du denn dort gemacht? Hattest du beruflich in Hamburg zu tun?"
Stotternd begann ich zu erzählen, vom Klassentreffen, seiner Einladung und allem, was dort passiert war.
Britta wechselte ihre Gesichtsfarbe, sie wurde kreidebleich, dann rot vor Zorn.
„Wie damals! Ich dachte, er hätte sich verändert. Ich wäre seine Sonne, die sein Dunkel heller macht ... und was er mir nicht alles erzählt hat!", rief sie wütend.
„Genau das hat er mir auch erzählt!" Mir kamen die Tränen.
„Deine Tränen sind zu schade für diesen Mann! Dem werden wir eine Lektion erteilen! Der wird staunen! Wie gut, dass wir uns

heute getroffen haben und du ehrlich zu mir bist. Ich ruf dich an und wir denken uns was aus!“

Am nächsten Wochenende war ich ja in Hamburg verabredet. Um 16:00 Uhr fuhr mein Zug und Britta stieg später zu. Wir fuhren gemeinsam nach Hamburg. Auf dem Bahnsteig entdeckten wir ihn schnell. Wir beide umarmten ihn mit den Worten: „Hier ist deine Sonne mein Liebster!“
„Nein, das gibt es doch nicht. Was ist hier los? Macht ihr euch über mich lustig? Das ist nicht fair!“
„Oh, du sprichst von Fairness, vielleicht auch noch von Offenheit?“, rief ich wütend.
Britta hakte ihn unter und sagte etwas spöttisch: „Komm, Tom, wir fahren zu dir. Warum denn nicht gleich eine Nacht zu dritt?“
„Ihr, ihr wollt mich doch verschaukeln! Ja, mit Behinderten kann man ja so etwas machen! Ihr amüsiert euch auf meine Kosten! Ich gehe alleine nach Hause. Seht doch zu, wo ihr bleibt!“
Damit drehte er sich um und ließ sich von Lizzy zum Ausgang führen.
„Meinst du, wir waren gemein? Ich meine, weil er blind ist“, fragte ich Britta.
Aber sie sagte bitter: „Ich glaube, wir waren auch blind vor lauter Verliebtheit! Komm, wir beide machen uns ein schönes Wochenende in Hamburg – ohne Täuschung und Heimlichkeiten!“
Das war eine geniale Idee! Von Tom hörten wir lange nichts.

Nach einem knappen Jahr bekamen wir beide eine Einladung zur Hochzeit von Tom und Alessia. Dabei war ein Notizzettel, auf dem stand: Danke, ihr habt mir die Augen geöffnet, leider nur im übertragenen Sinn, aber immerhin!

Anne Kochanek

Ein Engel im Schnee oder: Verrückt nach Toby

Anne Kochanek wurde 1972 in Wuppertal geboren.
Nach dem Besuch der Blindenschule in Düren wechselte sie an ein reguläres Gymnasium, wo sie 1994 ihr Abitur ablegte. Anschließend studierte sie Germanistik und Anglistik in Stuttgart und Bochum mit den Abschlüssen Bachelor of Arts (B.A.) und Master of Arts (M.A.). Seit 2001 arbeitet Anne Kochanek als Medizinprodukteberaterin in einer Firma, die Hilfsmittel für blinde und sehbehinderte Menschen produziert/vertreibt. Gemeinsam mit ihrem Mann lebt sie in Schwerte.
Bereits als Kind schrieb Anne Kochanek Geschichten und Gedichte, die sie verschenkte oder zu gegebenen Anlässen vortrug.
1987 nahm sie an einem Schreibwettbewerb junger Autoren teil. Ihre Geschichte "Mensch, pass doch auf" erschien in Berlin in einer "Anthologie ohne Titel".
1989 wurde die Geschichte im Schweizer Schülermagazin "Spick" abgedruckt. In den Folgejahren erschienen im "Spick" weitere Beiträge.
In Zeitschriften und auf Internetseiten zum Thema "blind / sehbehindert" wurden ebenfalls Artikel von Anne Kochanek veröffentlicht.
2020 nahm sie am Onkyo Braille Wettbewerb der Europäischen Blindenunion (EBU) teil und belegte mit der Geschichte "Greetings from Dots" (liebe Grüße von Pünktchen) den zweiten Platz.
Anne Kochanek ist Mitglied im literarischen Arbeitskreis "BLAutor".

Neben Schreiben, Lesen und Fremdsprachen singt Anne Kochanek gerne und spielt Saxofon, Flöte und Keyboard. Ebenso gehören Fitness-Training und Schwimmen zu ihren Hobbys.

Die Sprachnachricht erscheint auf meinem Smartphone, als ich beim späten Frühstück in der Küche sitze. Es ist ein sonniger Samstag im Mai. Die Balkontür meiner Wohnung in Wuppertal steht offen. Rotkehlchen und Amseln überbieten sich in ihrer Sangeskunst. Dazwischen ertönt das gleichmäßige Gurren der Tauben und das monotone Tschilpen der Spatzen. Bestimmt habe ich als blinde

Person ein besonderes Gespür für Stimmungen und Stimmen wie die der Vögel. Ich brauche keine zusätzliche Musik, denn die Natur sorgt für schöne und natürliche Klänge. Zuerst möchte ich das Smartphone nicht zur Hand nehmen. Ich beende mein Frühstück und genehmige mir ein Schlückchen Sekt zur Feier des Wochenendes. Einen zweiten Cappuccino bereite ich mir ebenfalls zu. Ich fühle mich gut, ja, seit langer Zeit geht es mir besser. Eine schwere Grippe sowie ein Unfall im eigenen Haushalt haben mir lange zugesetzt. Frau gönnt sich bekanntlich sonst nichts.
Erneut erinnert mich mein Smartphone an die Sprachnachricht. Ich aktiviere "Nachricht abspielen" und höre die Stimme meiner Freundin Celina. Damals studierten wir Germanistik an der Ruhr-Universität in Bochum. Kurz nach unserem Studienabschluss zog sie nach Stuttgart zu ihrem Freund. Celina war im neunten Monat schwanger und es musste, wie ihr zukünftiger Gatte sagte, "geschwind geheiratet" werden. Zwei Jahre später wohnte sie mit ihren Zwillingen frisch geschieden in Tübingen.
Ein halbes Jahr nach dem Master of Arts wurde ich in einem kleinen Wuppertaler Verlag unweit meiner Wohnung als Lektorin angestellt. Für mich bedeutete dies nach jahrelanger Orientierung im weitläufigen Gelände der Ruhr-Uni eine Erleichterung. Zudem kann ich einen Großteil meiner Arbeit im Homeoffice erledigen.
„Hallo, Sarah, wie ist die Lage?“, kommt Celinas Stimme aus meinem Smartphone. „Ziemlich genau vor zehn Jahren haben wir unser Examen gefeiert. Weißt du noch die langweilige Rede von Professor Dr. Dr. Immergrün? Aber die Party danach war cool. Apropos Kommilitonen: Toby ist tot. Du erinnerst dich? Dieser große, schlanke Typ mit der abgewetzten Lederjacke. Woran er gestorben ist, keine Ahnung. So wie der gelebt hat, Alkohol, Drogen, alles möglich. Aber schockierend ist es schon. Irgendwie war Toby süß. Du warst doch so in ihn verknallt. Aus dir konnte man kein vernünftiges Wort mehr rauskriegen. Okay, muss los, die Kids vom Training abholen. Tschüss. Halt die Ohren steif.“

Mir fällt das Sektglas aus der Hand. Ich höre, wie die Scherben in alle Richtungen fliegen. „Verdammter Mist!", fluche ich. „Wie soll ich die jetzt einsammeln?"
Instinktiv befehle ich dem Sprach-Assistenten meines Smartphones, meine Nachbarin Uta anzurufen. Uta ist die beste Seele, die man sich vorstellen kann. Vor zwei Wochen haben wir gemeinsam ihren 70. Geburtstag gefeiert. „Hi", melde ich mich schlicht. „Uta, kannst du kurz rüberkommen, bitte? Ich hab' ein Sektglas geschrottet."
„Hattest du Polterabend, Liebes?", entgegnet Uta gut gelaunt. „Bin gleich da."

Wenig später kehrt sie die Scherben auf meinem Küchenboden zusammen. „Was ist los, Sarah? Du bist ganz blass. Ist dir nicht gut?"
„Toby ...", stammele ich. „Er ist tot."
„Und wer war das? Ein Freund von dir?", fragt Uta teilnahmsvoll, während sie die Scherben in den Mülleimer befördert. „Weißt du was", schlägt sie vor, „ich mach' mir auch einen Kaffee. Dann hole ich zwei Sektgläser aus deinem Schrank, schenke uns einen kleinen Kreislaufverstärker ein und du erzählst mir von ihm. So. Prost, auf uns und auf – wie hieß er? Toby?"
Utas herzerfrischende, offene Art und das prickelnde Getränk beruhigen mich ein wenig. Wann traf ich ihn zum ersten Mal? Ich erinnere mich an den Tag, als wäre er gestern gewesen.
„Vor 11 Jahren am Morgen des 14. Januar lag hoher Schnee", beginne ich etwas zögerlich. „Ich wohnte in Witten mit meinem damaligen Partner Kai. Der 320er Bus fuhr bis zur Ruhr-Uni, meistens jedenfalls. An diesem Morgen ging ich mit meinem weißen Stock den Weg zum Bus. Die Wege waren zugeschneit und es war kaum geräumt. Am Anfang wusste ich noch, wo ich mich befand. Später verlor ich die Orientierung."
„Waren denn keine Leute in der Nähe, die du hättest fragen können?", möchte Uta wissen.
„Erst habe ich keine Stimmen gehört", fahre ich fort, „zumal der

Schnee alle Geräusche verschluckte. Als ich langsam anfing zu verzweifeln, vernahm ich eine Männerstimme neben mir."
„Hallo. Bist du Sarah? Celina hat mir von dir erzählt. Wo willst du hin?" Ich war so überrascht, dass ich keinen Ton herausbrachte. Seine Stimme war tief und melodisch. Jeder Chor hätte sich nach einem solchen Bass die Finger geleckt. „Ich ... zum Bus", stotterte ich verlegen, „hab' die Orientierung verloren. Dieser blöde Schnee."
„Das ist für dich besonders schwierig, oder?", erkundigte sich Toby. „Komm, ich begleite dich. Muss auch in die Richtung."
Er nahm meine kleine Hand in seine große, etwas schwielige Pranke. Ich trug keine Handschuhe, obwohl es klirrend kalt war – er auch nicht. Im gleichen Moment schienen wir das Gleiche zu denken. „Wieso haben wir eigentlich keine Handschuhe an?", fragte er und wir mussten lachen. „Übrigens: Ich heiße Toby. Ich studiere Informatik – manchmal zumindest."
Ich lauschte ihm, wollte, dass er weitersprach. „Wohnst du in Witten?", fragte ich.
„Nein", gab Toby zurück. „Ich bin hier spazieren gegangen."
„Einfach so? Machst du das öfter?", wollte ich wissen.
„Ja", antwortete Toby und ich spürte förmlich, wie er grinste. „Ich steige irgendwo aus dem Bus und erkunde die Gegend. Ab und zu bin ich auch in der Uni. Die 320 kommt – sogar pünktlich."
Noch nie hatte ich mir gewünscht, eine Busfahrt möge nie zu Ende gehen. Während der Fahrt hielt Toby meine inzwischen warme Hand und drückte sie gelegentlich. Wir sprachen wenig, aber das war nicht nötig. In meinem Bauch flatterten Schmetterlinge. Mein Herz schien dreimal schneller zu schlagen als gewöhnlich.
„Bitte, lass meine Hand nicht mehr los", flehte ich im Stillen. „Da wären wir, am Zentrum der ewigen Weisheit." Toby musste mein enttäuschtes Gesicht gesehen haben. „Willst du zu einer Vorlesung oder darf ich dich auf einen Kaffee einladen?", fragte er fröhlich.
„Vorlesung? Äh, nee, ist nicht wichtig." Schon wieder stotterte ich. „Kaffee trinken – gerne."

„Zweimal Kaffee mit Schuss“, bestellte Toby.
„Kommt sofort“, erwiderte die Bedienung.
„Besonders viel Schuss. Es ist erst zehn Uhr.“
Wir lachten. Tobys Lachen kam tief und kräftig aus seinem Bauch. Worüber wir sprachen, weiß ich nicht mehr. Immer wieder berührten sich unsere Füße unter dem Tisch. Als wir schließlich die Cafeteria verließen, legte er den Arm um meine Taille. Wir schlenderten über das Uni-Gelände, welches mir noch nie so schön vorkam. Mit der U-Bahn fuhren wir ins Bochumer Stadtzentrum. Je länger wir zusammen waren, desto zahlreicher flogen die Schmetterlinge in meinem Inneren herum.
„Du hast gesagt, dass du gerne Tina Turner hörst. Hast du alle Alben von ihr?“, wollte Toby wissen.
„Nein“, antwortete ich. „Mir fehlt “Foreign Affair“. Keine Ahnung, warum die CD nicht in meiner Sammlung ist.“
„Wir gehen geradewegs auf Saturn zu“, erklärte Toby. „Das Album hast du in Kürze.“
Mir blieb der Mund offenstehen, aber ich erwiderte nur: „Oh, danke.“
Ein paar Minuten darauf beschrieb Toby mir, dass wir an einer Modeboutique vorbeikamen. „Brauchst du eine neue Jacke?“, fragte er. „Deine sieht ziemlich dünn aus. Wollen wir reingehen?“ Schon schob Toby mich in den Laden. Tatsächlich erstanden wir eine schicke grüne Daunenjacke, dazu einen Kaschmirschal und Handschuhe.
„Falls du ohne meine Hand zurechtkommen musst“, sagte Toby liebevoll und plötzlich, kaum aus dem Geschäft, küsste er mich auf den Mund. Die Schmetterlinge flogen nicht nur, sie rasten in übernatürlicher Geschwindigkeit durch meinen Körper. Mir war heiß. Ich wollte in diesem Augenblick verharren, küsste ihn ebenfalls leidenschaftlich und – du glaubst es nicht – es fing an zu schneien. Irgendwo im Hintergrund vernahm ich ein Akkordeon, das “La Vie en Rose“ spielte. Ich glaubte, mich in einem romantischen, beinahe

kitschigen Hollywood-Film zu befinden, mit Toby und Sarah in den Hauptrollen.
„Alles gut und schön“, bemerkte Toby viel zu früh, „aber ich habe Hunger. Komm, wir gehen zum Chinesen, oder ist dir Italienisch lieber?“
Mir war alles recht. Ich sog jeden Moment dieses Januar-Tages ein, dem schönsten meines bisherigen 26-jährigen Lebens.
„Und“, fragt Uta gespannt, „später kam es wie es kommen musste?“
„Na, ja. Nicht sofort“, antworte ich. „Nach dem Essen schlenderten wir weiter eng umschlungen durch die Stadt. Verliebt strich ich immerzu über seine abgewetzte Lederjacke. Plötzlich blieb Toby stehen.
„Warte hier. Ich bin gleich zurück.“
„Wo gehst du hin?“, fragte ich irritiert. Er verschwand in einem Laden, wie ich vermutete. Verunsichert stand ich im Schneetreiben und hörte die Menschen an mir vorüberhasten.
„Okay, da bin ich wieder.“ Toby legte seinen Arm um mich, als wäre er nie weggewesen. Sofort fühlte ich mich wohl und sicher. Das Schneegestöber nahm an Intensität zu. „Willst du weiter durch die Kälte laufen oder darf ich dich bei mir zu Hause auf einen Drink einladen?“, erkundigte sich Toby und ich konnte sein verschmitztes Grinsen erneut spüren.
„Wieso fragst du?“, entgegnete ich möglichst beiläufig.

Tobys Wohnung befand sich unterm Dach eines Mehrfamilienhauses in einem Bochumer Vorort. Sie war eng, roch nach abgestandener Luft und ein bisschen nach Unrat. „Sorry, hier liegt jede Menge Zeug im Weg. Meine Wohnung ist alles andere als blindenfreundlich“, erklärte Toby und räumte irgendetwas vom Boden auf die Seite. „Welches Getränk darf ich servieren? Einen Aperol für meine Lady?“
Ich nickte.
„Was für ein wunderschöner Tag!“, rief ich beglückt aus.
„Noch ist er nicht zu Ende“, lachte Toby und ich konnte mich an

seinem Lachen nicht satthören.
„Aha“, kommentiert Uta, „den Rest brauchst du mir wohl nicht zu erzählen.“
„Doch“, stammele ich, „es war – gigantisch. Ein wahres Feuerwerk. So etwas hatte ich noch nie zuvor erlebt, weder mit Kai noch mit anderen Jungs. Nimm alle Feiertage zusammen und noch mehr. Ich konnte fliegen, fühlte mich leicht und unbeschwert, geborgen in Tobys Armen, seinem schmalen, zerwühlten Bett. Sämtliche Gerüche, Geräusche, Berührungen und Liebkosungen waren von einer nie zuvor erlebten Leidenschaft.“
„Okay. Am nächsten Morgen“, holt Uta mich aus meinen Träumereien. „Hat er dir wenigstens ein leckeres Frühstück zubereitet?“
„Nee“, antworte ich wahrheitsgemäß, „Toby hatte nur Kaffee da und verschimmeltes Brot. Er meinte, wir könnten auf dem Weg zur Bushaltestelle Brötchen holen. Ich fühlte mich müde, und mein überirdisches Hochgefühl wich einer merkwürdigen Beklommenheit. Bevor ich jedoch ins Grübeln geriet, trat er hinter mich, küsste meinen Nacken und legte mir eine Kette um den Hals.“
„Schau mal“, sagte er und legte meine Hand auf den Ketten-Anhänger.
„Eine Rose. Wir haben doch gestern “La Vie en Rose“ gehört. Da dachte ich, wenn das nicht zu dir passt ...“
„Wir küssten uns und mir liefen Tränen über die Wangen.“
„Huuh“, schnieft Uta gespielt theatralisch. „Hör auf. Der Schmalz läuft schon übers Linoleum.“
„Dann gingen wir zum Bus“, fahre ich fort.
„Toby kaufte mir in einer Bäckerei zwei Brötchen und ein Stück Kuchen. Die ganze Zeit über war er merkwürdig still.“
„Da kommt der 320er nach Witten“, verkündete er. „Ich helfe dir rein. Kommst du dann zurecht?“
Ehe ich mich versah, saß ich hinter dem Fahrer, die Kette um den Hals, eingewickelt in meine neue grüne Winterjacke und den Kaschmirschal.

„Ciao, my love. Du bist der Wahnsinn“, verabschiedete Toby sich schnell, küsste mich flüchtig auf die Wange und war verschwunden.
„In der darauffolgenden Zeit war ich verrückt nach Toby. Ich konnte nicht klar denken, nichts mehr essen, kaum schlafen, geschweige denn vernünftig kommunizieren. Ich trennte mich von Kai, weil ich nur Toby im Kopf und im Körper hatte. Beim Gehen musste ich aufpassen, nicht überall anzustoßen. Bei täglichen Verrichtungen im Haushalt fehlte mir die Konzentration, auch beim Schreiben meiner Seminararbeiten. Ich war in doppelter Hinsicht blind verliebt.“
„Sarah“, bringt Uta mich zurück in die Realität, „darf ich mal dein Smartphone haben? Gerade kam ein Bild von deiner Freundin ... Das darf nicht wahr sein.“
„Was ist denn?“, frage ich verwirrt.
„Dieser Esel. Dieser verdammte Hornochse. Dieser eingebildete Affe!“ Utas Stimme wird schriller. Sie springt auf und läuft durch den Raum. „Was für ein Wolf. Ich glaub es nicht.“
Trotz meines Erstaunens über ihr Verhalten kann ich mir ein Grinsen nicht verkneifen. Der Wuppertaler Zoo hätte seine wahre Freude an Utas tierischen Flüchen.
„Auf dem Foto ist mein Neffe Marius. Dein Toby. Ich war sein ewiger Rettungsanker, denn Geld hatte er nie! Oh je, seine Bruchbude! Ich finanzierte neue Tapeten und Möbel. Ich zahlte seine Studiengebühren. Immer wieder war er verschwunden. Immer wieder hatte er neue Eintagsflammen.“ Uta wird ruhiger und setzt sich wieder neben mich. „Dann tauchte er erneut bei mir auf. Tante Uta, ich bin bankrott“, klagte er. „Bitte hilf mir. Ich werde mich bessern, zur Uni gehen, meinen Abschluss machen ...“
„Ha, ha, ha. Immer habe ich ihm Geld gegeben, meinem einzigen Neffen. Kinder habe ich keine. Als die Wohnung neben mir frei wurde, weil die betagte Frau Meyer in ein Pflegeheim zog, schrieb Marius mir eines Tages eine E-Mail, die nicht nach Bettelbrief klang. *Tantchen*, las ich, *Du hast erzählt, dass die Wohnung neben dir frei geworden ist. Eine blinde Freundin hat ihren Master of Arts gemacht*

und sucht eine Wohnung in der Nähe des Verlags in Wuppertal, wo sie arbeiten wird. Ich habe Sarah gestern in Witten getroffen. Da bist du mir eingefallen und die freie Wohnung. Gib mir bitte die Nummer eures Vermieters. So geschah es. Das muss man dem Lümmel lassen. Er hat ein gutes Werk getan. Nun sind wir schon lange treue Nachbarinnen", beendet Uta ihre Ausführungen.
„Freundinnen", ergänze ich leise und nehme zaghaft ihre Hand.
Uta streichelt meine Finger. „Marius hat sich daraufhin nie wieder gemeldet", fügt sie hinzu. „Er war verschollen. Sein Leben hat wahrlich ein trauriges Ende gefunden. Aber deine Klamotten stammen eigentlich aus meinem Geldbeutel und die Kette mit der Rose – zeigst du sie mir?"
Langsam stehe ich auf. Meine Knie zittern. Leicht schwankend gehe ich ins Schlafzimmer, hole die Kette aus der Schmuckschatulle und kehre zurück.
„Wow", entfährt es meiner Nachbarin. „Da hat er dir ein Prachtexemplar geschenkt. Du hast ihn sehr beeindruckt." Uta legt mir die Kette um den Hals und platziert meine Hand auf dem Rosen-Anhänger.
„Nie mehr habe ich sie getragen, seit besagtem Tag", murmele ich und berühre zärtlich die Rose.
„Du lächelst", stellt Uta fest. „Haste deinen komischen Liebeskummer endlich überwunden? Wenn wir zusammen aufs nächste Konzert gehen, möchte ich sie an deinem Hals sehen. Oh, die Luft ist aus unseren Sektgläsern gewichen. Ich schaffe Abhilfe." Uta schenkt uns ein und reicht mir das Glas. „Prost!", ruft sie in gewohnt vergnügtem Ton. „Auf uns und auf Marius – nein, auf Toby."

Martin Krefta und Tom Nentwich

Apollo und Matteo

Martin Krefta, geboren 1996, ist ein kreativer Geist und Kinderbuchautor, dessen Leben von Technik und seiner starken Community geprägt ist. Trotz körperlicher Herausforderungen, die ihn zum Rollstuhlfahrer und sehbehindert machten, hat Martin nie aufgegeben. Sein Motto: "Wer kämpft, kann verlieren. Wer nicht kämpft, hat bereits verloren." zeichnet sein Leben nachhaltig. Martins Leidenschaft fürs Schreiben brachte nicht nur ihm Freude, sondern begeistert auch viele LeserInnen jung und alt. Seine tollen Geschichten, geprägt von Humor und Fantasie, und sein Engagement in der BLAutor-Gemeinschaft zeugen von seiner unbeugsamen Lebenskraft und der Fähigkeit, das Leben positiv zu gestalten.

Tom Nentwich ist ein 61-jähriger Hobby-Autor, der seit zwei Jahren Martin Kreftas literarisches Schaffen als Co-Autor unterstützt. Seine Geschichten spannen den Bogen von zauberhaften Kindermärchen bis zu fesselnden Krimis, gespeist aus dem reichen Fundus des Lebens. Neben dem Schreiben widmet sich Tom der Ahnenforschung und dem Geocaching und verleiht so seinen Erzählungen eine unverwechselbare Note. Die Werke der beiden sind ein Spiegelbild der Vielfalt und Tiefe an Erfahrungen und Interessen.

Prolog

In der Stille der Waldlichtung erschütterte das kräftige Flattern mächtiger Schwingen die Luft. Ein großer Adler, dessen Flügelspannweite breite Schatten über das Grün warf, schwang sich nach einem ganz engen Flugbogen hinab Richtung Wiese. Dann prallte er kurz mit der Brust am Grasboden auf und versuchte erneut, jedoch unbeholfen, wieder aufzusteigen. Das äußere Ende seines linken Flügels verfing sich in den verworrenen Ästen eines Strauches. Ein unerwarteter Zug, ein Torkeln nach links, und der Adler stürzte erneut ab. Seine federbedeckte Brust schliff über das Laub und er kollerte über den Boden bis knapp vor den Rand des Waldes. Dann blieb er nahezu leblos wie ein Bündel aus Federn liegen.

Kapitel 1

In einem verborgenen Tal erstreckte sich ein malerisches Dorf, das beidseitig von majestätischen Berggipfeln umschlossen war. Unter der Kirchturmspitze schmiegten sich Giebeldächer wie eine bunte Decke nebeneinander. Etwa vierzig Häuser, jedes mit seinem eigenen Charakter, bildeten das Herz dieses ländlichen Mikrokosmos, in dem rund hundertfünfzig Einwohner in ländlicher Harmonie lebten. Am Rande, wo das Dorf sanft in die umgebende Natur überging, breiteten sich drei, vier stattliche Bauernhöfe aus. Und rundum lagen ihre Felder wie ein Mosaik aus Grün, Gelb und Braun.

Schon in den frühen Morgenstunden regte sich das Dorfleben: Männer und Frauen beugten sich mit hochgekrempelten Ärmeln, über die Erde der Felder, in denen Kartoffeln, Mais und eine weitere Vielfalt an Gemüse gediehen. Hier ein rhythmisches Hacken, dort das sanfte Rauschen von Blättern. Und einige sorgsame Hände sammelten bereits das Holz für den kommenden Winter. Doch es war nicht nur die Arbeit, die die Dorfbewohner verband. Einmal im Monat verwandelte sich der zentrale Platz vor der Kirche zu einem bunten Markttreiben, auf dem nicht nur gehandelt wurde. Auch Ernteerträge, Handwerkskunst und Geschichten der Dorfgemeinde wurden untereinander getauscht. Und an langen Abenden fand man im warmen Schein des Dorfgasthauses permanent inneren Zusammenhalt. Beim Genuss des lokalen Gebräus wurden Anekdoten ausgetauscht und Pläne geschmiedet.

In kleinen Gruppen zogen einige Kinder zur Schule, während deren Lachen und Rufen durch die Luft hallte. Ihre Schultaschen schwangen am Rücken wie kleine Banner der Freude.

„Schaut, wie hoch der Mais schon steht!“, rief Lena, als sie an den Feldern vorbeigingen. „Höher als du, Lukas!“, neckte sie ihren Freund.

„Aber nicht schneller!“, erwiderte er lachend. „Wer zuerst bei der alten Eiche ist, hat gewonnen!“

Daraufhin setzten die beiden mit einem Freudenschrei zum Sprint an. Und die anderen Kinder folgten ihnen wie ein spontaner Wirbelwind aus Energie und Heiterkeit.
Sobald die Kinder des Dorfes frei von den Pflichten des Tages waren, fanden sie ihr Vergnügen oftmals im Einklang mit der Natur. Sie veranstalteten öfter mal Wettrennen über die Feldwege, deren Grün sich unter ihren flinken Füßen wie ein Teppich wellte. Oder sie bauten hin und wieder am Waldrand, wo das Licht in goldenen Streifen durch das dichte Blätterdach fiel, aus Ästen und Laub geheime Verstecke. Und sie spielten auch zwischen den hohen Maispflanzen Verstecken. Hier verriet dann mal hier, mal dort das Rascheln der Blätter ein kicherndes Kind.
In diesem Tal, umarmt von den schützenden Bergen, gestaltete ein dichtes Band aus Freude, Arbeit und Gemeinschaft das Leben des Dorfes. Ein lebendiges Gemälde ländlicher Idylle.
Das mittelgroße Haus von Samuel stand etwas abseits vom Dorf. Er war bereits 68 Jahre alt und einer der Holzarbeiter des Dorfes. Sein 14-jähriger Enkel Matteo wohnte auch bei ihm. Eines Tages schickte Samuel seinen Enkel in den Wald, um nach kleineren Holzstücken für den Ofen zu suchen. Während Matteo im Wald umherstreifte, hörte er plötzlich ein trauriges Jammern. Er folgte dem Klang und fand schließlich den großen Adler am Waldrand liegend. Der war offensichtlich verletzt und brauchte dringend Hilfe. Matteo stand regungslos da. Sein Herz klopfte heftig vor Aufregung und Mitleid. Ein Flügel des großen Vogels hob und senkte sich ungleichmäßig zuckend. Er schien mit seinen Augen an Matteo vorbei ins Leere zu starren. So als würde er in schmerzlicher Panik den Himmel um Hilfe anflehen. Der Junge trat langsam näher heran, um den majestätischen Vogel genauer zu betrachten. Er glich einem Seeadler. Sein mächtiger Schnabel war wie ein Haken geformt und das markant weiße Kopf- und Schwanzgefieder hob sich scharf gegen das dunkle Braun seines übrigen Körpers ab. Normalerweise erfassten seine scharfen Augen sofort jede Bewegung in seiner Umgebung. Doch nun wirkten sie trüb und schwach und blieben immer

wieder geschlossen. Der Anblick des mächtigen Vogels berührte Matteo tief, auch wenn er so verletzt und hilflos wirkte. Er wusste ja, dass Seeadler als Symbole der Stärke und Freiheit galten. Umso mehr schmerzte es ihn, ein solches Geschöpf vor sich in Not liegen zu sehen. Matteo war bekannt, dass Adler immer als starke und unabhängige Tiere beschrieben wurden. Doch dieser hier lag schwach und verletzt vor ihm. Der Junge schluckte seine Angst intensiv hinunter. „Keine Sorge, ich werde dir helfen", flüsterte er, mehr zu sich selbst als zum Adler, um seinen eigenen Mut zu stärken. Er erinnerte sich daran, als sein Großvater einmal ein verletztes Reh versorgt hatte und beschloss, sofort ähnlich vorzugehen. Matteo zog sein T-Shirt aus und kniete sich neben den verletzten Adler. In der Hoffnung, ihn beruhigen zu können, legte er das Shirt langsam und vorsichtig über den Körper des Vogels, um ihn damit zu bedecken. Der Adler zuckte zusammen und gab ein warnendes Knurren von sich.

Doch Matteo ließ sich nicht einschüchtern. „Ich tu dir nicht weh", sagte er leise. Seine Stimme zitterte zwar ein wenig vor Aufregung und etwas Furcht, aber er war überzeugt, sicher in Erster Hilfe zu agieren.

Nachdem der Adler kurz darauf offensichtlich wieder ruhiger geworden war, strich ihm Matteo einige Male über die Federn und hob den immens schweren Vogel mühsam mit beiden Armen auf. Er trug ihn mit aller Vorsicht, die ein 14-jähriger aufbringen konnte, zurück in Richtung zum Haus seines Großvaters. Jeder seiner wackeligen Schritte war von einer Mischung aus Angst und Entschlossenheit geprägt. Er wusste, dass er dem Adler helfen musste. Aber gleichzeitig fürchtete er auch, dass sein Großvater vielleicht verärgert sein könnte, wenn ihm sein Enkel unerwartete ein vollkommen wildes Tier ins Haus bringen würde.

Inmitten des Waldes, umgeben von einem Meer aus Grün und dem ständigen Gesang der Vögel, stand ein altes weißes Haus, dessen Farbe im Laufe der Jahre durch die Witterung ein wenig an Strahlkraft verloren hatte. Das Dach war mit Moos bewachsen, was dem Ganzen einen fast märchenhaften Anstrich verlieh. In diesem Haus lebten Matteo und sein Großvater Samuel schon viele Jahre. Ein Ort voller Erinnerungen und Geschichten. Matteo verbrachte viel Zeit in der kleinen, aber gemütlichen Werkstatt seines Großvaters, die mit allerlei Werkzeugen und Holzstücken gefüllt war. Es roch angenehm nach frisch geschnittenem Holz und Leinöl. Samuels Hände waren von der Arbeit bereits gezeichnet, aber dennoch unglaublich geschickt. Er schnitzte aus den Holzstücken immer wieder wunderschöne Tiere. Matteo beobachtete oft fasziniert, wie aus einem einfachen Stück Holz ein Fuchs, ein Hase oder sogar mal ein Reh entstand. Nachdem Samuel die groben Formen herausgearbeitet hatte, übernahm sein Enkel Matteo mit großer Sorgfalt das Bemalen. Er liebte es, den Tieren mit feinen Pinselstrichen Leben einzuhauchen. Und dann ließ er ihre Augen funkeln und das Fell realistisch wirken.

Abends, wenn dann die Arbeit getan war und das knisternde Feuer im Kamin für Wärme und Behaglichkeit sorgte, erzählte Samuel Geschichten von fernen Ländern und seltsamen Tieren. Diese Geschichten waren voller Abenteuer und Magie. Matteo lauschte immer gebannt und stellte sich vor, wie es wäre, eventuell mal mit einem Tier sprechen und Freundschaft schließen zu können. Diese gemeinsamen Stunden waren für Samuel und seinen Enkel eine vergnügliche Zeit des Träumens. Ein tägliches Ritual, das sie stark miteinander verband und ihre Fantasie beflügelte.

Als er keuchend endlich das Haus erreicht hatte, klopfte Matteos Herz bis zum Hals. „Großvater, Großvater!“, rief er, während er mit dem Fuß die Tür hart krachend aufstieß.

Sein Opa Samuel saß gerade am Küchentisch bei einer Tasse Tee und blickte überrascht auf. „Was in aller Welt hast du da, Matteo?“, rief er dem Jungen zu. Seine Augen weiteten sich panikartig, als er den Adler in den Armen seines Enkels erkannte.

Der Junge atmete tief durch und erzählte keuchend seinem Großvater von dem abenteuerlichen Fund. Samuel stand langsam auf

und hob vorsichtig das T-Shirt ein Stück hoch. Er starrte den offensichtlich in Ohnmacht verfallenen Adler mit einem Mix aus Sorge und Bewunderung an. „Das ist der König der Lüfte, Matteo. Ein Seeadler. Und wir müssen, wir werden ihm helfen."
Noch ahnte keiner der beiden, dass die Hilfeleistung ihr Leben und das des Adlers für immer verändern würde.
Sofort kümmerte sich Samuel durch Erste Hilfe um ihn. Er untersuchte den großen ohnmächtigen Vogel, um die Verletzungen zu erkennen und legte ihn dann in eine ausreichend große Holzkiste, die Matteo inzwischen mit Stroh ausgelegt hatte. Dann verwendete er gekühlte Umschläge, um die Schwellungen zu reduzieren und legte dem Adler einen engen Verband an, damit der gebrochene Flügel seitlich anliegend stabilisiert wurde. Dann prüfte er noch die Atemwege und legte den Kopf so, dass sie in jedem Fall frei bleiben würden. Er stellte sicher, dass dem Adler immer ausreichend warm war und er auch einigermaßen gemütlich in der Holzkiste lag.
In den darauffolgenden Tagen versorgte er ihn mehrmals am Tag tropfenweise mit Wasser und Matteo fütterte ihn mit leicht verdaulicher Nahrung in kleinen Stücken. Den beiden war klar, dass die Heilung Zeit braucht. Sie pflegten den Adler täglich, wechselten den Verband und beobachteten laufend seine Genesung. Sobald Matteo Zeit hatte, beschäftigte er sich intensiv mit dem armen Vogel. Er legte ihm ganz sanft die Hand auf den Kopf, streichelte ihn vorsichtig und sprach ihn immer leise an.
Nach wenigen Tagen hob der Adler den Oberkörper und wandte den Kopf zur Tür hin, als Matteo zur Mittagszeit das Zimmer betrat.
„Hallo, wer ist da?", sprach er mit tiefer Stimme den Jungen an.
Matteo erschrak und die Schüssel mit dem Hühnerfleisch schlug krachend auf den Fußboden. Er starrte verwirrt zu dem großen Greifvogel hinüber.
„Also was soll das? Da ist doch jemand. Na los, sag schon, wer du bist!", rief der Vogel etwas lauter, nachdem er sich etwas weiter nach rechts abgewandt hatte.

Matteo trat mit langsamen Schritten näher auf ihn zu und sprach ihn flüsternd an. „Ich bin es, Matteo. Ich habe dich nach dem Absturz im Wald gerettet und hierhergebracht. Aber Moment mal. Das versteh ich jetzt nicht. Du kannst mit uns Menschen sprechen?"
„Nein, kann ich nicht", antwortete ihm der Adler, nachdem er sich wieder in Richtung des Jungen gedreht hatte. „Ich kann nicht wirklich sprechen. Aber du kannst meine Gedanken hören. Du hast mir das Leben gerettet und du kannst ab sofort das hören, was ich in Gedanken zu dir sage. Aber sonst kann das außer dir niemand."
Matteo drehte sich in Panik um und stürzte durch die Eingangstüre nach draußen.
„Opa! Ooopa!", schrie er lautstark in Richtung Hühnerstall und lief hinüber.
Auf halbem Weg trat Samuel aus dem Stall und eilte dem Jungen entgegen. „Was ist denn? Ist was passiert?"
Der Junge fasste ihn an der Hand und zog ihn zurück zum Haus.
„Der Adler!"
„Ja, was ist mit ihm?"
„Er spricht zu mir", sprudelte es hastig aus ihm hervor. „Ich kann hören, was er denkt! Er hat mich angesprochen, Opa!"
Samuel bremste seinen Enkel ein und sah ihn lächelnd an. „Du erinnerst dich noch, als ich dir vor ein paar Jahren von dem Rehkitz erzählt habe? Dem konnte ich damals ebenfalls das Leben retten und es hat mich auch angesprochen."
Die beiden betraten wieder das Haus und Samuel sammelte gleich die Fleischstücke vom Boden und legte sie wieder in die Holzschüssel. Mittlerweile hatte sich Matteo einen Stuhl herangezogen, setzte sich neben den massiven Holztisch, auf dem die riesige Holzkiste stand und war so auf gleicher Höhe mit dem Adler. Er versuchte, ihm in die Augen zu blicken. Aber die waren vollkommen matt und wanderten ständig ruckartig von einer Seite zur anderen. Matteo hob die Hand und winkte ganz knapp vor dem Kopf des Adlers hin und her. Er zeigte überhaupt keine Reaktion darauf.
„Darf ich dich was fragen?", sprach Matteo ihn an.

„Ja klar. Was denn?"
„Bist du blind? Ich habe so das Gefühl, dass du nichts sehen kannst."
„Ja, da hast du recht. Das ist eine ganz blöde Kombination. Ein Adler, der blind ist. Genau das ist es ja, warum ich abgestürzt bin."
„Hä? Was meinst du damit? Du wirst doch nicht als blinder Vogel in die Lüfte aufgestiegen sein?"
Daraufhin berichtete ihm der Adler, wie ihn die Blindheit getroffen hatte und es dadurch zum Absturz kam. Er stand von Kindheit an im Dienst eines netten, weißen Zauberers, den er laufend in seinen Abenteuern unterstützte. Als er jedoch dann im hohen Alter verstarb, übernahm eine dunkle und böse agierende Hexe die Macht seines Reiches. Nachdem er mit ihr bereits mehrmals heftig in Streit geraten war, versuchte der Adler eines Nachts zu flüchten. Er schwang sich durch das oberste Fenster des Burgturmes hinaus und stieg sofort weit nach oben. Aber dennoch hatte die Hexe seine Flucht bemerkt und schleuderte ihm einen grell glitzernden Fluch nach. In den Morgenstunden erreichte er dann die Umgebung des Dorfes. Und als er dachte, eine harmlose Nebelwolke zu durchfliegen, tauchte er in den grell glitzernden Kern der Wolke und die Blindheit traf ihn blitzartig. Dann folgte der Absturz in die Waldlichtung.
Nachdem Matteo die Geschichte seinem Opa erzählt hatte, lächelte der. „Das klingt nach einem besonderen Vogel, den wir hier haben. Wir sollten ihm einen Namen geben."
„Was halten wir von Apollo?", schlug Matteo vor.
Samuel war erstaunt. „Das klingt perfekt", antwortete er und übergab seinem Enkel die Schüssel mit dem Hühnerfleisch.

Matteo und sein Großvater verbrachten die nächsten Wochen damit, Apollo weiterhin zu pflegen und sich um ihn zu kümmern. Die beiden liebten es, Zeit mit ihm zu verbringen.
Der Adler erholte sich weit schneller als vermutet und wurde im Laufe seiner Heilung auch zu einem Teil der Familie.

Eines Tages fragte Matteo seinen Großvater Samuel, ob sie Apollo nicht dauerhaft bei ihnen zu Hause lassen könnten. So könnte er in Sicherheit bleiben. Wenn man ihn als blinder Vogel wieder aussetzen würde, hätte er ja kaum eine Chance zu überleben.
„Ja, ich denke du hast recht. Das wäre das Beste“, antwortete Samuel und fügte hinzu: „Ich denke, dass er seinen Platz hier bei uns gefunden hat. Wir werden uns um ihn kümmern und ihm eine sichere Unterkunft bieten.“
Sie richteten dem Vogel in einem leeren Stall einen ausreichend großen und gemütlichen Platz ein. Mit einer großen Wasserschüssel, einer Holzstufe mit breiten Brettern, mehreren obenliegenden Querstreben und auch einem riesengroßen, aus weichen Ästen gebauten Vogelnest. Über die Stufe würde er einfach in das Nest kommen. Hier konnte er sich dann aufhalten, schlafen und ausruhen. Sie führten Apollo in sein neues Zuhause und Matteo erklärte ihm die Ausstattung.
Am nächsten Tag wollten Matteo und sein Opa frühmorgens den Markt im Dorf besuchen. Sie hatten die geschnitzten Figuren in einen großen Stoffsack gepackt und blickten durch ein Fenster in Apollos Stallunterkunft. Er lag oben im großen Vogelnest und schien zu schlafen.
„Na bitte“, flüsterte Samuel seinem Enkel zu. „Apollo scheint sich ja eigentlich recht wohlzufühlen. Ich denke, er wird schon bald wieder geheilt sein.“
„Ja, ich glaube auch, dass es ihm wirklich schon viel besser geht.“
„Aber ich weiß nicht, was man gegen seine Blindheit unternehmen könnte. Ein König der Lüfte, der blind ist, wird wohl kaum wieder fliegen.“
„Hm“, überlegte Matteo. „Das wird wohl tatsächlich noch ein Problem für ihn. Aber darum werden wir uns später kümmern. Zunächst muss Apollo wieder vollständig gesund werden.“
„Ja, da hast du vollkommen recht, mein Junge. Komm, lass uns gehen“, sagte sein Großvater und hob den Sack mit den Schnitzfiguren vom Boden.

Die beiden drehten sich um und wandten sich dem Waldweg zu. Als sie dann nach wenigen Minuten den Waldrand erreicht hatten, bemerkten sie hinter sich schleifende Geräusche. Sie drehten sich um, und sahen etwas weiter entfernt den Adler, der ihnen hinterhergelaufen war. Er schien ihnen zu folgen und hielt immer wieder inne, um sich akustisch zu orientieren, wo die beiden zu gehen schienen. Matteo und sein Großvater waren erstaunt, ihren gefiederten Freund hier anzutreffen.

„Was ist los, Apollo?", fragte Samuel, als sie ihm entgegen gegangen waren. Matteo hatte sich am Weg niedergekniet und wisperte ihm leise zu. Der Adler drehte seinen Kopf weit nach links und dann ganz nach rechts, um zu hören, wo genau die beiden waren. Dann ging er weiter auf den Jungen zu, bis der ihn umarmte.

„Mir geht es gut, Matteo", hörte er Apollos Gedanken.

„Das freut uns ja sehr, Apollo", sagte der Junge. „Aber warum kriechst du hier herum? Warum bleibst du nicht in deinem tollen Wohnstall?"

„Naja, ich bin doch immer im Freien unterwegs. In der Natur. In den Bergen. In der Luft. Natürlich fühle ich mich in der Höhle, die ihr für mich gebaut habt, sehr wohl. Das habt ihr wirklich gut gemacht. Danke. Aber trotzdem muss ich nach den vielen Tagen einfach mal wieder ins Freie."

„Schon gut, mein Freund", tröstete ihn der Junge und presste den Vogel vorsichtig an sich. Dann sah er zu seinem Großvater hoch und erklärte ihm den Inhalt des Gesprächs.

„Also gut", meinte Samuel. „Dann bringen wir Apollo halt mit ins Dorf."

Er ging zurück zum Haus und holte eine Schubkarre aus dem Hühnerstall, die er zuvor noch mit Stroh befüllt hatte. Dann hoben er und Matteo den blinden Adler behutsam hoch und legten ihn hinein. Dann machten sich alle drei wieder auf den Weg durch den Wald in Richtung Dorf. Matteo strahlte überglücklich und stolz. Er konnte es kaum glauben: Er und sein Freund Apollo waren gemeinsam unterwegs.

Bevor sie kurze Zeit später am Marktplatz eintrafen, hatte Samuel den Seeadler bereits auf Matteos Schulter gesetzt. Nun standen die Dorfbewohner ringsum und betrachteten die beiden neugierig. Sie starrten gebannt auf den großen Adler und fragten Samuel, woher er kam und wieso er denn da auf seiner Schulter sitze. Der Junge schien inner- und auch äußerlich gewachsen zu sein und erklärte ihnen in stolzer Stimmung, was er alles über Apollo wusste. Dass der Adler in ferner Umgebung unterwegs war. Den Bezug zur Magie. Seinen Absturz und die Rettung. Und auch, dass er im Laufe der Zeit gelernt hatte, der Nähe zu Menschen zu vertrauen.
Die Dorfbewohner waren Apollo gegenüber zunächst sehr skeptisch eingestellt. Bisher sah sich noch nie jemand so nahe an einem Raubvogel. Und schon gar nicht dem König der Lüfte. Einige von ihnen hatten zwar einen Hund oder eine Katze, die sie versorgten. Aber die waren alle freilaufend und kaum als Haustier zu bezeichnen. Und einen Vogel als Haustier hatte keinesfalls jemals wer gesehen. Und dann noch so einen riesigen Adler. Jedenfalls begannen die meisten Dorfbewohner schon nach kurzer Zeit Apollos Anwesenheit zu schätzen. Die meisten unterhielten sich interessiert mit Samuel und Matteo. Letztendlich organisierte man ein Fest zu Ehren Apollos, bei dem er im Mittelpunkt stand und seine Geschichte die Hauptattraktion war.

Kapitel 2

Unter dem Schleier der aufkommenden Morgensonne schlichen Samuel und Matteo mit Apollo in der Schubkarre frühmorgens aus dem nahezu leblosen Dorf. Die noch dichten Schatten der Dämmerung hielten sie noch etwas verborgen. Ihr Weg führte sie entlang des schmalen Bachs, der ihre hastigen Schritte verschluckte, zurück in Richtung ihres Hauses. Plötzlich ertönte hinter ihnen lautes Knacken. Die beiden drehten sich erschrocken um und sahen, wie ihnen zwei Jäger gefolgt waren. Einer von ihnen, ein breitschultriger Mann mit grimmigem Blick, rief ihnen lautstark zu: „Halt! Gebt uns sofort den Adler und niemand wird verletzt!“

„Dieser Vogel ist nicht zum Verkauf. Er ist Teil unserer Familie“, entgegnete Samuel mit mutiger und fester Stimme. Doch in seinen Augen lag bereits ein Funken Furcht.
Die Jäger zögerten, offenbar überrascht von Samuels Entschlossenheit. Auch Apollo hatte akustisch den Standort der beiden lokalisiert und wusste ganz genau, wo sie standen.
In diesem Moment sah Matteo seine Chance. „Jetzt, Apollo!“, rief er. Der Adler, der bisher ruhig in der Schubkarre gesessen hatte, breitete seine mächtigen Schwingen aus, sprang hoch auf und stürzte sich mit einem durchdringenden Schrei in Richtung der beiden Jäger.
Nachdem Samuel und Matteo mit Apollo leise das Dorf verlassen hatten, lag eine unerklärliche Stille über dem Ort. Die Sonne kroch langsam über die Bergkämme, und das sonst so lebendige Dorf erwachte zu einem ruhigen Morgen. Doch unter der Oberfläche dieser Idylle regte sich eine beunruhigende Ahnung. Im Dorf, wo jeder jeden kannte und man immer gemeinsam Freuden und auch die Sorgen teilte, bemerkte Lena als Erste die ungewöhnliche Stille. Sie war die Bäckerin. „Habt ihr Samuel und Matteo gesehen?“, fragte sie besorgt ihre beiden Lehrlinge, während sie wieder frischen Brotteig knetete.
Ihre Frage hallte durch das offene Fenster über die leeren Gassen und erreichte auch die Ohren anderer Dorfbewohner. Einer nach dem anderen traten sie nun aus den Häusern, die Stirn in Falten gelegt.
„Und wo ist Apollo?“, fragte sich Lukas, der Dorfschmied, selbst, und legte seine Werkzeuge beiseite. Die Erinnerung an das gestrige Fest zu Ehren Apollos, war noch frisch in aller Herzen. Die Sorge um das Wohl des Adlers verband alle Dorfbewohner auf eine besondere Weise. Eine unerklärliche Unruhe ergriff die Gemeinschaft. Ohne ein Wort zu verlieren, kamen sie überein, dass da etwas nicht stimmte.
Marianne, die Klassenlehrerin entschied lautstark: „Wir müssen nach ihnen sehen“, und ihre Worte fanden sofort auch bei allen

Dorfbewohnern eindeutige Zustimmung. Von der Sorge um ihre Freunde und den geliebten Adler getrieben, durchkämmten sie das umliegende Gelände in kleinen Gruppen. Ihre Schritte waren leise, ihre Augen suchten jeden Winkel ab. Die tiefe Verbundenheit, die sie zu Apollo, Samuel und Matteo empfanden, trieb sie auch etwas außerhalb des Dorfes.
Sie alle standen am Rande der Lichtung und beobachteten, wie sich die beiden Jäger gerade panikartig vor dem Sturzangriff des großen Adlers flach auf den Boden in Deckung warfen. Dann schritten die Dorfbewohner im Halbkreis auf die beiden zu. Apollo war knapp über dem Boden wieder kurz hochgeschwungen, hatte sich nach rechts gewandt und landete direkt am Waldrand.
Samuel und Matteo erkannten, dass sie sich nun in Sicherheit bringen mussten. „Los!", rief der Junge seinem Opa zu. „Hilf Apollo auf. Und ich komm sofort mit der Schubkarre nach. Wir verstecken uns am Mühlengelände."
Sie nutzten die Überraschung durch die Dorfbewohner und liefen hastig entlang des Baches direkt in den Wald. Matteo schob die Schubkarre vor sich her und Samuel lief dicht dahinter. Hinter sich hörten sie die wütenden Schreie der Jäger, die sich jedoch, von den Dorfbewohnern bedroht, nicht weiter an die Verfolgung machten.

In der Mühle angekommen, atmeten die drei tief durch.
„Das war knapp", keuchte Matteo, während er versuchte, seinen Atem zu beruhigen.
Samuel legte eine Hand auf die Schulter seines Enkels. „Du hast mutig gehandelt, Matteo. Dank dir sind wir jetzt in Sicherheit."
„Ja, Matteo, das hast du gut gemacht", wandte sich auch Apollo dem Jungen mit dankbarer Geste eines Flügels zu. „Vielen Dank. Ich hätte schon befürchtet, dass mich die Kerle entführen oder so."
Matteo hatte sich vor den Adler gehockt und blickte ihm direkt in dessen trübe Augen. Mit einer Hand berührte er seine Schulter. „Dir ist aber schon auch klar, dass du es warst, der die beiden Jäger

niedergestreckt hat? Ich hatte halt nur das innere Gefühl, dass wir unbedingt ganz rasch etwas unternehmen müssen."
Inzwischen hatte sich auch Samuel daneben hingekniet und legte seine Hand auf Apollos Rücken. In diesem Moment wurde allen drei intensiv bewusst, dass ihre Bindung stärker war als je zuvor.
Doch die Gefahr war noch nicht gebannt. Ihnen war klar, dass die Jäger nicht so leicht aufgeben würden. Um Apollo dauerhaft zu schützen und die Jäger ein für alle Mal zu vertreiben, müssten sie einen Plan schmieden.
Samuel blickte nachdenklich durch eines der Fenster in die Ferne. „Wir müssen die Dorfbewohner überzeugen, uns zu helfen. Nur gemeinsam können wir die Jäger besiegen."
Matteo nickte seinem Opa zu. Er war entschlossen, seinen gefiederten Freund zu beschützen. Koste es, was es wolle. Die Sonne war bereits vollständig aufgegangen und tauchte die Szene um die Mühle in ein warmes Licht, ein Symbol der Hoffnung für die bevorstehende Herausforderung.

Inzwischen hatten sich die beiden Jäger wieder aufgerafft. Die Dorfbewohner schritten im Halbkreis immer näher auf sie zu und die beiden wandten sich in Panik um. Sie rannten hastig ebenfalls entlang des Bachufers in den Wald. Als sie die Wassermühle vor sich sahen, versteckten sich die beiden hinter einem dicken Baum, um ihre hektische Atmung wieder zu beruhigen. Sie beobachteten die Umgebung der Mühle und hielten nach den drei Flüchtlingen Ausschau. Einer der beiden winkte mit dem Armen in Richtung der Haustür. Dann schritten sie langsam links und rechts hinter dem Baum hervor und näherten sich dem Eingang. Kurz davor blieben sie erstarrt stehen. An beiden Seiten der Mühle standen plötzlich ganz still einige Menschen aus dem Dorf. Und einige von ihnen hatten Tiere neben sich sitzen. Hunde, Katzen, ein Schwein, eine Ziege und auf manchen Schultern saßen sogar einige Vögel. Vollkommen erschrocken drehten sich die beiden Jäger um und fielen sofort noch tiefer in Panik. Vor ihnen hatten sich ebenfalls einige

Dorfbewohner im Halbkreis aufgestellt. Und auch sie waren von Tieren begleitet. Und da standen sogar zwei Rinder zwischen den Menschen. Und sie alle starrten ihnen entgegen. Nach einigen Sekunden schritten alle Tiere aus dem Halbkreis auf die beiden Jäger zu. Die beiden drehten sich wieder um. Auch hier kamen ihnen die Tiere mit langsamen Schritten entgegen. Nun gerieten die beiden in hektische Panik. Sie warfen ihre Umhängetaschen, die Jacken und Hüte zur Seite und liefen hektisch in Richtung des Bachs. Das war der einzig freie Fluchtweg. Mit einem weiten Sprung landeten sie im Wasser und wurden sofort weggeschwemmt. Am Ufer standen alle Tiere und blickten ihnen hinterher.

Epilog

Die Dorfbewohner jubelten und applaudierten, als sie sahen, wie die Tiere gemeinsam die Jäger vertrieben hatten. Samuel und Matteo hatten Apollo mittlerweile aus der Mühle geführt und sie standen im Mittelkreis der Dorfbewohner und deren Tiere.

Von diesem Tag an war der blinde Vogel ein fester Bestandteil des Dorfes und wurde von allen geschätzt, geliebt und unterstützt. Matteo und sein Großvater waren glücklich, dass sie ihrem gefiederten Freund eine Heimat geben konnten. Und sie alle erkannten, dass wahre Freundschaft keine Grenzen kennt.

Simon Kuhlmann

Schwarzblind

Der 1978 blind geborene Simon Kuhlmann machte sein Abitur als Integrationsschüler am Soester Conrad-von-Soest-Gymnasium. Anschließend studierte er in Dortmund Sonderpädagogik und Musik auf Lehramt. Nach Erlangung des Ersten Staatsexamens orientierte er sich jedoch um und verdient sein Geld seit 2009 als Verwaltungsfachangestellter bei der Stadt Königswinter. Daneben ist er als Schriftsteller und Liedermacher tätig. Im April 2022 erschien sein erstes Buch mit dem Titel "Trotz seiner schweren Krankheit: Die Welt aus der Sicht eines Blinden".

Die Geschichte spielt in einer S-Bahn. Gerade steigt ein turtelndes, junges Pärchen ein. Sie führt ihn, er hält einen Blindenstock in der Hand. Sie finden zwei Plätze nebeneinander, auf denen sie jedoch nicht ruhig sitzen bleiben, weil sie sich immer wieder anfassen müssen, und schließlich zieht er sie auf seinen Schoß.
„Was liebst du an mir?", fragt sie jetzt.
„Erst du."
„Na gut, also ich liebe dich überhaupt nicht."
„Was?!", tut er entsetzt.
„Nein, ich liebe die beiden Typen in dir drin; den Ernst und den Schalk."
Er lacht.
„Du bist so ernsthaft. Alles, was du sagst, hat Hand und Fuß, ist durchdacht. Und dann sagst du plötzlich was, von dem man erst denkt, dass es auch ernst gemeint ist, bis man merkt: Moment mal, das war ja witzig. Die anderen Dinge, die ich an dir liebe, kann ich in aller Öffentlichkeit leider nicht aufzählen. So, und jetzt du."
„Ich liebe deine Stimme."
„Die liebt jeder. Sonst noch was?"
„Hey!", macht er und gibt ihr scherzhaft eine Kopfnuss. „Ja, ich liebe auch noch die Streberin in dir, die Einserkandidatin. Du begreifst wahnsinnig schnell die komplexesten Zusammenhänge. Du saugst

Unmengen von Wissen in dich auf, verarbeitest es und das Ergebnis, was dann wieder aus dir rauskommt, ist immer brillant. Und eine Sekunde später schaltest du komplett um und kannst unfassbar albern sein. Dann lässt du dein glockenhelles Lachen erklingen und ich weiß, wie schön du bist."
„Einen Scheiß weißt du. Du siehst mich doch gar nicht. Vielleicht bin ich ja voll hässlich."
„Voll vielleicht, aber nüchtern bist du wunderschön. Glaub mir, ich weiß es einfach."
Sie küssen sich lange.
„Ich weiß auch was", knüpft sie schließlich an das Gespräch an und macht sich von ihm los. „Ich muss jetzt aussteigen."
Er schlägt seine Hände vors Gesicht und weint theatralisch.
„Nicht weinen", säuselt sie beruhigend. „Ich kann dich ja später noch mal anrufen."
„Oh ja bitte, sonst übersteh ich die Nacht nicht."
„Versprochen", sagt sie, gibt ihm einen flüchtigen Kuss und entschwindet durch die Tür, die sich schon wieder schließen will.

Nun ist es still im Wagen. Die feine ältere Dame, welche dem Blinden schon die ganze Zeit gegenüber gesessen hat, genießt es. Die beiden waren sehr laut. Andererseits rührt es sie, dass dieser vom Schicksal gebeutelte junge Mann jemanden gefunden hat. Und das Mädchen ist wirklich wunderschön, was für ihn allerdings völlig irrelevant ist. Er braucht eine Versorgerin und da gönnt sie ihm jede; auch so eine. Aber weiß er, dass sie so eine ist? Hat sie sich ihm beschrieben? Haben seine Eltern es ihm gesagt oder die Erzieher im Heim? Und wenn nicht: Muss sie, die fremde Mitreisende in dieser S-Bahn, es dann nicht tun?
„Entschuldigung, darf ich Sie ansprechen?"
„Ja."
„Ich habe Sie eben beobachtet. Mir geht das Herz auf, wenn ich so ein frischverliebtes Paar sehe. Darf ich fragen, wo Sie sich kennengelernt haben?"

„An der Uni. Wir studieren beide Musik im ersten Semester."
„Oh!"
„Ja, ich studiere Klavier und Flöte, sie auch Klavier und Jazzgesang."
„Das passt."
„Wie meinen Sie das?"
„Naja, es passt zu – ihrem Aussehen. Hat sie sich Ihnen schon mal beschrieben?"
„Tatsächlich noch nicht."
„Wenn Sie möchten, kann ich es tun."
„Nein, das brauchen Sie nicht."
„Naja, ist ja für Sie auch nicht so wichtig. Aber Sie wissen schon, dass sie ...?"
„Was?"
„Also ich weiß gar nicht, wie man das heute noch sagen darf."
„Ach, Sie meinen den Umstand, dass sie schwarz ist. Ja, das ist mir bekannt. Wieso?"

Holger Thomas Lang

Anna

Holger Thomas Lang geboren am 9. Januar 1977, wuchs in Bayerbach an der Rott auf. Schon seit seiner Kindheit faszinierte ihn das Schreiben. Die ersten Geschichten schrieb er bereits in seiner Kindheit und Jugend, sein erstes Buch veröffentlichte er allerdings erst 2012. Er lebt heute mit seiner Katze in Pocking, Nähe Passau. Er ist Mitglied im Schreibzirkel BLAutor.
www.holger-lang.de

Fahrlässig ...
„Ja, Herr Lang."
Die Richterin klingt ernst. Nicht unfreundlich, das war sie die ganze Zeit nicht, aber ernst. Ich bin fix und fertig, das kann ich Ihnen flüstern. Laut sagen würde ich das nicht, die Richterin spricht grad da vorn, aber ...
Wie hat alles angefangen?
Als ich ihre Stimme gehört habe, als Blinder habe ich nichts anderes, naja, fast nichts. Als ich damals ihre Stimme gehört hatte, war ich fasziniert. Sie machte ein Praktikum im Krankenhaus. Es war die Zeit der Visite. Ich war in einer fremden Stadt, war im Zug zusammengebrochen und war schließlich hier gelandet. Visite, das ist ohnehin etwas, was mich grundsätzlich immer ein wenig nervt. Warum? Nun, da stehen zwei, drei, fünf oder zehn Leute um dich herum, wenn sie still sind, weißt du als Blinder nicht mal wie viele, und wenn sie während deiner Krankheitsgeschichte Blicke tauschen, sich zunicken oder abfällig dreinschauen würden, du würdest es nicht sehen. Du kannst dich nicht wehren.
„... nehmen wir Ihnen nochmal Blut ab, ja?"
Der Oberarzt war nett, das möchte ich hier betonen. Er legt mir die Hand auf die Schulter und geht.
Es dauert nicht lange, da betritt eine junge Frau den Raum. Dr. Meier, ein Fließbandname, aber ihre Stimme ist – nein, sie ist Ärztin oder sowas.

„Herr Lang, darf Frau Meier bei Ihnen Blut abnehmen? Sie sollte das lernen und ...“
Ich mag keine Nadeln, aber es hilft nichts. Der Oberarzt würde dabei bleiben. Gut, von mir würde es niemand erfahren.
„Aber stechen Sie vorsichtig.“
„Aber klar.“
Kennen Sie das? Wenn jemand mit einem Lächeln in der Stimme spricht. Es klang himmlisch. Ich wusste, sie würde vorsichtig stechen. Und ich spürte es dann auch kaum.

Bereits am nächsten Tag konnte ich ein paar Schritte auf dem Gang machen. Ich ging am Stationszimmer vorbei.
„... nimm ihn doch mit nach Hause, deinen blonden Jungen“, hörte ich eine Stimme. Es war einer der Assistenzärzte.
„Hey, das ist ...“ Sie verstummte. „Brauchen Sie etwas?“ Die junge Ärztin oder was auch immer, hatte mich angesprochen.
„Nein, nein, alles in Ordnung.“
Sie sah oft nach mir und als ich das Krankenhaus verließ, tauschten wir Telefonnummern aus. Ich möchte dies hier nicht allzu sehr in die Länge ziehen, an einem Sonntag trafen wir uns dann privat. Beinahe sofort fielen wir uns in die Arme.
Sie arbeitete im Krankenhaus, weil sie sonst nicht so recht wusste, was sie anfangen sollte, gestand sie mir. Sie würde eine gute Ärztin oder Schwester werden, dachte ich. An diesem Tag hätte ich ihr alles geglaubt. Sie hatte drei Kinder, aber sie hätte sich von ihrem Mann getrennt, er wäre gewalttätig und hätte sie betrogen. Ich war entsetzt. Gewalttätig? Wer konnte dieser Person das antun? Ich würde sie beschützen, ja, obwohl ich nicht sehen konnte, ich würde sie beschützen.

Mit dem Schutz klappte es nicht sonderlich gut, denn bereits nach kurzer Zeit wurde sie schwanger. Aber ich liebte meine Tochter sehr. Wir hatten ein inniges Verhältnis. Wenn Anna sie hielt, weinte sie oft, bei mir grinste sie oder packte meine Nase oder dergleichen.

Mit Anna selbst ... war es nicht so einfach. Sie ließ sich gehen. Sie arbeitete sowieso nicht mehr, jammerte nur herum und bezahlte ihre Rechnungen nicht. Post türmte sich und das Jugendamt ging bei ihr ein und aus. Schließlich passierte etwas Schreckliches. Ich habe ein Notfallmedikament gegen Krampfanfälle, an denen ich ab und zu leide und meine Tochter erwischte eine Tablette, nachdem Anna ihre Handtasche offen liegengelassen hatte. Glücklicherweise bemerkte ich – nicht mit den Augen –, dass etwas nicht stimmte und rief den Notarzt. Dennoch, es machte kein gutes Bild beim Jugendamt. Sie setzten ihr schließlich immer mehr zu. Irgendwann drohte sie mit Suizid, und ich meldete dies ihrer Sachbearbeiterin.
Anna wurde in eine psychiatrische Klinik eingewiesen, doch sie konnte sich buchstäblich herausreden.
Doch das Jugendamt stellte ihr in Aussicht, wenn sie sich nicht ändern würde, würde ihr das Sorgerecht entzogen werden. Wir stritten bitter, denn ich fand, sie sollte endlich ihren "Arsch" hochkriegen. Ich wurde wohl auch laut, was eigentlich nicht meine Art ist.

An einem Freitag, ich vergesse diesen Tag nie, verließ sie früh das Haus. Anna tat das sonst nie. Sie blieb den ganzen Tag weg. Ich machte mir Sorgen. Gegen fünf Uhr nachmittags, es war Winter und schon dunkel, erschien sie – in Begleitung der Polizei. Sie habe mich angezeigt, Gewalt in der Familie, naja, sie wüssten nicht, was draus wird. Ich war am Boden zerstört.

Die nächsten Monate vergingen langsam und alptraumartig. Immer mehr Vorwürfe tauchten auf. Und schließlich hätte ich auch noch unsere Tochter "ruhigstellen" wollen, weil sie mich "genervt" hätte. Die Sache landete beim Familiengericht. Und so saß ich an einem sonnigen Nachmittag im Gerichtssaal. Die Richterin war sehr zuvorkommend. Sie sah wohl, dass ich am Ende war und versuchte, beruhigend auf mich einzuwirken.
„Sie hat geschrien. Ich habe versucht, sie zu beruhigen." Anna sprach mit tränenerstickter Stimme, das konnte sie, auf die Tränen-

drüse drücken. „Aber ... sie hat nicht aufgehört zu schreien. Er ... er war immer so ungeduldig. Ich solle sie endlich beruhigen. Und ... und ich ... ich ...“ Sie unterbrach sich. „Ich kümmerte mich um die anderen Kinder, nur kurz. Er hat ihr da wohl die Tablette gegeben, also ich hab‘s nicht gesehen, aber naja, sie war im Krankenhaus deswegen und ...“

„Das ist eine Lüge!“

„Ihre Tochter war doch im Krankenhaus, oder nicht?“

„Natürlich. Aber die Sache liegt doch beim Jugendamt. Schauen Sie doch hin.“ Bei mir waren die Tränen echt.

„Nun“, sagte die Sachbearbeiterin des Jugendamts am Ende, „wir können die Sache nicht abschließend klären. Aber Frau Meier gibt sich nun wirklich große Mühe und sie bekommt jede Hilfe, die wir ihr geben können. Und es stehen ja noch Gewaltvorwürfe im Raum.“

„Hat er sich denn sonst um seine Tochter gekümmert?“, fragt die Richterin.

„Ich musste die ganze Arbeit machen. “Sehenden Auges“, wieder das Lächeln in ihrer Stimme, diesmal war es eher ein bösartiges Grinsen unter den Tränen, „sehenden Auges hat er sie stundenlang schreien lassen.“

„Das ist Unsinn. Du hast dich nicht um sie gekümmert!“ Ich war wirklich am Ende.

Wir kamen so nicht weiter. Und schließlich diktiert die Richterin noch etwas in ihr Gerät.

„Ja, Herr Lang. Frau Meier muss natürlich handlungsfähig bleiben. Und bis die Sachen bei Ihnen geklärt sind, werde ich ihr wohl das Sorgerecht für Ihre Tochter zusprechen. Als Blinder könnten Sie sich sowieso nicht allein um Ihre Tochter kümmern. Wenn die anderen Vorwürfe vom Tisch sind, sollten Sie sich allerdings das Sorgerecht zurückholen. Haben Sie das verstanden?“

Nun, die Vorwürfe waren, dank der Justiz, zwei Jahre später vom Tisch. Gut Ding will eben doch Weile haben. Ich war blind verliebt, das gebe ich zu, mehr als in einer Hinsicht. Aber in dunklen

Stunden, da frage ich mich, wie blind ist die Justiz? Und warum ist sie eigentlich blind? Ist es so, weil sie nicht sehen kann ... oder nicht sehen möchte?

Das Sorgerecht habe ich nicht wieder. Aber ich höre ab und zu von meiner Tochter, also – nicht von ihr selbst, aber von den Behörden, wenn sie ihre Zahlungsaufforderungen schicken, weil Anna nunmehr in einer Einrichtung ist und die "Jugendhilfe" für das Kind 2000 Euro kosten würde, pro Monat, und ich mich beteiligen sollte. Aber das Sorgerecht, das habe ich nicht wieder. Aber vielleicht mahlen die Mühlen der Justiz ja besonders langsam, das kann natürlich durchaus sein. Allerdings ... an Eidesstatt würde ich dies nicht beschwören.

Mara Lerner

Echte Bffs

*Mara Lerner wurde 2013 in Rot/Ellwangen geboren.
Sie besucht seit 2020 die Grundschule Ellwangen/Dietmanns.
Sie schreibt gerne Geschichten und ist Mitglied im literarischen Arbeitskreis BLAutor.*

„Lilly, aufstehen“, schwebte Mamas Stimme zart in Lillys Ohren.
Sie setzte sich auf.
„Beeil dich, die Schule geht gleich los.“ Mama lächelte sie an.
Gähnend stieg Lilly aus dem Bett und machte sich fertig. Als sie unten stand, zog sie sich ihre Jeansjacke an, setzte ihren blauen Helm auf und radelte mit ihrem Schulrucksack auf dem Rücken los. Da vibrierte etwas. Das Mädchen zückte ihr Smartphone und nahm an. Es war ein Videoanruf von ihrer besten Freundin Dana. Die anderen zwei im Bunde, Ella und Klarissa, waren im Hintergrund zu sehen. Lilly hielt die Kamera auf sich, sodass die Mädchen sahen, dass sie einhändig fuhr.
„Hey, Sweety“, flötete Dana.
„Guten Morgen. Was ist?“, wollte Lilly wissen.
„Nichts. Es ist nur ...“, setzte Dana an, doch da wurde sie von Klarissa unterbrochen: „Dana hat sich verliebt.“
„Echt? In wen?“, sprudelten die Fragen aus Lilly heraus.
„In Marc“, grinste nun auch Ella in die Kamera.
„Der aus der 11b?“ Fragend legte Lilly den Kopf schief.
Dana nickte: „Genau der. Der ist doch super heiß.“
Dann legten sie auf.

Als Lilly mit quietschenden Reifen auf dem Schulhof hielt und das Fahrrad in den Fahrradständer schob, sah sie schon ihre Freundinnen. Schnell beeilte Lilly sich, ihren Helm an den Lenker zu hängen

und klatschte sich mit ihren Freundinnen ab. Es klingelte und zusammen schlenderten sie ins Schulgebäude.
Endlich war Pause. Die vier Mädels setzten sich auf eine Mauer etwas abseits von den anderen. Ella hielt ein Klemmbrett mit Papieren in den Händen und auf Klarissas Schoß lag ein Tablet.
„Und, alles fertig?“, fragte Dana.
Ella blätterte kurz in den Papieren auf ihrem Klemmbrett. Dann nickte sie.
„Alles gecheckt“, bestätigte sie.
Lilly hob den Daumen. Mit dem Finger zeichnete Klarissa den Grundriss der Turnhalle auf ihr Tablet. Sie planten nämlich eine Schülerparty, die am übernächsten Tag steigen sollte. Sie würde in der Turnhalle stattfinden. Die Party war für Klarissa geplant. Sie hatte nämlich übermorgen Geburtstag. Dann malte sie Tische, Stühle und eine Bühne dazu.
„Über der Bühne können wir die Discokugel aufhängen“, schlug Ella vor, die für die Dinge zuständig war, die besorgt werden mussten.
„Gute Idee“, lächelte Dana.
Klarissa zeichnete alles mit, was sie besprachen.
Plötzlich entdeckte Dana etwas. Besser gesagt, jemanden. Sie sprang von der Mauer, realisierte dabei gar nicht, dass sie Klarissa auf den Boden stieß und hastete davon. Wie eine Frisbee-Scheibe fing Lilly das Tablet auf. Ella half währenddessen Klarissa hoch.
„Alles ok?“, fragte sie.
Klarissa nickte. Ihr Knie blutete. Lilly beobachtete währenddessen Dana, die einem Jungen mit wuscheligen, braunen Locken hinterher gerannt war. Es war natürlich Marc. Der Junge aus der 11b.
„Was is’n mit der los?“, fragte sich Klarissa, als sie sich mit dem Tablet auf den Oberschenkeln wieder auf die Mauer gesetzt hatte.
„Verliebt bis über beide Ohren“, diagnostizierte Lilly mit Kennerblick. Sie war die Einzige, die mit fünfzehn schon fünf feste Freunde hatte.

Am nächsten Morgen trafen sich die Freundinnen vor dem Stadtbrunnen auf dem Marktplatz. Sie spazierten los.
„Ich hab schon das ganze Essen vorbereitet", erzählte Lilly.
„Und es macht dir immer noch nichts aus, dass du deine Party mitorganisierst?", bedachte Dana Klarissa mit einem besorgten Blick.
„Klar."
Beschämt blickte Dana auf das Pflaster, dass auf Klarissas Knie klebte. Es guckte unter ihrem fliederfarbenen Sommerrock hervor.
„Das tut mir leid", deutete sie auf das Pflaster, „aber da war Marc."
Sie blickte verträumt herum, da rannte sie los.
Ohne, dass Dana es bemerkte, warf sie ein Kindergartenkind um, brachte einen Fahrradfahrer zum Umfallen und schupste eine alte Dame in den Stand eines jungen Mannes, der Tomaten und andere Gemüse- und Obstsorten verkaufte. Die Tomaten platzten und das schöne Kleid von der Frau hatte rote Spritzer. Während das Mädchen Marc durch die Gassen folgte, gab Ella dem kleinen Kindergartenkind die Hand und half ihm hoch. Es lächelte sie an. Klarissa stellte das Fahrrad wieder auf und gab dem Fahrradfahrer ein Pflaster. Lilly machte ihr Taschentuch im Brunnen nass und gab es der alten Frau.
„Danke. Du bist ein liebes Kind", bedankte sie sich.
Lilly lächelte artig. Dann rannten sie ihrer Freundin hinterher. Sie hatte inzwischen Marc eingeholt und lief neben ihm her.
„Also, ich bin ja gerade Single", säuselte Dana.
„Aha", sagte Marc uninteressiert.
Da entdeckte Marc etwas und ließ Dana stehen. Sie grinste breit.
„Sag mal, bist du bescheuert? Das Kindergartenkind hätte sich verletzen können, der Fahrradfahrer hätte sich was brechen können und die Dame hätte sich ebenso verletzen können. Und das nur, weil du deinem Marc hinterherrennen musstest!", rief Klarissa aufgebracht.
„Ey, sorry. Das hab ..."
„... hast du nicht gesehen. Ich weiß. Schon klar", meckerte Ella.
Dann ließen sie sie stehen.

Den restlichen Schultag sprachen die vier kein Wort mehr miteinander. Dana konnte sowieso nur an Marc denken und die anderen waren sauer auf sie. Auf dem Heimweg ließen sie Dana wieder stehen. Sie rannte sowieso gleich wieder zu Marc. Klar, sie war hübsch mit ihren langen, braunen Haaren und den blauen Augen, aber Marc war der beliebteste Junge in der Schule. Außerdem war er auch der schnellste Junge. Deswegen lief Dana heute allein nach Hause und machte ihr Geschenk fertig, dass sie Marc morgen geben wollte. Das Mädchen verpackte es in dem schönsten Geschenkpapier und steckte es in eine Geschenktüte, die mit einer Schleife zugebunden wurde. Dana tat noch eine Flasche Limonade dazu und stellte die Tüte bereit. Sie würde mit Marc zusammenkommen, da war sie ganz sicher.

Am nächsten Tag trafen alle an der Turnhalle ein. Es war Samstag und alle waren happy. Dana traf mit der Tüte ein. Gespannt starrte Klarissa darauf, doch Dana ging schnurstracks an ihr vorbei zu Marc. Sie wechselte ein paar Worte mit ihm und gab dem Jungen danach die Tüte. Dann folgte sie Marc hinein.

Später begegneten sich Klarissa und Dana auf der Toilette. Die Mädchen begrüßten sich.
„Warum sind wir eigentlich da?" Dana trocknete ihre Hände mit einem Papiertuch ab.
Tränen traten in Klarissas Augen.
„Ich habe Geburtstag", schniefte sie.
„Aha. Gut zu wissen", erwiderte Dana.
Sie hatte gar nicht zugehört. Ihre Gedanken waren nur bei Marc. Klarissa rannte in eine Kabine. Die Traurigkeit darüber, dass ihre beste Freundin ihren Geburtstag vergessen hatte, überschwappte das Mädchen. Währenddessen malte Dana verträumt mit rotem Lippenstift Marcs Gesicht an den Spiegel über dem Waschbecken. Dann gab sie dem Bild einen Kuss auf die Lippen.

„Ach. Ich wünschte, es wäre kein Lippenstift, sondern der echte Marc“, säuselte sie.
Nun packte sie die Schminke ein und verließ die Toilette, um weiter Marc zu verfolgen und ihn anzuhimmeln.
„Sag mal, Ella, weißt du, wo Klarissa steckt?“, erkundigte sich Lilly bei ihrer Freundin.
Ella zuckte mit den Schultern.
Sie sagte: „Keine Ahnung. Vielleicht weiß Dana es. Hast du die schon gefragt?“
„Klar. Falls sie mir überhaupt zugehört hat. Dana klebt regelrecht an Marc. Die ist verknallt bis über beide Ohren und noch weiter.“
Lilly verdrehte grinsend die Augen.
Ella zeigte einen Daumen hoch und nickte: „Jepp. Da hast du recht. Aber Marc nicht.“
„Oh, sorry. Ich muss aufs Klo“, warf Lilly dazwischen.
„Klar.“
Lilly stürmte in die Toilette und in die nächstbeste, freie Kabine. Da hörte Lilly ein Weinen von nebenan. Sie blickte unter der Wand hindurch und entdeckte Klarissa. Lilly klopfte an Klarissas Kabine.
„Klarissa. Warum weinst du?“, fragte Lilly.
„Lilly?“
„Warum weinst du?“
„Ach, es ist wegen Dana.“
„Was ist mit ihr?“
„Sie, sie, sie hat vor lauter “Marc-Hinterherrennen“ vergessen, dass ich heute Geburtstag hab.“
„Echt?“
„Mhm.“
Sie traten beide gleichzeitig aus den Toilettenkabinen. Lilly reichte ihrer Freundin ein Taschentuch aus ihrer Umhängetasche. Dann zog sie ein Armband hervor. Es war aus einem weißen Band gefertigt, das mit blauen, altrosafarbenen und durchsichtigen Perlen, in deren Innerem Glitzer “schwamm“ verziert war. Außerdem waren daran goldene Glitzersteine befestigt.

„Hier. Hab ganz vergessen dir das zu geben", streifte Lilly Klarissa das Armband über das Handgelenk.
„Danke. Es ist unglaublich und wunderschön", bestaunte Klarissa den Schmuck an ihrer Hand.
„Hab ich selbstgemacht", lächelte Lilly, „und jetzt hab noch eine schöne Party."
Sie umarmte ihre Freundin.
„Danke", bedankte sich Klarissa, „danke, dass du meine Freundin bist."

Am nächsten Morgen saß Dana mit rotverquollenen Augen im Klassenzimmer. Heimlich schrieb sie unter dem Tisch eine Nachricht in ihre Gruppe "BFFs".
Sie lautete: „Hi, Leute, können wir uns heute Mittag um 15:00 Uhr an der Mondbucht treffen? Ich muss mit euch reden."
Wenig später kamen ein "Daumenhoch-Emoji", ein "Daumen-hoch-Zeichen" und ein grinsender Smiley.

Um 15:00 Uhr kamen alle an der Mondbucht an. Diese Bucht war geheim. Es war ihr Treffpunkt. An dieser Stelle des Strandes war ein mondförmiger See. Die Mädchen setzten sich auf die Bank, die am Ufer stand. Dana brach in Tränen aus.
„Es tut mir so leid."
„Ach, auf einmal?", bohrte Ella nach.
„Ich, ich hab Marc gesehen", stotterte Dana.
„Na und. Das ist doch nichts Besonderes mehr. Du rennst ihm doch nur noch hinterher", stichelte Ella.
„Ella, lass sie", beruhigte Klarissa ihre Freundin.
„Mit einem Mädchen", fuhr Dana fort, „mit Frida aus unserer Parallelklasse, der 10c. Sie haben sich geküsst. Ich hab Marc darauf angesprochen. Er hat gesagt, dass er mit Frida zusammen ist. Bitte. Es tut mir wirklich leid."
„Okay", bestätigten die anderen drei im Einklang.

Sie lagen sich mit Tränen in den Augen in den Armen und wussten: Solche Freundinnen wie sie gab es nur einmal auf der ganzen Welt – echte BFFs.

Thomas Löffler

Reisebekanntschaft

1962 erblickte Thomas Löffler das Licht der Welt. Als Geburtsblinder kam er 1967 in ein Internat, das er für zwei Jahre Kindergarten, anschließend 10 Jahre Blindenschule und zuletzt zwei Jahre Berufsausbildung zum Klavierstimmer besuchte. Nach Hause zurückgekehrt, übte er diesen Beruf als Freischaffender bis 1985 aus. Und übernahm in den darauffolgenden Jahren eine Stelle als Telefonist in einer diakonischen Einrichtung für geistig Behinderte.
Während der Schul- und Ausbildungszeit engagierte sich Thomas Löffler in der Kirche. Unter anderem im Leitungsteam der jungen Gemeinde.
Auch im Heimatort arbeitete er in verschiedenen Gremien der Kirchgemeinde mit.
1990 wurde Thomas Löffler als Abgeordneter in die Gemeindevertretung des Ortes gewählt.
Seinen ersten Blindenführhund bekam er 1999 und arbeitete bis 2015 in verschiedenen Arbeitskreisen der Führhundhalter und seit einigen Jahren auch im Blindenverband mit.
Dem Arbeitskreis blinder Autoren (BLAutor) gehört Thomas Löffler seit Anfang 2023 an.
Seit 2013 wurden von ihm neben einer Trilogie zwei Kinderbücher und mehrere Kurzgeschichten veröffentlicht.
Jetzt wohnt Thomas Löffler in Marburg (Mittelhessen)

Von seiner Umsteigehilfe unterstützt stieg Frank auf Gleis 3 in den Zug.
„Ich suche jemanden vom Personal!", rief ihm die Dame vom roten Kreuz hinterher.
Mit seinem weißen Langstock tastete sich der blinde Mann ins Wagen Innere. Schnell spürte er, dass es sich um einen Abteilwagen handelte. Das erschwerte die Suche nach einem freien Sitzplatz. In diesem Fall blieb ihm nichts anderes übrig, als auf das Personal, bzw. einen hilfsbereiten Fahrgast zu hoffen.

„Ich finde keinen Zugbegleiter!“, rief die Umsteigehilfe von draußen. „Leider kann ich Ihnen auch nicht weiterhelfen. Der Zug fährt gleich ab.“
Wie zur Bestätigung schlossen sich die Türen. Augenblicklich setzte sich der Zug in Bewegung.
Auf sich allein gestellt, blieb Frank nichts anderes übrig, als selbstständig einen Platz zu suchen. Er fragte in drei Abteilen, musste aber feststellen, dass alle besetzt waren. Erst das vierte Abteil schien leer zu sein. Nach nochmaligem Rufen hörte er eine weibliche Stimme. „Entschuldigung, ich habe Sie gar nicht bemerkt. Ich bin die Einzige in diesem Abteil.“
Frank zog die Schiebetür ganz auf.
„In diesem Zug sparen die das Personal ein“, ergänzte die Frau am Fenster. „Setzen Sie sich irgendwo hin. Hier ist genug Platz.“
Frank stellte sich auf eine unterhaltsame Fahrt ein. Seine Mitfahrerin schien sehr gesprächig zu sein. Der Mp3-Player und das iPhone konnten also in der Tasche bleiben.
„Es wird überall eingespart“, antwortete er. Irgendetwas musste man ja sagen, sonst bestand vielleicht die Gefahr, dass die Frau in einen Monolog verfiel. Das wäre noch schlimmer als ein unendlicher Small Talk.
„Ich bewundere Sie“, sagte sie lächelnd.
„Wie meinen Sie das?“
„Fahren Sie immer ohne Begleitung?“
„Meistens.“
„Ist das nicht schwierig? Ich kann mir das schwer vorstellen, als Blinder allein zurecht zu kommen.“
„Das kann man lernen.“
Er empfand den Gesprächsverlauf als öde. Gab es wirklich keine anderen Themen? Eigentlich schien seine Mitfahrerin ganz nett zu sein. Wenn sie nur nicht so viel reden würde. Frank dachte an seinen Mp3-Player und das spannende Hörbuch. Allerdings würde er mit Kopfhörer die Frau nicht mehr hören. Das wollte Frank auch nicht.

„Wo fahren Sie hin?“, versuchte er das Gespräch in eine andere Richtung zu lenken.
„Nach Obersdorf.“
Frank lächelte. „Das ist auch meine Richtung. Ich wohne dort.“
„So ein Zufall! Der Ort ist ja sehr klein. Vielleicht wohnen wir sogar in derselben Straße.“
„Warum eigentlich nicht?“, fragte sich Frank.
„Ich kann Ihnen auch beim Aussteigen helfen.“
„Das wäre nett.“
Nach einigen Stationen waren sie am Ziel.
„Schade, dass wir schon da sind“, meinte Frank. Zu Beginn der Fahrt war ihm diese Frau auf die Nerven gegangen. Jetzt fand er es bedauerlich, sie vielleicht nicht mehr treffen zu können.
„Wir wohnen tatsächlich im selben Ort. Wenn Sie mögen, können wir uns wiedersehen.“ Sie hielt erschrocken inne. „Ist das Wort “wiedersehen“ gegenüber einem Blinden unpassend?“
„Nein, das sagen wir Blinden auch zueinander. Ich würde mich über ein Treffen sehr freuen.“ Kurz entschlossen griff Frank in seine Jackentasche und brachte eine Visitenkarte zum Vorschein. „Wenn es Ihnen recht ist, können wir in Verbindung bleiben.“
„Ich würde mich sehr darüber freuen“, erwiderte seine Begleiterin. Sie schaute auf die Karte, las Franks Nachnamen und Adresse. „Herr Lichtenstein, Sie wohnen wirklich in meiner Nähe.“
„Das ist ein Zufall. Normalerweise glaube ich nicht an Zufälle.“ Er hakte sich bei seiner Reisebekanntschaft ein.
Vorsichtig führte sie ihn. Dabei drückte sie seinen Arm krampfhaft fest an ihren Körper.
„Entschuldigung, ich habe noch nie einen Blinden geführt. Sagen Sie bitte, wenn ich etwas falsch mache.“
„Vielleicht ist es nicht das letzte Mal. Auf der Karte steht ja meine Adresse."
„Ist das eine Einladung?“
„Ja, Ich würde mich sehr freuen.“

„Übrigens, ich heiße Silvia. Die Fahrt mit Ihnen hat mir sehr gefallen. Sie sind der erste Blinde, den ich kennengelernt habe. Ich danke Ihnen für Ihre Gesellschaft. Das war bestimmt nicht das letzte Mal."
Vor seinem Haus verabschiedeten sich beide mit herzlichem Händedruck.

In der Wohnung angekommen, dachte Frank über die letzten Stunden nach. Was wird sie gerade tun? Zu Beginn der Fahrt hatte er sich von ihr genervt gefühlt. Jetzt sehnte er sich sogar nach ihrer Gegenwart. Sehnsüchtig sah er Richtung Telefon. In Gedanken malte er sich aus, wie sie zum Hörer greift und mit zittrigen Fingern seine Nummer wählt.
In den nächsten Tagen wich die Sehnsucht einer Enttäuschung. Es war wohl nur eine flüchtige Reisebekanntschaft. Warum sollte gerade Silvia sich auf einen Blinden einlassen? Die Visitenkarte hatte sicher schon den Weg in den Papierkorb gefunden. Oft wurden Adressen und Telefonnummern ausgetauscht. Genauso oft wurden flüchtig auf Zigarettenschachteln, den Rückseiten von ungültigen Fahrkarten oder Bierdeckeln gekritzelte Kontaktdaten weggeworfen oder gingen verloren.

Einmal traf Frank diese Silvia im Supermarkt um die Ecke. Nach einem kurzen Small Talk und dem Versprechen bestimmt bald zu telefonieren, ging jeder wieder seiner Wege.
Im Laufe der nächsten Tage griff Frank mehrere Male zum Handy, um entgangene Nachrichten oder Anrufe zu überprüfen. Langsam kam er zu der Überzeugung, dass die Dame wirklich nur eine flüchtige Begegnung gewesen war und sich zudem einen Spaß mit ihm gemacht hatte. Letzteres hatte er wiederholt mit anderen Menschen erlebt. Er versuchte, sich die Frau aus dem Kopf zu schlagen. Hatte er sich etwa schon verliebt? Ach was! Bestimmt nicht in diese Silvia.

Doch auch Silvia ging dieser Frank nicht aus dem Kopf. Bei dem kurzen Treffen im Supermarkt war er ihr sehr einsilbig vorgekommen. Anfangs hatte sie erwogen, ihm beim Einkaufen behilflich zu sein, wollte aber nicht aufdringlich wirken. Ihre Gedanken drehten sich immer mehr um Frank. War sie dabei, sich in ihn zu verlieben? Er war doch nur ein Mann von vielen, die man Tag ein und aus in den Zügen traf. Sie hatte seine Visitenkarte, damit seine Telefonnummer und die Adresse.

Nach einer Woche voller Zweifel stand sie in der Nacht auf, ging in den Flur und holte die Visitenkarte aus der Jackentasche. Das Papier schien wie eine Aufforderung zum Handeln.
„Was soll's?", sagte sie zu ihrem Spiegelbild. „Ein Versuch ist es wert." Endlich griff sie zum Handy. Zögernd gab Silvia Franks Telefonnummer ein. Es war gegen drei Uhr nachts. Er würde sich garantiert über einen Anruf zu so später Stunde ärgern. Frustriert ließ sie das Handy auf den Tisch sinken.

Übermüdet stand Frank in einer langen Schlange beim Bäcker.
„Es sind noch 5 Kunden vor uns", erklärte jemand vor ihm. „Ich gebe Ihnen Bescheid, wenn es weitergeht." Endlich kam Frank dran. Man kannte ihn schon. Seine Brötchen lagen in einer Papiertüte bereit.
Auch Silvia trat aus dem Haus und ging den kurzen Weg zum Bäcker. Plötzlich vernahm sie nicht weit vor sich leises Schleifen und Klappern. Frank kam um eine Ecke, bewegte seinen weißen Langstock auf dem Boden hin und her.
„Hallo? Herr Lichtenstein?"
Frank hörte jemanden seinen Namen rufen. Überrascht blieb er stehen und horchte. Im nächsten Augenblick eilte jemand auf ihn zu.
„Wissen Sie, wer ich bin?", fragte eine Frauenstimme.
Typisch, dachte Frank, den Sehenden fallen auch keine anderen Fragen zur Begrüßung ein.

Er sagte belustigt: „Das weiß ich, werde es Ihnen aber nicht verraten."
„Ich bin Silvia, Ihre Reisebekanntschaft."
Frank dachte an seine drei Brötchen und dass die für zwei Esser nicht reichen würden.
„Ich mache Ihnen einen Vorschlag", sagte Silvia, „ich gehe jetzt zum Bäcker einkaufen und lade Sie zum Frühstück bei mir ein."
Später saßen sich beide in Silvias Wohnung gegenüber.
Lange Zeit war es still im Raum.
Schließlich brach Silvia das Schweigen: „Ich hätte dich heute Nacht beinahe angerufen."
„In der letzten Zeit waren auch meine Gedanken oft bei dir."
Wieder war es still.
Silvia fragte sich, wie sie Frank zeigen könnte, dass sie für ihn mehr empfindet. Was auch immer sie mit Augenkontakt oder Körpersprache signalisieren wollte, ihr Gegenüber reagierte nicht. Sie war enttäuscht.
„Über irgendwas denkst du nach?", stellte Frank fest.
„Ich ... ich möchte mich dir ohne viele Worte gern mitteilen. Wie macht ihr Blinden das?"
„Du hast recht. Mir fehlt der Augenkontakt. Ich selbst leide sehr darunter."
„Frank, ich möchte dir einfach zeigen, was ich in diesem Augenblick fühle. Mit Worten geht es aber nicht."
Frank dachte nach. Silvia traf den Nagel auf den Kopf. Was sie sagte, schien eines der größten Probleme zwischen Blinden und Sehenden, die sich näherkommen wollen, zu sein. Er musste über seinen Schatten springen und den Anfang wagen. Wenn es schiefging, blieb immer noch die Flucht. Er stand auf, umrundete den Tisch und setzte sich neben sie.
„Kann es sein, dass wir das Gleiche denken?", fragte er und nahm Silvias Hand.

„Vielleicht. Ich habe die ganze Woche an dich gedacht. Wir wohnen so nah zusammen und sind uns nur einmal kurz im Supermarkt begegnet."
„Mir ging es ähnlich. Ich hatte weder deine Telefonnummer, noch kannte ich deine Adresse. Daher konntest du für mich nur eine flüchtige Reisebekanntschaft bleiben."
„Was bin ich jetzt für dich?"
Frank zögerte: „Ich ... Ich habe die letzten Tage auf einen Anruf gehofft. Als keiner kam, dachte ich, dass du als eine Sehende meine Gefühle nicht erwidern würdest. Vielleicht sollte es auch nur ein Spiel sein."
„Wie kommst du auf diesen Gedanken?"
Frank überging Silvias Frage. „Du bist für mich mehr als eine Reisebekanntschaft. Gefühle kann man nicht steuern. Ich ... ich habe mich in dich verliebt."
„Trotz dem ich eine Sehende bin? Ich arbeite mit Behinderten. Mit der Zeit habe ich gelernt, in das Innere des Menschen zu schauen. Ich möchte dich so nehmen, wie du bist. Wir können doch die Unterschiede der Sinneswahrnehmung zurückstellen und unsere Gefühle zulassen. Ich bin dabei, mich in dich zu verlieben. Du bedeutest mir schon jetzt als Mensch sehr viel. Wenn wir aufeinander zugehen und uns in der Mitte treffen, wird das Äußere kaum noch eine Rolle spielen."
„Du scheinst dich auch schnell zu verlieben", stellte Frank fest.
„Sagtest du nicht, dass man Gefühle nicht steuern kann? Ich kann mich auch schnell in jemanden verlieben. Ganz bestimmt ist es kein Zufall, dass wir uns kennengelernt haben und sogar in derselben Straße wohnen. Bestimmt fiel ich dir während der Fahrt mit meinem Geplapper auf die Nerven."
„Anfangs vielleicht – dennoch hast du mir die letzte Woche gefehlt."
„Welche Vorstellung hast du von mir? Auf welche Weise bekommen Blinde mit, wie ihr Gegenüber aussieht?"
Frank schmunzelte: „Die Frage musste kommen. Ich weiß von dir mehr, als du denkst. Während du mich geführt hast, spürte ich

mehr von deinem Körper, als du denkst. Auch über die Hände kann man viel erfahren."
„Möchtest du fühlen, wie ich aussehe?"
„Ist es dir denn wirklich recht, wenn ich dich einfach mal so betaste?"
Silvia sagte eine Weile nichts. Vorsichtig antwortete sie schließlich: „Im Zug wäre es mir schon unangenehm gewesen. Dort war ich ja noch eine Fremde für dich."
„Genau das meine ich", stimmte Frank zu. „Zwischen einander sehen oder sich gegenseitig abtasten, ist ein großer Unterschied."
„Wie konntest du dich in mich verlieben, wenn du nicht weißt, wie ich aussehe? Außerdem ist es dir gegenüber unfair. Ich habe schon im Zug viel von dir gesehen. Du hingegen musstest dich auf das verlassen, was meine Hände dir sagen und das, was du beim Führen von mir bemerkt hast. Da ich dich sehe, möchte ich auch, dass du weißt, wie ich aussehe."
Frank wurde die Fragerei unangenehm. Natürlich wollte er wissen, wie Silvia aussieht und wie sie sich anfühlt. Wie würde Silvia reagieren, wenn er anfing, sie von oben bis unten abzutasten? Andererseits bot sie ihm das ja an.
Silvia war in diesem Moment ebenfalls verunsichert. Sie kannte nur Männer, die sie mit Blicken auszogen. Diese Situation hier und jetzt war anders. Selbst schien sie sich bereits durch ihre dummen Fragen auszuziehen.
Frank rückte näher und nahm sie in die Arme. Die Vorstellung, dass er sie wie ein Ermittler von oben bis unten abtasten würde, ängstigte sie. Doch ihr anfängliches Unbehagen verwandelte sich rasch in ein Verlangen nach sehr viel Nähe. Alles wich einem Hier und Jetzt. Diese Erfahrung mit Frank war neu. Bei früheren Begegnungen war es immer gleich zur Sache gegangen und mehr nicht. Mit diesem Mann schien alles anders zu sein. Seine Sehbehinderung war ihr völlig egal. Seine zärtliche Art vertrieb alle Vorurteile und Unsicherheiten.
Frank nahm sie in seine Arme.

„Endlich!“, hauchte sie und schmiegte sich fest an ihn.
Seine Finger strichen gefühlvoll über ihren Rücken. Dabei spürte er ihren schlanken Körper. Sie trug langes dichtes Haar.
„Ich bin so glücklich, dass du bei mir bist“, flüsterte Silvia. „Halt' mich fest und lass mich nie wieder los.“

Monika Lorenz

Tiefbraune Augen

Monika Lorenz ist gelernte Rechtsanwalts- und Notariatsgehilfin und hat als Sachbearbeiterin bei verschiedenen Stadtverwaltungen gearbeitet.
Sie ist verheiratet und hat einen erwachsenen Sohn.
Sie lebt in der Nähe von Stuttgart.
Seit Kindertagen liebt sie Bücher und liest sehr viel.
Ihre zweite große Leidenschaft ist das Reisen. Im Laufe ihres Lebens hat sie viele Länder und Kulturen kennengelernt.
Im Ruhestand machte sie eine Tanzausbildung im EDP und lernte Aquarellmalen.
Durch die Kriegsereignisse in der Ukraine begann sie wieder mit dem Schreiben.
Seit Sommer 2022 ist sie Mitglied bei BLAutor.
In mehreren Anthologien sind Texte von ihr veröffentlicht.
Im OVZ/Radio BLINDzeln hat sie Sendungen mit eigenen Texten zu den Themen „Reisen" sowie „Erinnerungen an den zweiten Weltkrieg" veranstaltet und trägt auch regelmäßig Texte anderer AutorInnen vor.

Die Anreise zu einem Seminar ist für mich mit meiner starken Seheinschränkung, ich habe RP und nur noch einen kleinen Sehrest (Tunnelblick), immer etwas stressig. Doch diesmal war ich gut angekommen. Am Bahnhof half mir ein netter junger Mann, damit ich mit meinem Langstock und dem Koffer den Weg zu den Taxen fand. Durch meinen Langstock hatte er gleich mein Sehproblem erkannt und geleitete mich freundlich über die belebte Straße zu den auf der anderen Seite wartenden Taxen. Er nahm sich sogar noch die Zeit, den Kofferraum zu öffnen und meinen Koffer hineinzuheben, damit ich auch sicher, ohne irgendetwas zu vergessen, in meinem Seminarhaus ankäme. Der Taxifahrer lächelte nur dazu. So eine freundliche und sich Zeit nehmende Hilfe bekomme ich als Seheingeschränkte nicht immer. Daher kam ich entspannt und gut gelaunt im Seminarhaus an. Nach Einchecken, Zimmer beziehen, sich etwas einrichten, suchte und fand ich den Weg zum Seminarraum.

Fröhlich gestimmt öffnete ich die Tür zu dem großen Raum und wollte eintreten. Abrupt blieb ich stehen. Von der anderen Seite des Raumes blickten mich zwei tiefbraune, warmherzig blickende Augen unverwandt an. Ganz gebannt konnte ich mich von diesem Anblick, diesen wunderbaren braunen Augen nicht lösen. Was war das nur, das mich so zu diesen Augen hinzog? Doch auch sie ließen meine Augen nicht los, schauten weiter unverwandt zu mir. Ich versperrte den Eingang. Riss mich für einen Moment von diesen schönen braunen Augen los, trat ein und suchte mir einen Platz dicht neben diesen mich so fesselnden Augen. Sie folgten mir mit ihrem Blick. Ich konnte gar nicht anders, als den Kopf mit diesen tiefgründigen Augen zu berühren.
Doch da hatte ich einen großen Fehler begangen. Sofort wurde ich von dem Mann an der Seite dieser wunderbaren Augen scharf angeraunzt.
„Das ist ein Blindenführhund und kein Kuscheltier. Er ist in seinem ersten Jahr bei mir und muss sich noch eingewöhnen. Niemand außer mir darf ihn berühren. Er muss sich erst ganz an mich gewöhnen."
Tja, da saß ich nun. Voller Liebe zu diesen wunderschönen tiefbraunen Augen und überhaupt zu dem ganzen Tier, das dazu gehörte. Trotz des Anschnauzers konnte ich meinen Blick nicht von diesem schönen Tier lassen. Ich hatte mich ganz einfach sofort in ihn verliebt. Zuerst in diese sprechenden Augen und dann in den ganzen Hund. Es zuckte zwar wieder und wieder in meiner Hand, doch ich konnte mich beherrschen und streichelte ihn nicht mehr. Doch lassen konnte ich von ihm nicht. Meine Augen wanderten wieder und wieder zu ihm hinunter und immer wieder trafen sich unsere Blicke und wir versanken in einen intensiven Blickkontakt. Unglaublich sprechend war sein Ausdruck. Ich denke, über diesen Augenkontakt lief eine ganze Menge an Sympathie hin und her. Scheinbar mochte er mich ebenfalls. Irgendetwas lief da zwischen uns. Denn, wann immer ich ihn auch anschaute, er schaute immer zurück und hielt meinen Blick. Es fiel mir nicht leicht, in der Pause nicht zu ihm

zu gehen, sondern ein wenig Abstand zu halten. Doch so oft wir aufeinandertrafen, verhakten sich unsere Blicke ineinander. Gibt es so etwas, Liebe auf den ersten Blick zwischen Mensch und Hund?

Ein Jahr war vergangen und wieder war ein Seminar angesetzt. Das Erlebnis des vergangenen Seminars hatte ich längst vergessen. Kontakt zu Mann und Hund hatte ich in dem vergangenen Jahr auch nicht gehabt, da die beiden weit entfernt von meinem Wohnort lebten. So waren die tiefbraunen, warmherzig blickenden Augen in den Hintergrund meiner Gedanken gerutscht.
Der erste Seminartag war also gekommen. Einchecken, Zimmer beziehen, sich einrichten und den Weg zum diesjährigen Seminarraum zu finden, verlief reibungslos.
Wieder stand ich vor der Tür des Seminarraums, ganz in andere Gedanken versunken. Ich drückte den Griff der Tür herunter, langsam öffnete sich die Tür, gab den Blick in den großen Raum frei und ... Wie der Blitz traf mich wieder der Blick von zwei tiefbraunen, fast lächelnden Augen. Er war es! Mein Schöner! Er lag am Boden, schwanzwedelnd, als er mich erblickte. Die Augen hatten wirklich den Schimmer eines Lächelns in sich, zumindest sah es für mich so aus. Der ganze Hund war ein Ausdruck der Freude, als er mich sah. Er hatte mich auf Anhieb erkannt – und das nach so langer Zeit! Der Mann, dem er gehörte, den kannte ich schon lange, lächelte dieses Mal auch. Dann sagte er den erlösenden Satz: „Jetzt kannst du."
Und wie der Blitz sprang das schöne Tier auf mich zu, umkreiste mich, wedelte so stark gegen meine Beine, dass es fast wehtat, und zeigte seine Freude, mich zu sehen, so offen und direkt. Es war unglaublich. Und da nun auch ich durfte, streichelte ich diesen schönen Kopf mit seinen so intensiv blickenden, mich tief beeindruckenden Augen immer wieder ganz liebevoll. Er schmiegte seinen Kopf in meine Hand, hechelte, freute sich und seine Augen strahlten. Wahrscheinlich genauso wie meine, die aber auch ein paar Tränchen nicht zurückhalten konnten. War das eine Freude, so intensiv und echt und so direkt und offen gezeigt. Ich genoss diese

Zuneigung von meinem Schönen sehr. Nach einem ganzen Jahr hatten diese braunen Augen mich nicht vergessen, waren noch genauso sprechend in ihrem liebevollen Blick. Und, obwohl er damals noch so jung war und mich eigentlich gar nicht beachten durfte, war doch eine Verbindung zwischen uns entstanden und diese hatte über ein Jahr angehalten, war nicht zerrissen. Und, trotz Entfernung, war sie bei uns beiden bestehen geblieben.
Wann immer wir uns auch später irgendwo wiedersahen, lief mein Schöner auf mich zu. Er erkannte mich immer sofort wieder, auch wenn Monate dazwischen lagen.
Irgendwann trennten sich unsere Wege allerdings ganz. Heute habe ich keinen Kontakt mehr zu Herrchen und Hund. Ich wüsste gerne, was aus beiden geworden ist. Würden die braunen Augen mich wohl immer noch erkennen?

Marc Mandel

Der Fährmann

Marc Mandel wurde 1948 in Friedrichsthal (in der Nähe von Saarbrücken) geboren. Er war viele Jahre als Rockmusiker und Hotelpianist unterwegs. 1968 schrieb er die ersten Kolumnen und satirischen Beiträge. Daneben entstanden Aphorismen, Gedichte und Kurzgeschichten. Er ist seit 2002 als Journalist unter anderem für das Darmstädter Echo tätig.
Marc Mandel lebt als freier Schriftsteller zusammen mit Ellen Eckhardt in Weiterstadt bei Darmstadt.
Er war einige Jahre Sprecher bei BLAutor und erstellte in der Litera Redaktion das Feuilleton.

In den alten Zeiten, als der Teufel noch auf der Erde den Seelen nachrannte, um sie den guten Geistern abzujagen, lag ein kleines Dorf am Ende der Welt. Wie zu allen Zeiten und in allen Ländern suchten und fanden junge Leute auch an diesem Ort Wege, ihre Liebe vor den Erwachsenen zu verbergen.
So erklang es leise in einer finsteren Nacht: „Liebchen, lass mich zu dir." Geräuschlos öffnete sich hoch oben der Laden und es war zu hören, wie ein Leintuch an das Fensterkreuz geknotet wurde. Der Junge war blind. Doch sobald er spürte, wie der Stoff herunterfiel, stellte er den Stock an die Wand, klammerte sich an das Tuch und kletterte hoch.
Kaum war er in das Zimmer gehuscht, wollte er nach dem hauchdünnen Nachthemd fassen – da ergriff eine kräftige Hand sein Armgelenk. Nicht seine kleine Freundin erwartete ihn, sondern ein breitschultriger Boxer.
„Willst du mit mir kämpfen?"
„Wer bist du?"
„Ich bin ihr Vater."
„Ich, ich wollte nur ..."

„Was du wolltest, ist mir klar. Spaß haben und verschwinden. Aber so einen Schwächling, der noch dazu ein Haus in zehn Meter Entfernung nicht von einem Pferd unterscheiden kann, hat meine Tochter nicht verdient."
„Was kann ich dafür, dass ich kaum etwas sehen kann ..."
„Deine Blindheit interessiert mich nicht. Was du mit deinem Verstand anfängst, darauf kommt es an."
„Was soll ich tun?"
„Ich war Boxer. Habe mein ganzes Leben gekämpft. Und erfolgreich, wie ich meinen will. Nur der Kampf stählt einen Menschen. Der Kampf. Doch nicht allein meine Fäuste haben mir geholfen. Oft war der Gegner stärker. Da half mir mein Köpfchen weiter."
„Ich kann mir nicht vorstellen, mit irgendjemandem zu kämpfen."
„Du musst nicht mit den Fäusten kämpfen. Vielleicht genügt ein bisschen Überredungskunst. Du hast meine Tochter so bequasselt, dass sie sich in dich verliebt hat. Sie hat gesagt, dass sie dir nichts abschlagen konnte. Also wirst du es auch schaffen, irgendjemanden zu bequatschen, dir zu helfen, den Teufel übers Ohr zu hauen."
„Wo soll ich da anfangen?"
„Dir wird etwas einfallen. Wenn es dir gelingt, dem Teufel aus seiner Tasche einen der Edelsteine zu stehlen, sollst du meine Tochter haben."
„Hat das schon einmal jemand versucht?"
„Mehrere. Aber keiner hat es überlebt."
„Und wenn ich ablehne?"
„Werfe ich dich aus dem Fenster. Du brichst dir alle Knochen und meine Tochter heult sich die Augen aus."
„Ich weiß doch gar nicht, wo Luzifer herumschleicht."
„Überall, in den Gassen, in den Wäldern. Finde ihn – oder du fliegst aus dem Fenster auf die Straße."

Betrübt tastete sich der Junge nach unten, ergriff seinen Langstock und verließ das Dorf. Er ging nach Osten, bis er an einen Fluss kam. Dort wartete ein Fährmann mit einem Boot.

„Du siehst aber noch ziemlich lebendig aus, mein Junge. Und mit dem weißen Stock kannst du umgehen. Ich nehme jedoch nur tote Seelen mit. Wo willst du denn hin?"
„Ich suche den Teufel."
„Da bist du hier fast richtig."
„Bist du der Teufel?"
„Nein. Ich bin Charon, der traurige Fährmann."
„Ich muss dem Teufel einen seiner Edelsteine klauen. Der Vater meiner Braut bringt mich sonst um."
„Langsam. Auf der anderen Seite des Flusses ist tatsächlich der Eingang zur Unterwelt. Ich bringe die armen Seelen hinüber. Sie müssen dann nach unten, in den Hades. Doch oben, gleich hinter der Eingangshalle zur Hölle legt sich der Teufel am frühen Morgen zum Schlaf nieder, wenn er nachts durch die Gassen gegeistert ist."
„Bring mich hinüber."
„Aber du bist nicht tot. Wer einmal dorthin fährt, kommt niemals zurück."
„Eigentlich will ich ja gar nicht dahin. Ich muss aber den Teufel besuchen. Doch erkläre mir vorher: Du sagtest, du bist ein trauriger Fährmann. Warum bist du so niedergeschlagen?"
„Nicht wegen dir, Junge. Auch nicht wegen der verlorenen Seelen. Ich bin sehr alt und darf nicht sterben."
„Du bist unsterblich?"
„Ja. Immer muss ich diese Fähre hin- und herfahren. Wenn ich nur wüsste, wie ich endlich Ruhe finden kann."
„Vielleicht kann ich dir helfen. Aber das muss ich erst noch herausfinden. Oft fällt mir zu allem ein Ausweg ein. Wenn ich zurückkomme, verhelfe ich dir vielleicht zu einer List, die dir hilft."
„Niemand kommt zurück."
„Egal. Bring mich hinüber."

Schließlich gab der Fährmann nach. Er half ihm ins Boot und ruderte ihn auf die andere Seite.

„Du musst dem Schwefelgeruch nachgehen. Dann kannst du es nicht verfehlen."
Und schon bald fand der Junge mit seinem Stock den rußigen Eingang zur Unterwelt.
Plötzlich versperrte ihm jemand den Weg und er duckte sich.
„Vor mir kann sich niemand verstecken. Also steh auf." Der Stimme nach musste das eine uralte Frau sein.
„Bist du der Teufel?"
„Nein. Seine Großmutter. Was suchst du hier?"
„Ich muss dem Teufel einen Edelstein stehlen. Sonst erschlägt mich mein Brautvater."
„Das wird dir nicht gelingen. Der Teufel nimmt deine Witterung auf. Dann haucht er dich an und du bist ein Häufchen Asche."
„Wenn ich den Edelstein nicht bringe, treffe ich die Liebe meines Lebens nie wieder."
„Das klingt ebenso mutig wie tollkühn. Und naiv obendrein. Aber weil du blind bist, und noch ein halbes Kind, will ich dir helfen."
„Wie willst du das anstellen?"
„Ich werde dich in eine Ameise verwandeln und in meine Schürzentasche stecken. Dann findet dich mein Enkel nicht."
„Wie komme ich denn an den Edelstein?"
„Den musst du dir schon selbst holen. Wie bist du überhaupt hergekommen?"
„Mit Charon, dem Fährmann. Aber er will nicht mehr dauernd tote Seelen hierherbringen."
„Der alte Narr braucht doch nur dem nächsten Fahrgast das Ruder in die Hand zu drücken – schon ist er frei. Oh, mein Enkel kommt."
Und sie murmelte einen Zauberspruch, mit dem der Junge in eine Ameise verwandelt wurde.
Der Teufel sah in die Ecke: „Was ist denn das für ein weißer Stock, Großmutter?"
„Heute kam ein Blinder in die Hölle. Ich habe ihm gesagt, dass er den Stock dort nicht mehr braucht. Da hat er ihn hiergelassen. Er ist jetzt längst unten im Folterkeller."

„Ich rieche, rieche Menschenfleisch", grollte der Teufel und drehte seinen Kopf in alle Richtungen.
„Du hast dir durch das viele Feuer deine Nase verdorben. Setz dich und iss."
Nach dem Essen köpfte der Teufel eine Flasche fränkischen Bocksbeutel, legte sich auf das Kanapee und dämmerte sofort weg.
Da verwandelte seine Großmutter den Jungen aus ihrer Schürzentasche zurück in einen Menschen und stellte ihn vor das Sofa, auf dem der Teufel schlief. Indem sich der Junge an dem lauten Schnarchen orientierte, beugte er sich über ihn – und nahm ihm einen Edelstein aus der Tasche.
Des Teufels Großmutter reichte ihm seinen Stock und wünschte ihm Glück.

Der Fährmann war verwundert, ihn wiederzusehen. „Du musst ein Glückspilz sein, dass du die Hölle überlebt hast. Ich bringe dich gern zurück."
„Vielleicht kann ich dir ja helfen, dich zur Ruhe zu setzen."
„Wenn du das tust, bekommst du noch dieses Säckchen mit Gold von mir."
Da fiel dem Jungen das Lied von Chris de Burgh ein: *Don't pay the ferryman until he gets you to the other side*. „Ich verrate es dir, wenn wir drüben angekommen sind."
Auf der anderen Seite nahm der Junge seinen Stock und stieg vorsichtig aus dem Boot. Auf dem Landungssteg drehte er sich um: „Du musst dem nächsten Fahrgast nur dein Ruder in die Hand drücken. Dann wird er dein Nachfolger und braucht nicht in die Hölle. Außerdem wird er unsterblich, was sich alle Menschen wünschen. Du hingegen kannst dich zur Ruhe setzen."
Voller Freude übergab ihm der Fährmann ein Säckchen mit Gold: „Danke. Dort drüben steht eine Postkutsche. Der Schwager bringt dich zurück. Viel Glück."

Im Haus seiner Braut riss ihm deren Vater den Edelstein aus der Hand: „Gut gemacht. Aber jetzt verschwinde. Meine Tochter gebe ich niemals her."
„Halt. Ich habe den Teufel für dich bestohlen. Außerdem habe ich noch ein Säckchen Gold dabei. Nun gib mir deine Tochter."
„Woher hast du das Gold?"
„Von einem Fährmann. Vielleicht kannst du auch so ein Säckchen von ihm bekommen. Du musst ihm nur das Ruder abnehmen, das er dir überreicht."
Goldgierig rannte der Vater zu dem Fährmann und rief von weitem: „Setz mich über, Fährmann."
Der drückte ihm jedoch das Ruder in die Hand, sprang an Land und stieß das Boot ab.
So ruderte der frischgebackene Fährmann die Fährgaste zur Hölle. Und er tut es bis zum heutigen Tag.
Die jungen Leute richteten sich indessen das Heim behindertengerecht ein und lebten glücklich bis an ihr seliges Ende.

Ursula Müller

Funkenflug

Ursula Müller hat schon immer für sich persönlich geschrieben, am liebsten Gedichte und Kurzgeschichten. So ist sie im April 2024 auch zu den BLAutoren gekommen.
Geboren wurde sie im April 1966 im Rheinland, wo sie aufgewachsen ist und nach wie vor lebt. Nach der Schule und Ausbildung änderte die Diagnose Retinopathia pigmentosa (Tunnelblick) mit Anfang 20 ihre Lebenspläne völlig. Bis zu einer starken Verschlechterung der Sehfähigkeit vor 10 Jahren blieb sie in ihrem Beruf als Verwaltungsbeamtin im öffentlichen Dienst, im Bereich Kultur, Schule und Soziales.
Sie ist viel gereist, besonders nach der Diagnose. Unter anderem während eines Sabbaticals, um möglichst viel vom Leben und der Welt zu sehen.
Ihre Interessensgebiete sind eng verknüpft mit Kunst und Kultur, zum Beispiel Ausstellungsbesuche, Lesungen, Konzerte, aber auch Natur und einfach Neues erleben, neue Erfahrungen machen etc.
Bis heute ist ihr noch ein Sehrest von circa 3° im Zentrum des Gesichtsfeldes geblieben. Sie ist pensioniert und lebt sehr gerne in Bonn.

Es ist im Mai passiert. Das ist die einzige Zeit im Jahr, in der die Hauptstraße duftet und nicht übel nach Abgasen riecht. Die Ligusterhecke blüht – sie säumt unsere Hauptverkehrsader ein gutes Stück lang und das macht den Weg bei allem Lärm der Autos angenehm. Auch an diesem Morgen habe ich eine Wahrnehmung dafür, obwohl ich kaum geschlafen habe und ich es nicht erwarten kann, mit Mathilda zu sprechen. Sie ist meine beste Freundin. Darüber reden. Das erinnert mich an den Morgen nach dem Feuer. Auch da war ich auf dem Weg zu Mathilda und die Hecke duftete. Das Leben duftete und in meinem Kopf war – damals wie heute – eine Stimme, die alles verändert hat. Es war nicht die Stimme von Sandra.
Es muss ungefähr 02:30 Uhr in der Nacht gewesen sein. Mein Bewusstsein brauchte eine ganze Weile, um die Situation zu erfassen und um auf Handeln umzuschalten. Die Stimme meiner Vermieterin hallte durch den Hausflur, und ich hörte das Wort, das alle

notwendigen Informationen in sich trug. „Feuer! Feuer! Feuer!“ War das ein Echo oder schrie sie ohne Unterbrechung – ich wusste nicht. Es klingelte Sturm an der Tür, und ihre Stimme rannte die Treppe hinauf, kaum leiser werdend. „Feuer! Feuer! Feuer!“
Ein heißes Gefühl schoss durch meinen Körper, und ich richtete mich auf. Meine Gedanken waren mehr Blitze: etwas überziehen, was nehme ich mit, habe ich noch Zeit, ist das Feuer schon im Flur? Es war eine kalte Nacht und ich zog mechanisch die Jeans über meine Pyjamahose, griff nach einer Jacke. Ich öffnete die Haustür und dachte in dem Moment, ein Fehler! Wenn die Flammen schon vor der Tür sind, der Rauch kommt in meine Wohnung, ich verliere das Bewusstsein. Riesenfehler! Aber im Flur war nichts – ich hörte nichts. Ich roch nichts. Die ersten Leute auf der Treppe, meine Vermieterin schrie noch immer. Ich ging wie in Trance noch einmal in meine Wohnung zurück und holte mein Scheckkartenheft und eine Umhängetasche, die ich vor zwei Jahren gepackt hatte, nach der großen Flut in NRW und Rheinland-Pfalz. Für den Notfall, der nie eintreten sollte, und doch immer Teil unseres Lebens werden kann. Die Möglichkeit, dass etwas Schlimmes, Katastrophales, Unerwartetes geschieht. Genauso, wie jederzeit etwas Wundervolles, unvergleichlich Schönes, im besten Sinne Unvergessliches passieren kann. Mein Verstand hatte keinen Platz für solche Überlegungen. Ich griff nach der Tasche und tastete mich vor zur Tür. Eigentlich komme ich sicher zurecht in meiner Wohnung, aber ich war desorientiert. Die sich leicht überschlagende Stimme meiner Vermieterin Sandra, wir sind befreundet, holte mich in die Gegenwart zurück: „Was machst du denn, Uli? Wir müssen raus! Du hast keine Schuhe an. Komm, ich helfe dir.“ Ich suchte nach meinen Schuhen und griff ins Leere. Sandra nahm meine Hand und sagte beruhigend: „Lass nur, ich mache das.“
Wenige Augenblicke später standen wir im Flur, wieder liefen Nachbarn an uns vorbei. Sandra hielt meinen weißen Langstock in der Hand und gab ihn mir. „Halt dich an mir fest. Wir laufen runter. Ich habe nicht alle erreicht, ich weiß nicht, ob noch jemand im Haus

ist. Ich hab nicht alle erreicht!" Sie klang verzweifelt und atemlos. Die Haustür stand weit auf und ich hörte Stimmengewirr. Draußen standen viele Menschen. Sandra erklärte mir, dass Blaulicht zu sehen war, Feuerwehrleute, Sanitäter, Krankenwagen. Die Nachbarn standen zusammengedrängt im Vorgarten. Sandra brachte mich dorthin. „Herr Schuster, kümmern Sie sich doch bitte um Frau Zimmermann. Ich muss mit dem Einsatzleiter sprechen. Ich habe nicht alle finden können, vielleicht ist noch jemand im Haus. Mein Gott, was mache ich denn jetzt?!"
Trotz meiner Jacke hatte ich angefangen zu zittern. Ich konnte die Situation überhaupt nicht einschätzen und hatte das Gefühl, gleich den Boden unter den Füßen zu verlieren. Und wer war Herr Schuster? Da hörte ich eine Stimme direkt neben mir. „Hallo. Ich glaube wir sind uns noch nicht begegnet, mein Name ist Schuster und ich wohne in der Vierten. Wir sind jetzt in Sicherheit, machen Sie sich keine Sorgen."
Die Stimme kam zu mir wie durch eine Nebelwand, ich hatte sie noch nie gehört. Zu viel auf einmal – Angst, Stress, Überraschung, Reizüberflutung. Und jetzt noch dieses Kribbeln? Das ist sicher ein Schock, sagte mein Verstand.
„Ist es okay, wenn ich Ihnen meine Jacke umlege? Sie zittern ja am ganzen Körper. Wir können uns auf die Gartenmauer setzen, kommen Sie. Ich heiße Michael."
Er erklärte mir, was um mich herum vorging. Die Flammen, die auf dem Balkon im fünften Stock zu sehen gewesen waren, waren inzwischen gelöscht. Feuerwehrleute waren mit ausgerollten Schläuchen in das Haus gelaufen. Die Sanitäter befragten die Nachbarn, ob sich alle gut fühlten und unverletzt waren. In Hausnummer 7 und 9 waren die Lichter angegangen, es standen viele Menschen an den Fenstern. Ich hörte ihm zu und auch wieder nicht. Jetzt hatte ich doch den Boden unter den Füßen verloren, aber ganz anders. Das musste an der Ausnahmesituation liegen, ich kannte mich so nicht. Ich fühle mich nicht so schnell nah und vertraut mit neuen Menschen, ich brauche viel Zeit, viele Informationen, ein vorsichtiges

Vortasten, wie mit meinem weißen Langstock. In dieser Stunde, umgeben von all dem Trubel und der Unruhe, war es nicht so. Die Welt verschwamm und wir lachten. Das war sicher die Erleichterung. Was sonst? Keinem ist etwas passiert, hörten wir von Sandra. Die Feuerwehr überprüfte noch die Situation, teilte aber schon mit, dass wir wahrscheinlich gleich wieder in unsere Wohnungen zurückkönnten. Wir hatten viel Glück. Nur der Balkon hatte Feuer gefangen und die Scheiben zur Wohnung im fünften Stock waren noch nicht geplatzt. So viel Glück. Also blieben wir noch auf der Gartenmauer sitzen und erzählten. Die Schmetterlinge in meinem Bauch wurden immer lebhafter. Was ist das, Liebe auf den ersten ... Blick ja wohl kaum. Liebe auf den ersten Klang, Ton. Irgendwas mit Schwingung, Resonanz. Ich sollte aufhören damit, ich möchte immer alles verstehen und mir erklären. Aber da gibt es nichts zu verstehen, das passiert. Wieviel Uhr es war, als wir endlich zurück ins Haus gingen, habe ich vergessen. Wir hatten unsere Nummern ausgetauscht und verabredet, am nächsten Tag – oder vielmehr später an diesem Tag, es war ein Mittwoch – zu telefonieren.
Das ist jetzt drei Jahre her. Es ist Mai und die Ligusterhecke blüht wieder. Michael ist vor ungefähr zwei Jahren nach unten zu mir gezogen. Meine Wohnung ist größer und geht hinten zum Garten hinaus. Gestern war unser Kennenlernen-Tag – der Tag des Brandes. Und irgendwie hatten Michael und ich zur gleichen Zeit das gleiche Gefühl. Es wird Zeit am Briefkastenschild einen Bindestrich zwischen unsere Nachnamen zu setzen. Im September heiraten wir, und ich muss jetzt schnell los, um Mathilda diese Neuigkeit zu erzählen. Die Ligusterhecke begleitet mich ein Stück, und ich frage mich, wann das Schicksal beschlossen hatte, aus der Möglichkeit einer Brandkatastrophe die Möglichkeit einer großen Liebe zu machen. Das werde ich nie erfahren und atme tief ein. Das Leben duftet.

Sara Rietz

Seelenverwandtschaft

Sara Rietz wurde 1937 geboren und lebt in Pirna.
Sie ist blind und langjähriges Mitglied bei BLAutor. Sie schreibt gerne Gedichte, wie z.B. in der BLAutor-Anthologie "Farbenfrohe Dunkelheit".

Für die jungen Damen, die gerade jetzt über die Brücke gehen, hält dieser Sonntag eine besondere Bescherung unterschiedlicher Qualitäten parat. Die mollige Ella streicht sich über ihr blondes Haar und sagt empört, sich auf die Ereignisse des vergangenen Tages besinnend: „Die Versammlung hatte eine höchst unangenehm bedrückende Atmosphäre, nicht wahr?“
„Oh ja, mich hat sie sogar im Schlaf verfolgt“, seufzt Isabell nachdenklich, die im Gegensatz zu ihrer Kollegin eine schlanke, zarte Figur hat.
„Vergessen wir alles“, schlug die Blonde vor, „wir sollten auf den heutigen sonnigen Tag umschalten.“
„Wirklich. Das wird für uns das Beste sein“, stimmt Isabell wohlgelaunt zu und wendet ihr von braunem Haar umrahmtes Gesicht der Sonne entgegen.

Gemütlich setzen sie ihren Weg fort. Von der Straßenecke aus sehen sie schon das Stadtmuseum, vor dem sich viele Menschen auf dem breiten Bürgersteig sammeln, um die Ausstellung der modernen Kunst zu besichtigen.
„Heute werde ich dir meinen neuen Freund vorstellen“, nimmt Ella wieder das Gespräch auf. „Ich habe ihn genau an dem Tag kennengelernt, an dem du zum letzten Mal nach Hause gefahren warst.“
„Da liegt es schon sechs Wochen zurück. Wie sieht er aus?“
„Schlank, groß, hat braune Augen und welliges Haar.“
„Gefällt er dir?“

Ellas Antwort verliert sich im Lärm. Passanten kommen und gehen vorbei. Die beiden stehen schon vor dem Gebäude, über dessen Eingang zu lesen ist: *31. Mai — Illusion und Poesie*
Ein schöner Anlass ist das, denkt Isabell und tritt mit Ella in den großen Saal, wo sie gleich das Motto der Ausstellung entdeckt. Auf einem Bild schwebt ein Kranz über der Erdkugel. Die Schleifen mit dem Wort "Frieden" hängen tief herunter.
Wie aktuell das ist, überlegt sie nun, dann aber zieht ein anderes Gemälde ihre Aufmerksamkeit auf sich.
Der blaue Himmel ist durch eine dunkle dicke Wolke geteilt, die die Strahlen der aufgehenden Sonne überhaupt nicht durchscheinen lässt. Graue Farbtöne dominieren hier auf dieser Schattenseite. Perspektivisch zieht ein zerstörtes Stadtviertel mit den Ruinen von Häusern, den zerfetzten Bäumen am Horizont entlang, das dann allmählich durch dichten Nebel verschlungen ist. Im Zentrum eines breiten Platzes steht eine ausgebrannte Kirche, die ohne ihren einst hochragenden Turm wie eine offene Wunde wirkt. Ihr gegenüber, auf einem Hügel, ist eine Tribüne zu sehen, auf der viele umgekippte Büsten durcheinander liegen, über denen ein Totenkopf triumphierend thront. Auf der öden Erde liegt eine Fahne, die einst die Farbe des Blutes trug, verloren und verdreckt.
Die linke Hälfte des Bildes ist in Licht getaucht. Eine sattgrüne Wiese mit bunten Blumen und ein gesunder Wald breiten sich aus. In aller Ruhe weiden mehrere Schäfchen am Bach. Einem schlummernden Kind spenden die Baumwipfel Schatten. Über ihnen fliegt eine weiße Taube. In der Höhe des ehemaligen Kirchturmes glänzt ein Kreuz im Sonnenlicht wie ein goldenes Triumphzeichen, welches die Konturen des wieder aufgebauten Kirchgebäudes ahnen lässt.
Tief beeindruckt bewundert Isabell diese Komposition der Vergänglichkeit und Zukunftsvision. Dabei findet sie zwischen zarten Grashalmen ein Monogramm "R. B.".
„Diese Initialen habe ich schon irgendwo gesehen", flüstert sie, „aber ich weiß nicht, wen sie betreffen."

„Robert Banath, den bekannten Maler, meinen Freund", antwortet Ella prompt mit Stolz.
Schlendernd verlassen sie jetzt den Saal und gehen ins Café nebenan. So angeregt, plaudern sie beim Kaffeetrinken über ihre Kunsterlebnisse, dass sie den jungen Mann im hellgrauen Anzug am Tisch einfach nicht wahrnehmen.
„Ich grüße die Damen", hören sie auf einmal seine froh klingende Stimme.
Stürmisch steht Ella auf: „Isabell, mein Freund."
Die braunhaarige Isabell erhebt sich rasch, reicht Robert die Hand und stellt auf Anhieb fest, dass Ellas Beschreibung stimmt. Sie schauen einander tief in die Augen, in denen gleichzeitig Funken aufblitzen. Isabell scheint sehr überrascht und verlegen zu sein, während er ihre rechte Hand länger als erlaubt festhält.
„Kennt ihr euch etwa?", stottert Ella.
Mit einem Gedankensprung sind die beiden in die jüngste Vergangenheit zurückversetzt. Isabell sieht sich plötzlich in der Wartehalle mit ihrem Reisekoffer allein auf der Bank sitzen. Sie weiß heute noch, dass sie vertieft eine Rezension über den Roman "Die Wanderdüne" von Rose Dorn las. Die Schriftstellerin deutscher Abstammung ist in Neuseeland geboren. In ihrem weltbekannten Werk wandert sie auf den Spuren des schweren Schicksalsweges ihrer Eltern. Darüber wurde in der Literaturzeitschrift "Die Kritik" so fesselnd geschrieben, dass sie beim Lesen von den vorbeigehenden Reisenden keine Notiz nahm. In Gedanken war auch Robert bei dieser Szene, wie er an jenem Nachmittag vor ihr in Armeeuniform mit zackigen Schritten auf und ab marschierte, um ihre Aufmerksamkeit auf sich zu lenken. Schließlich gelang es ihm doch. Dann schaute sie hoch, und ihre Blicke trafen sich. Sie lächelte ihn an. Das war schon alles.
Mit einem lauten Pfeifen kam der Zug an. Schnell packte sie ihre Leselektüre in die Handtasche ein, nahm den Koffer, eilte fort und stieg ein. Er auch. „Sagen Sie mir bitte schnell Ihre Adresse."

Sie drehte sich um, sah ihn an und diktierte gehorsam die Anschrift.
„Beruf?“, fragte er.
„Lehrerin.“
Mit einem „Danke. Adios“ sprang er hinaus, dann schlossen sich die Türen.
Einige Wochen später fand sie in ihrem Briefkasten sein Telegramm. „Ich komme ... “
Jetzt sitzen sie nahe beieinander und halten die Blicke fest, während Ella fast ununterbrochen zu ihm spricht.
Er hört aber anscheinend nicht zu. Er fasst Isabells linke Hand. „Dich habe ich gesucht“, gesteht er ungeniert, mit warmer Stimme. „Dein Lächeln nahm mich gefangen.“
Erst jetzt wendet er sich an Ella: „Fräulein Lenz, haben Sie Dank für Ihre Mühe.“
„Schon gut. Ich wünsche euch Glück“, zischt sie, und ohne ihr Glas zu berühren, entfernt sie sich mit eilenden Schritten.
Alleine bleiben sie zurück und heben ihre Gläser. „Schön bist du in deinem schwarzen Kleid“, sagt er.
Isabells meergrüne Augen füllen sich plötzlich mit Tränen.
„Wo warst du denn, als ich dich besuchen wollte?“
Auf diese Frage wartete sie schon. „An jenem Tag erhielt ich auch ein anderes Telegramm. Mein Vater sei gestorben.“
„So etwas ähnliches ahnte ich schon damals. Aus reinem Zufall sprach ich am Bahnhof deine Kollegin an. Sie sagte bloß, du hättest dringend nach Hause fahren müssen.“
„Ich konnte dir keine Nachricht hinterlassen, denn unter deinem Text stand nur R. B.“, erklärt Isabell den wahren Grund ihres Verhaltens vor sechs Wochen.
„Ich wusste aber“, gesteht Robert, „dass ich dich irgendwann doch finden werde.“
Nun Zeit und Raum vergessend, unterhalten sie sich äußerst lebhaft. Ehrlich und frei tauschen sie ihre Gedanken und Empfindungen aus, als wären sie schon lange miteinander bekannt.
Robert wird nachdenklich.

„Von Höhen und Tiefen ist unser Dasein umrahmt", sagt er. „Auf flachen und hohen, manchmal sogar stürmischen Wogen des uferlosen Ozeans des Lebens wird der Mensch wie ein Segelschiff in Miniatur ständig hin- und hergetrieben. Doch zu ihm gehören Sonnenschein, Gewitter und Regenbogen."
„Du bist wirklich ein Künstler. Du malst auch mit Wörtern Bilder in Licht und Schatten."
Robert hängt seinen eigenen Gedanken nach und überhört ihr Lob.
„Du lächeltest mich an, und ich spürte ... ja, ich spürte ganz klar, dass unsere Seelen verwandt sind." Von Freude berauscht, streichelt er voller Zärtlichkeit über Isabells geneigten Kopf.
Sie hebt ihre Lider, strahlt ihn mit glänzenden Augen an und erklärt ihm mit warmer Stimme, die Begegnung von damals auch nicht für alltäglich gefunden zu haben. „Den Magnetismus dieser Seelenverwandtschaft spürte ich auch", fügt sie hinzu.
„Ich träumte von dir, ich musste sehr oft an dich denken."
„Ich auch. Dein Gesicht malte ich noch an demselben Abend, um dich jeden Tag zu sehen."
„Oh, das möchte ich auch mal betrachten."
Robert winkt dem Ober. Dann verlassen sie Hand in Hand das Lokal und kehren zur Ausstellung zurück.
Einige Minuten später steht Isabell vor ihrem Portrait, für das sie damals unbewusst Modell gewesen war und erkennt darauf ihre eigenen Gesichtszüge, ihre Frisur, ja – sogar ihr Wesen.
„Großartig. Ich danke dir", sagt sie und wendet sich an den Maler und reicht ihm die Hand. In diesem Moment schauen Isabell und ihr Ebenbild mit dem gleichen Lächeln Robert an, der schon lange auf diese Szene wartete. In ihren Herzen musiziert jetzt das Glück fein wie ein Cello, das für ihre gemeinsame Zukunft Hoffnung und Harmonie spendet.

David Röthle

Vater Morgana oder Schicksalhafte Begegnung

David Röthle wurde 1969 in Augsburg geboren und lebt heute in einem Nachbarort, in Kissing. Er absolvierte die Ausbildung zum Groß- und Außenhandelskaufmann. Im Jahr 1997 verlor er durch einen Unfall sein Augenlicht. Nach der Reha kehrte David Röthle ins Berufsleben zurück und verwaltet heute eine Telefonzentrale. Er ist verheiratet und hat zwei Kinder.
Sein Hobby ist das Schreiben. Er macht als Blogger unter www.blindgefluester.de betroffenen Menschen Mut und gibt aus seinem Erfahrungsschatz hilfreiche Tipps. Ferner beteiligt er sich an Anthologien und präsentiert als BLAutor-Mitglied regelmäßig Texte in der Hörzeitung Litera.

Seit dem Tag, an dem ich meinen Erzeuger kennengelernt hatte, glaube ich nicht mehr an Zufälle. Zumindest glaube ich, dass die großen Dinge in unserem Leben vom Schicksal gelenkt werden. An jenem Tag glaubte ich noch an Zufall und wollte ihm die Führung überlassen. Lediglich die Reise von Wiesbaden nach Friedberg und ein dortiger Wochenendaufenthalt waren geplant, alles andere wollte ich auf mich zukommen lassen. Zu diesem Zeitpunkt hatte ich noch Sommer-Semesterferien und ich hatte Zeit, Zeit für Spontanität.
Mir stand ein einschneidendes Ereignis bevor, das war mir bewusst. Aber auch für meinen Erzeuger könnte es vieles durcheinander bringen. Das jedenfalls war zu befürchten, denn bis zu diesem Zeitpunkt wird er wohl nichts von mir gewusst haben.
Ganz auf den Zufall wollte ich mich allerdings auch nicht verlassen. Dementsprechend hatte ich ihn kurz vor meiner Abreise angerufen. Nicht um ihn zu sprechen, ich wollte lediglich wissen, ob er zuhause ist. Im Anschluss machte ich mich dann auf den Weg zum Bahnhof. Bereits am frühen Nachmittag war ich in Friedberg und hatte im Hotel eingecheckt. Bis dahin lief alles wie am Schnürchen, trotzdem machte sich Unruhe in mir breit. Zu meiner Beruhigung verstaute ich erst einmal meine Klamotten und machte mich nochmals frisch.

Erneut drängten sich die Worte meiner Mutter in meine Gedanken. Mom wollte mich von meinem Vorhaben abhalten, sagte, ich solle die Vergangenheit ruhen lassen. Schließlich sei ich mehr als zwanzig Jahre ohne Vater ausgekommen, hätte auch so meinen Weg gemacht. Warum, fragte sie mich, wollte ich alte Wunden aufreißen? Doch sie hatte leicht reden. Sie musste nicht ihr Leben lang mit einer Lüge leben. Im Gegensatz zu mir hatte sie ihren Vater gekannt, wusste wie er war und wo ihre Wurzeln lagen. Ich stattdessen musste mit einem Trugbild leben.
Mein Vater, hatte sie mir immer Glauben gemacht, sei ein amerikanischer Soldat gewesen. Ihr Traummann, mit dem sie Kinder haben und alt werden wollte. Doch dieser Mistkerl hatte sie nach Bekanntwerden ihrer Schwangerschaft sitzenlassen. So jedenfalls hatte sie immer behauptet. Die ganze Zeit über hatte ich geglaubt, in mir würde amerikanisches Blut fließen. Und auch wenn ich meinen Vater für seine Feigheit verachtet hatte, war ich doch immer der Ansicht, ein Kämpfer würde in mir stecken. Das war mit ein Grund dafür, weshalb ich mich für die Ausbildung zum Polizisten entschieden hatte.
Was für ein Hohn!
Selbst heute noch beschleunigt sich mein Puls, wenn ich daran denke. All das war aufgebaut auf einer Lüge.
Als ich die Wahrheit erfuhr, war ich im ersten Moment nur geschockt. Der Ärger, die Wut und Verzweiflung kamen erst später. Dabei hatte ich es nur einem glücklichen Umstand zu verdanken, dass der ganze Schwindel aufgeflogen war. Wäre ich nicht, auf der Suche nach alten Unterlagen, auf meine Geburtsurkunde gestoßen, würde ich immer noch dem Trugbild eines falschen Vaters nachhängen.
Doch das sollte sich an jenem Wochenende ändern.
Ich war fest entschlossen, meinem Erzeuger entgegenzutreten und meine wahren Wurzeln kennenzulernen. Dennoch war ich unsicher. Was, wenn Mom recht hatte? Was, wenn er sich zu einem Miesling entwickelt hatte und nichts von mir wissen wollte? Wie

auch immer, ich verscheuchte diese Gedanken und konzentrierte mich auf mein Vorhaben. Ich brauchte Klarheit, das war alles, was zählte!

Wenig später stand ich in der Straße, die ich mir notiert hatte. Mein Navi auf dem Smartphone hatte mich problemlos in die Reihenhaussiedlung gelotst. Jetzt musste ich nur noch die richtige Haustür finden. Doch das sollte kein Problem sein, denn selbst, wenn ich keine Hausnummer in Erfahrung gebracht hätte, hätte es genügt, die Türschilder abzuklappern. Schließlich kam der Name Ulf Imhof nicht so häufig vor. Ein Umstand, den meine Mutter früher amüsiert haben musste. Zumindest hatten ihre Tagebucheintragungen darauf hingedeutet. Doch mir war es egal, im Gegenteil, so konnte ich ihn überhaupt erst ausfindig machen.
Wenig später hatte ich die Haustür erreicht und stand vor einem schlichten, aber gepflegtem Reihenmittelhaus. Während ich den Klingelknopf betätigte, spürte ich erneut, wie meine Hände feucht wurden. Gleich würde ich Gewissheit bekommen, ich war am Ziel.
Die Türglocke ertönte, kurz heulte ein Hund auf.
Eine männliche Stimme rief: „Ich geh schon!“
Dann hörte ich ein leises Quietschen und Schuhgeklapper, das sich der Haustür näherte. Die Tür öffnete sich und ein mittelgroßer Mann stand vor mir.
Ich war sprachlos, mir stockte der Atem. Mir stand mein Spiegelbild gegenüber. Die Ähnlichkeit war unverkennbar. So also, schoss es mir durch den Kopf, würde ich in zwanzig Jahren aussehen. Gut, die Ohren und die Nase, wie ich auf die Schnelle feststellen konnte, waren größer. Doch mal von der blassen Haut, den Fältchen um Augen und Mundwinkel und den grauen Schläfen abgesehen, war die Ähnlichkeit frappierend.
Mein Erzeuger stand vor mir, blickte mich aus leeren Augen an und machte nach kurzem Zögern einen etwas irritierten Eindruck. Ich konnte noch immer keinen Ton von mir geben, war wie paralysiert.

Und so wie es aussah, ist dieser Mann vor mir tatsächlich blind und konnte mich nicht bemerken.
Unsicher wandte er den Kopf von links nach rechts und lauschte angestrengt. Dann zuckte er mit den Schultern, drehte sich um und ging wieder ins Hausinnere. Noch immer stand ich regungslos da und wunderte mich über mich selbst.
Jetzt erst bemerkte ich, dass ich den Atem angehalten hatte und schnappte nach Luft. Warum zum Geier, fragte ich mich, hast du nichts gesagt? Doch in diesem Moment, wo er vor mir stand, sind mir tausend Gedanken auf einmal durch den Kopf geschossen. Plötzlich war ich mir nicht mehr sicher, ob ich das Richtige tat. Plötzlich fragte ich mich, ob er verheiratet war.
Wem hat er vorhin zugerufen? Was, wenn ich mit meinem Auftritt sein ganzes bisheriges Leben auf den Kopf stellen würde? Ich hatte ihn gesehen, war das nicht genug? Vielleicht sollte ich jetzt einfach gehen und alles beim Alten lassen?
Schnell wurde mir jedoch klar, dass ich darauf keine Rücksicht nehmen konnte. Ich wollte, ich musste erfahren, wer mein Vater ist. Und wer weiß, vielleicht würde er sich sogar über diese Neuigkeit freuen?
Mit frischem Mut drückte ich erneut den Klingelknopf. Abermals ertönte die Glocke. Abermals hörte ich seine Schritte. Diesmal jedoch langsamer. Widerstrebend wurde die Tür geöffnet.
„Wenn das ein Scherz sein soll, kann ich nicht darüber lachen!", blaffte er in meine Richtung. Grimmig streckte mir mein Erzeuger den Kopf entgegen, während er die Tür vollends aufzog. „Ich bin blind, wenn Sie etwas von mir wollen, müssen Sie schon mit mir sprechen!", fügte er hinzu.
„Also, ja, ähm, entschuldigen Sie", stotterte ich. In diesem Moment wurde mir bewusst, dass ich nicht nur alles vergessen hatte, was ich sagen wollte, sondern mir noch gar keine Gedanken gemacht hatte, wie ich ihn ansprechen sollte. „Ich bin Anton Studer, ich bin Ihr Sohn und wollte Sie kennenlernen", sprudelte es aus mir heraus.

Mein Gegenüber runzelte die Stirn.
„So ein Unsinn, junger Mann. Was soll das? Ich bin weder verheiratet, noch habe ich Kinder und wenn, wüsste ich das ja wohl." Kopfschüttelnd zog er sich zurück und wollte die Tür schließen.
Panisch presste ich meine Hand gegen das Türblatt.
„Nein, bitte, hören Sie mir zu. Meine Mutter Viktoria Studer war mit Ihnen vor 20 Jahren im Berufsförderungswerk Veitshöchheim. Sie hatte eine Fortbildung besucht und Sie dabei kennengelernt", plapperte ich drauflos und hielt die Tür weiter geöffnet.
Augenblicklich hielt er inne. Nachdenklich blickte er in meine Richtung.
„Viktoria", murmelte er und hob den Blick in die Höhe.
Leise tapsende Schritte näherten sich dem Eingang. Ein blondgelockter Golden Retriever drängte sich an sein Herrchen und blickte neugierig zu mir hoch. Aus dem Hausinneren ertönte eine Frauenstimme: „Alles in Ordnung bei Ihnen, Herr Imhof?"
Mein Gegenüber nickte und wandte den Kopf nach hinten.
„Alles in Ordnung. Ist nur ein unangemeldeter Besuch!" Dann wandte er sich wieder mir zu. „Hören Sie zu, junger Mann. Wenn das hier so eine abgefahrene Betrugsmasche werden soll und Sie sich Unterhaltszahlungen ergaunern wollen, dann sollten Sie schleunigst das Weite suchen." Ernst deutete er mit dem Kopf in Richtung Hauptstraße.
„Nein, nein, nicht doch!", entgegnete ich. „Ich habe keine Forderungen an Sie. Ich will Sie nur kennenlernen. Ich ... also mir geht es nur darum, meine Wurzeln, dich kennenzulernen." Bei diesen Worten musste ich fast mit den Tränen kämpfen. Konnte dieser Mann mich verstehen? Was wenn er mir nicht glaubte und einfach fortschickte?
Doch irgendwie musste er gespürt haben, wie ernst mir die Sache war. Erneut nickte er, diesmal etwas wohlwollender.
„Viktoria sagen Sie? ... Studer? Und Sie sind Ihr Sohn?" Fragend sah er mich an, sein Tonfall wurde sanfter. „Und wie kommen Sie darauf, dass ich Ihr Vater sein könnte?"

„Sie hat mir alles gebeichtet. Außerdem habe ich Augen im Kopf und sehe, wer da vor mir steht.“
Von drinnen ertönte erneut die Frauen Stimme. „Herr Imhof, Sie wissen, wir müssen bald los.“
Mein Gegenüber hob sein Handgelenk und drückte auf seine Armbanduhr. Eine elektronische Stimme ertönte und teilte die Uhrzeit mit.
„Richtig“, bemerkte er im Flüsterton und drehte den Kopf nach hinten. „Ich bin gleich soweit!“, rief er ins Hausinnere und wandte sich wieder mir zu.
„Hören Sie, ich habe jetzt keine Zeit. Was halten Sie davon, wenn wir uns morgen Nachmittag in einem Café treffen?“ Er deutete in Richtung der Hauptstraße. „Dort zwei Straßen weiter ist das “Back-Bone“, sagen wir so gegen vierzehn Uhr dreißig?“
Ich war ein wenig überrascht über diese Wendung. Eigentlich hatte ich gehofft, er würde mich zu sich hereinbitten.
„Ja gut, also, ja. Warum nicht. Ich bin das ganze Wochenende hier.“
Mir wäre es zwar lieber gewesen, wir hätten unser Gespräch gleich geführt. Doch vielleicht war es sogar gut so. So konnte ich meine ersten Eindrücke verdauen und mich wieder etwas beruhigen. Wie auch immer, ich musste mich sowieso nach ihm richten.
„Gut! Dann machen wir das so. Dann also bis morgen Nachmittag. Wie gesagt im “Back-Bone“.“ Ohne weitere Worte bugsierte er seinen Hund nach drinnen und schloss die Tür.
Ich schätze mal, ich hatte ihn etwas aus dem Konzept gebracht. Auf jeden Fall machte er einen nachdenklichen Eindruck auf mich.
„Dann bis morgen“, flüsterte ich ins Leere. Etwas irritiert über diesen grußlosen Abschied starrte ich noch eine Weile auf die verschlossene Tür.
Am nächsten Tag war ich bereits eine Viertelstunde vor der Zeit im Café, oder besser vor dem Lokal. Die Sonne schien und noch spendeten die Sonnenschirme angenehmen Schatten.
Ich setzte mich an einen der freien Tische. Als einer der Kellner zu mir eilte, vertröstete ich ihn auf später. Schließlich wollte ich

meinem Erzeuger gegenüber nicht unhöflich sein oder gar ungeduldig wirken.
Die Minuten verstrichen und so langsam spürte ich Unruhe in mir aufkeimen. Was, fragte ich mich, wenn er nicht kommen würde? Was, wenn das gestern nur eine Hinhaltetaktik war? So hatte er zwar auf mich nicht gewirkt, doch man konnte nie wissen.
Nach einer Weile blickte ich auf meine Armbanduhr. Bereits fünf Minuten zu spät. Nun wurde ich doch nervös. Der Kellner warf mir auch schon missbilligende Blicke zu. Fast wollte ich ihn schon zu mir rufen, da bemerkte ich endlich einen Mann mit Hund auf uns zukommen.
Für einen Moment beschleunigte sich mein Puls. Das war er. Ich wollte ihn rufen, aber wie?
Kurzentschlossen stand ich auf und rief: „Herr Imhof, hier, hier bin ich!“ Keine Ahnung warum, aber in diesem Moment erschien mir die förmliche Anrede als die beste. Ich wollte ihn nicht in Verlegenheit bringen und so war gewährleistet, dass er sich auch angesprochen fühlen würde.
„Du bist schon da?“ Kurz hielt er inne. „Okay, ich komme. Ich hoffe, bei dir gibt es Schatten. Ansonsten könnte es warm werden.“
Ich stutzte, hatte er mich geduzt, oder habe ich mich verhört? Ich kann nicht sagen warum, aber ich freute mich, wertete es als gutes Zeichen. Von da an entschied ich mich dazu, ihn insgeheim als Vater zu bezeichnen.
Ich trat auf ihn zu, bot ihm meinen Ellenbogen an und führte ihn zu dem Stuhl mir gegenüber. Mein Vater setzte sich und löste das Führgeschirr von seinem Hund. Der schien verstanden zu haben, dass er jetzt ebenfalls Pause hatte. Auf jeden Fall tapste er auf mich zu und streckte mir freundlich den Kopf entgegen. Da ich Hunde schon immer gut leiden konnte, freute ich mich über dieses Zeichen der Zuneigung. Ich kraulte ihn unter der Schnauze und tätschelte seinen Nacken.
„Rocky, lass das. Gib Ruhe und mach Platz!“ Mein Vater zog ihn zu sich und deutete vor seine Füße.

Rocky winselte missbilligend, tat aber wie geheißen.
Während mein Vater seinen Stuhl an den Tisch rückte, ging auch ich zu meinem Platz hinüber und setzte mich.
„Was trinken wir?“, fragte ich, in der Hoffnung einen Einstieg in unser Gespräch zu finden.
„Keine Ahnung, was du trinken möchtest. Aber ich halte mich an den Cappuccino, der ist hier sehr gut.“
„Okay, das nehme ich auch. Und bevor wir, also ... sag mal, wie soll ich Sie, oder dich ansprechen?“ Irgendwie hatte ich das Bedürfnis, diese Frage als erstes zu klären.
Er hielt kurz inne und überlegte.
„Bloß nicht so förmlich. Ich bin der Ulf.“ Er zuckte mit den Schultern und lächelte.
„Prima, ich bin Anton.“
In diesem Moment trat ein Ober auf uns zu und wir machten unsere Bestellungen.
Während wir auf unsere Getränke warteten, erklärte mir Ulf, warum er am Vortag so dringend wegmusste. Er hatte noch einen Termin bei seinem Agenten. Er erzählte mir, dass er Romanautor sei und demnächst ein neues Buch von ihm veröffentlicht werden sollte.
Ich war überrascht. Denn laut meiner Mutter war er damals bei einer Werbeagentur angestellt und sollte, nach seiner Umschulung, als Werbetexter arbeiten.
Nachdem wir unsere Cappuccini bekommen hatten, musste ich bei seiner letzten Bemerkung gleich einhaken, schließlich bin ich ein großer Büchernarr und einem Schriftsteller war ich bis dahin auch noch nicht gegenübergesessen. Ich war mir sicher, dass ich keinen Autor kannte, mit dem Namen Ulf Imhof, dennoch wollte ich von ihm wissen, ob man denn eines seiner Bücher kennen könnte.
„Schon möglich“, antwortete er lapidar. Dabei machte er den Eindruck, als wenn ihm das nicht so wichtig sei. Allerdings schien ihn diese Frage auch ein wenig zu amüsieren. Jedenfalls umspielte ein

leichtes Lächeln seine Mundwinkel, während er Zucker in seinen Kaffee gab.
Nach einer kleinen Pause blickte er mich nachdenklich an.
„Sag mal, was ich noch immer nicht verstehe, wie kannst du dir so sicher sein, dass ich dein Vater sein soll?“ Er hörte auf, in seiner Tasse zu rühren. „War deine Mutter damals nicht mit diesem … Jack, Johny oder so ähnlich zusammen?“
„John Miller, richtig. Ein amerikanischer Soldat, der damals bei uns stationiert war.“ Ich machte eine kleine Pause und goss mir ebenfalls Zucker in den Kaffee. „Der war aber zu dieser Zeit auf Heimaturlaub und außer mit dir, so behauptet sie jedenfalls, hatte sie keinen weiteren Kontakt zu Männern. Angeblich gab es in dieser Zeit nur eine Liebelei mit dir … Außerdem, wie gesagt, ich sehe die Ähnlichkeiten bei uns.“
Aufmerksam beobachtete ich seine Reaktion.
Erstaunt hob er die Augenbrauen. Für einen Moment hielt er inne, dann nickte er bedächtig.
„John, richtig, so hieß er.“ Er nahm einen Schluck von seinem Cappuccino. „Liebelei? Ja, das war es. Zu dieser Zeit waren wir beide in einer Beziehung, und trotzdem hatte es uns erwischt.“ Erneut stutzte er. „Aber mir hatte sie gesagt, sie würde verhüten, wie kann das sein?“
Gute Frage! Auch ich hatte Mom darauf angesprochen. Dabei gab sie zähneknirschend zu, dass sie zwar verhütet hätte, aber halt nicht vernünftig.
„Angeblich schon“, erwiderte ich. „Allerdings wohl nur mit der Temperaturmethode.“
„Ach du Schande! Das erklärt einiges.“ Er rieb sich mit den Händen über das Gesicht.
Man konnte sehen, wie unangenehm ihm der Gesprächsverlauf sein musste. Aber es half alles nichts, da musste er jetzt durch.
„So schaut es aus. Wir sind beide belogen worden.“ Ich nippte ebenfalls an meinem Kaffee und beobachtete, wie mein Vater um Worte rang.

„Aber, was ist aus diesem John geworden? Sie hat doch immer so darauf bestanden, dass John ihr Traummann wäre, sie Kinder von ihm wollte und sich eine Beziehung mit einem blinden Mann nicht vorstellen konnte."
„Ja, so hat mir Mom das auch erzählt. Und meine Großmutter, die mich größtenteils aufgezogen hatte, hatte das so ähnlich dargestellt. Mom war blind verliebt, sagte sie zu mir. Großmutter meinte jedoch, sie hätte das von Anfang an geahnt. Sie hegte wohl einen ziemlichen Zorn auf diesen John. Bestimmt war auch sie von meiner Mutter belogen worden."
„Na, da ist ja einiges schiefgelaufen. Weiß du, wenn sie mir nicht so vehement erklärt hätte, dass sie sich keine Partnerschaft mit einem blinden Mann vorstellen konnte, hätte ich mich vielleicht mal nach der Reha bei ihr gemeldet. Denn auch mich hat meine Freundin damals verlassen."
„Echt? Und warum das?"
„Angeblich hatte sie ein tolles Angebot bekommen, um im Ausland zu arbeiten. Doch ich schätze mal, das war nur ein Vorwand."
„Wie gemein." Mir war zwar schon klar, dass Sehende Probleme im Umgang mit seheingeschränkten Menschen hatten. Doch deswegen gleich den Partner zu verlassen?
„Ach was, irgendwie konnte ich sie schon verstehen. Ich war zu dieser Zeit auch noch sehr mit mir selbst beschäftigt. Meine Erblindung war noch zu frisch." Versonnen streichelte er seinen Hund. Rocky schien es zu gefallen. Er reckte den Kopf und leckte seinem Herrchen über die Hand.
Gut zu wissen, nachtragend schien mein Vater nicht zu sein. Ob mir das auch gelingen würde? Da war ich mir noch nicht so sicher.
„Und was erwartest du jetzt von mir?" Ernst wandte er sich wieder mir zu. Vermutlich schenkte er meinen Worten Glauben. Doch war ihm anzusehen, dass er nicht recht wusste, was das für Konsequenzen für ihn haben würde.

„Nichts. Ich will dich lediglich kennenlernen. Ich möchte mehr über meine Herkunft, meine Wurzeln und meine andere Seite erfahren", versuchte ich ihn zu beruhigen.
„Na gut. Und was möchtest du nun wissen?"
„Wie ist das passiert? Also ich meine, dass mit deiner Blindheit?" Mom hatte mir zwar erzählt, dass Ulf einen Unfall hatte. Doch mehr wusste sie angeblich auch nicht mehr.
„Hat dir Viktoria denn nichts erzählt?" Er stutzte. Doch als ich ihm nicht antwortete, zuckte er nur mit den Schultern und fuhr fort: „Das war ein Kletterunfall. Ich bin vom Felsen gestürzt. Zum Glück von einer geringen Höhe. Doch die Wurzel, auf die ich mit meinem Hinterkopf geknallt bin, hatte mein Sehzentrum zerstört."
„Ach du Scheiße!" Bei diesem Gedanken lief es mir eiskalt den Rücken hinunter.
Doch mein Vater saß weiterhin ganz entspannt vor mir und nippte an seiner Tasse. „Wie gesagt, ich hatte Glück. Das hätte auch schlimmer ausgehen können." Fragend sah er mich an. „Und wie ist das bei dir? Machst du Sport? Was sind deine Hobbys?"
„Ja, schon. Ein bisschen Kampfsport, ein bisschen Fitness, außerdem lese ich ganz gern. Und dann ..." Für einen Moment hielt ich inne, wusste nicht so recht, ob ich ihm auch von meiner großen Leidenschaft erzählen sollte. „Naja, ich male ganz gern", gab ich dann doch zu.
„Ist dir das peinlich?"
„Weiß nicht. Ist halt nicht so das Männerhobby, oder?"
„Unsinn. Die meisten berühmten Bilder stammen von Männern. Ich habe früher eine Ausbildung zum Graphiker gemacht. Mir hat das immer riesigen Spaß gemacht, mit Formen und Farben herumzuexperimentieren."
Er machte eine Pause und griff nach seiner Tasse. Stirnrunzelnd trank er seinen Kaffee aus. Dabei machte er auf mich den Eindruck, als beschäftigte ihn etwas.
„Hör zu, Anton, ich glaube, ich muss dir etwas gestehen."

Ich war ein wenig erstaunt. Was wollte, was konnte er mir denn gestehen? Er machte keinen ernsten Eindruck, so schlimm konnte es also nicht sein. Eher schien es, als musste er sich ein Schmunzeln verkneifen.
„Also, um ehrlich zu sein, glaube ich, wir kennen uns bereits ein wenig", fuhr er fort.
„Wie das?" Jetzt machte er mich neugierig.
„Kann es sein, dass du gern Agenten-Romane liest? Welche, mit einem gewissen Science-Fiction-Anteil?" Abwartend sah er mich an.
Ich war baff. Woher wusste er das?
„Ja, schon ... Aber, wie kommst du darauf?"
Ein breites Grinsen umspielte Ulfs Mundwinkel.
„Nun, hab ich es mir doch gedacht. Der Name kam mir gleich so ungewöhnlich vor. ... Um dich nicht länger auf die Folter zu spannen. Ich habe deine Rezensionen auf Amazon gelesen. Ich glaube behaupten zu können, dass du Fan meiner Bücher bist."
Ungläubig starrte ich ihn an.
„Fan? ... Wie kommst du darauf? Sorry, aber Bücher von einem Ulf Imhof kenne ich bis jetzt noch nicht."
Ulf lachte auf. „Das kannst du auch nicht. Ich schreibe auch unter Pseudonym. Meine Bücher veröffentliche ich unter: Alex Mudra."
„Bitte was? Das gibt's doch nicht! Ich werde verrückt. Du bist das?"
Ich war wie von den Socken. Er hatte recht. Ich liebte Alex Mudras Romane.
Tja, da staunst du, nicht wahr?" Er hob entschuldigend die Hände.
„Sorry, wenn ich dich aus dem Konzept gebracht habe. Aber da sieht man mal wieder, wie klein die Welt ist."
Blödsinn, dachte ich. Unsere Begegnung wurde eher vom Schicksal gelenkt, anders konnte ich mir das nicht erklären. Früher oder später mussten wir uns begegnen, davon war ich in diesem Moment überzeugt.
Wir unterhielten uns an diesem Tag noch eine ganze Weile. Ulf erzählte mir von der Begegnung mit meiner Mutter, davon, wie er sich, wider besseren Wissens, in sie verliebt hatte. Berichtete mir,

wie er zum Schreiben kam und zu den Ideen für seine Geschichten. Alles in allem wurde es ein kurzweiliger Nachmittag. Als es dann Zeit für ein Abendessen wurde, lud mich mein Vater zu sich nachhause ein.
Seine Haushälterin bereitete meist etwas mehr zu, erklärte er mir, und wenn ich wollte, konnte ich mitessen. Ich nahm die Einladung dankend an. Ich wollte unbedingt mehr über ihn und meinen Lieblingsautor in Erfahrung bringen. So verging auch der Abend wie im Flug.
Am nächsten Tag musste ich mich dann auch schon wieder auf die Rückreise begeben. Der Abschied fiel mir schwer, doch wir versprachen, in Kontakt zu bleiben.

Inzwischen bin ich wieder zuhause. Der Alltag hat mich wieder und das Studium forderte erneut meine Aufmerksamkeit.
Mom war anfangs nicht besonders begeistert über meine Erzählungen. Sie wollte nicht glauben, dass mein Vater so gut allein zurechtkam. Dennoch machte sie auf mich den Eindruck, als hätten sie meine Schilderungen nicht ganz kalt gelassen.
Und wer weiß, vielleicht kann ich sie dazu überreden, mich beim nächsten Mal zu begleiten. Ich schätze mal, das Schicksal hätte nichts dagegen!

Eveline Schindler

Achtundsechziger Zeitläufte

Eveline Schindlers Lebenslauf begann 1953 in Biel, Kanton Bern in der Schweiz mit einer Urkundenfälschung. Der Vater hatte ganze 8 Tage gebraucht, um die Geburt seiner Tochter beim Standesamt zu melden. Auf Drängen der Mutter kam er dann endlich seiner Pflicht nach, und als er mit der Geburtsurkunde dann endlich am Küchentisch saß, stellte er fest, dass der Standesbeamte Eveline mit i, statt mit einem y geschrieben hatte. Y entspricht der französischen Schreibweise von Evelyne. Es war dem Vater allerdings zu viel, deswegen noch einmal zum Rathaus gehen zu sollen und daher blieb er einfach am Tisch sitzen, holte seinen Tintenfüller aus der Jackentasche und überschrieb das i mit einem y. Dabei blieb es. Daher schreibt die Namensinhaberin ihren Vornamen zum Jux oft mit i plus y! Das sieht dann so aus: Eveliyne. Der Nachname Schindler blieb von solch künstlerischem Beiwerk jedoch unberührt.

Französischsprachig kam das Kind auf die Dorfschule und brauchte acht Jahre, um endlich eine gute Schülerin zu werden. Draußen in der Natur am Hof, auf den Wiesen und in den Wäldern, bei den Handwerkern und im Stall war ihre eigentliche Schule. Das Spielen in der Natur hat ein Leben lang Kraft gespendet.

Nach der Schule ging es mit einer Keramikerlehre weiter. Wegen einer unerkannten Rheumaerkrankung musste diese jedoch frühzeitig nach zweieinhalb Jahren beendet werden. Den Abschluss dieser Lehre holte sie allerdings dann extern mit 34 Jahren und neben ihrer eigenen Familie nach. Der Vollständigkeit halber wurde gleich noch eine Meisterprüfung dazu abgelegt. Das war dann in Deutschland. Deutschland war und blieb ab dem siebzehnten Lebensjahr ihr Migrationsland.

Infolge eines praktischen Jahres an einer kleinen, neuen Waldorfschule in Niedersachsen wurde ab 1972 in 6 Trimestern ein Lehrerseminar absolviert, welches mit dem obligatorischen Praktikum in New York seinen Abschluss fand. Es folgten bis 1977 die Jahre als Klassenlehrerin mit den Fächern Französisch und Kunst.

Danach entwickelte sich die Autorin bis 2002 zur Familienmanagerin mit 3 Töchtern, zwei Hunden, einem Gemüsegarten, Bienen und einer Töpferei samt vielen Kursen in Schulen und an der Volkshochschule in Reutlingen.

Nach diversen Krankheitsphasen folgten mehrere Studien und Diplome, welche zur Zulassung in die Therapeutenliste für Legasthenie und Dyskalkulie des Jugendamtes Breisgau-Hochschwarzwald befähigten. Viele Jahre im eigenen Institut als Therapeutin für betroffene Kinder und Jugendliche folgten, erleichterten Dutzende Familien, förderten und unterstützten sehr schwere wie auch leichtere Legastheniebetroffene.
Das Schönschreiben im Keramikerhandwerk, das Rechtschreiben in der Schule und später in der Therapie wurden ein Leben lang von Tagebucheinträgen, Essays und Aufsätzen, dem Schreiben von Märchen und Familiengeschichten begleitet. Als 2018 plötzlich die Augen ernsthaft erkrankten und rasch zu schwerem Sehverlust führten, sodass alle geliebten visuellen Tätigkeiten wie Fotographie, Malen und Zeichnen sehr erschwert bis unmöglich wurden, entpuppte sich die technische Welt des Computers, des iPads, des Smartphones und der KI zum Segen im letzten Lebensabschnitt. Ab da verwandelten sich alle künstlerischen Tätigkeiten hin zum Schreiben und Gestalten der Sprache. Gelesen wird jetzt mit den Ohren. Auch auf Französisch. Ganze Nächte lang.

Es ist kühl, der Wind huscht listig durch den Nebel. Dieses milchige, dahinschleichende Abendgespenst, Hansdampf in allen Gassen, über der Aare und in jeder Falte meiner bereits feucht gewordenen Kleidung. Die Laternen sind auch schon an. Kalt. Ostwind. Ich gehe zielgerichtet zu meinem Date mit Paul. Den Weg kenne ich schon, laufe ihn blindlings, brauche gar nicht genau hinzuschauen. Rasche Schritte über die Lorrainebrücke oberhalb des Botanischen Gartens, vorbei an imposanten, in Stein gehauenen Obelisken und Figuren. Kragen hoch. Kopf einziehen. Stecke meine Hände tief in die Jackentaschen, atme gegen das Abendgespenst und freue mich auf die geheizten Räume im Kunstmuseum. Gegenüber steht majestätisch das Amtshaus. Dort saß mein guter Freund in Untersuchungshaft, wegen Heroin und so. Durfte ihn mit Gauloises Bleues und Schokolade versorgen. Der Amtsrichter hatte das so bestimmt.
Paul, der mir seit kurzem nahe geworden war wie kein anderer, der mir Hoffnung gab und gibt für mein Leben. Sanfte, heimliche Liebe. Gemeinsam schwingen, leises Beben in der Brust. Seine Engel, an sauberen, weißen Wänden hängend. Mein Blind Date mit dem

vergesslichen Engel, dem Engel voller Hoffnung, dem Engel vom Stern und dem Engel im Kindergarten, dem Schellenengel, dem armen Engel, und um die Ecke dem zweifelnden Engel, dort dem Engel der Wandlung. Bei jedem neuen Standpunkt vor den Bildern immer wieder diese flattrige Aufregung, die Gewissheit, dass die Aussage dieses oder jenes Engels genau meine innerste empfundene Wahrheit, meine Lebenskraft spiegelt. Mein Paul aber ist an sich der Engel für mich persönlich, gibt mir diese heimliche Standhaftigkeit „das alles im Leben" durchzustehen. Kenner loben ihn über den Klee, die Wenigsten verstehen, was er eigentlich meint. Ich bin ihm nahe, spüre seine eigenen und auch mir bekannten Nöte, seine Geschichte berührt mich, spornt mich an, neue Gedanken zu denken.
Und Jahre später: Was ist, wenn Formen, Farben und Gegenstände jeder Art, nicht mehr wirklich gesehen werden könnten? Jacques Lusseyran sprach schließlich auch vom "wiedergefundenen Licht". Wiedergefunden? Ja, wo war es denn gewesen? Und wo ist es jetzt? Viel später im Leben holen mich diese Gedankenansätze wieder ein und fordern mit Wucht die Reste meiner Sehkraft neu heraus. An der stillen Liebe zu Pauls Werk aber ändert das nichts.
Wer kann das überhaupt fassen? Ist der innere Weg, der sehbehinderte Pfad das neue Licht? Sieht ein Sehender diesen Weg eigentlich auch wie ein Nichtsehender? Nennt sich das am Ende "blindes Vertrauen"? In die Welt? In das Übersinnliche? An sich selbst? Allen gleich?
Kein Mensch wie Paul will berühmt sein. Ruhm war und ist nicht sein Ziel. Sein Ziel war: sich nahe zu kommen, sich zu verstehen. Das Unfassbare fassen, fassbar werden zu lassen. Lebenslange Meditation. Kämpfe in sich, mit sich, Suche nach Form, nach Gestalt, nach Übersetzung des Nichtsichtbaren. Nach Licht in der Düsternis. Viele Reisen zum Schauen und Begreifen, Ergreifen der Quintessenz, seiner Selbsterkenntnis. Streben nach Vervollkommnung, nach der perfekten Farbtönung. Rhythmen finden. Auf dem Papier, der Leinwand. In unseren Seelen. Suche nach Methoden und

Techniken, mit welchen sich Träume und Ahnungen verwirklichen lassen. Sichtbar machen. Sehen und doch nicht sehen. Dann immer wieder die Enttäuschung. Er und ich nie wirklich verstanden, von der Umwelt allein gelassen mit all diesen Gefühlen und Emotionen. Wer soll das verstehen? Und überhaupt letztendlich: Wer sind eigentlich die wirklich Sehenden? Kein Dialog möglich über das nicht Sichtbare, warme Innere, den Ort der wahren Liebe, der Gestaltung der Zukunftsbilder. Augen zu und durch? Niemals. Schauen, dann sehen und begreifen. Solange es geht.

Traurig und glücklich zugleich laufe ich nach dem wärmenden Besuch bei Paul durch meine Stadt. Meine Gassen. Mein Bundesplatz, meine Lauben und Arkaden. Es riecht nach Maroni. Es ist spät geworden. Der Nebel ist noch schwerfälliger und dichter geworden. Linkerhand thront das Münster als Gestaltschatten im Scheinwerferlicht, den ich gerade noch durch die Nebelschleier erahnen kann, majestätisch auf ihrer Plattform oberhalb der Aare und der "Matte". Mein Münster. Helmut Walcha spielte uns auf der mächtigen Orgel einen Abend lang blind Toccaten und Fugen von Johann Sebastian Bach. Mächtiger Nachhall im Gemüt. Dann führt mich der Weg über die Kirchenfeldbrücke. Die Brücke, die viele Jahre später durch den Roman "Nachtzug nach Lissabon" weltberühmt geworden ist. Die Selbstmörderin in spe, die am Geländer steht. Unentschlossen, nass, verwirrt. Gregorius, der sie selbstlos herausführt aus ihrer Not. Eine Liebestat, blind vertrauend, dass "alles" gut wird. Ihm schenkt sie dagegen nichtsahnend neue Wege, neue Menschen, neues Leben. Unser Dorfschuster hat es damals 1962 nicht geschafft, nicht zu springen. Er war tot. Auf dem Sportfeld unten, auf der Aschenbahn zerschmettert. Er hatte sein Vertrauen in die mögliche Liebe verloren. Unvergesslicher Seelenterror hat mich dann wochenlang tyrannisiert. Das Kopfkino quälte mich. Vorbei der Duft des Leims und des frischen Leders, vorbei das Hämmern, das Nähen. Nie mehr sitzen in der Schusterei, zuschauen und lernen. Ich habe das nie verstehen können.

Am Ende der Brücke kam dann der Helvetiaplatz. Mittendrin steht der große, majestätische Brunnen des Welttelegrafendenkmals mit seiner riesenhaften Darstellung einer opulenten, in der Mitte sitzenden, alle verbindenden, mütterlichen Helvetia, die ihrerseits von bronzenen Allegorien von Familie, körperlicher und geistiger Arbeit, Schmerz, Fruchtbarkeit und Barmherzigkeit umgarnt wird. Hinter dieser mächtigen Darstellung für den Welttelegrafenverein erschaffen, steht das Historische Museum mit seinen neckischen Spitzentürmchen, ein paar Meter dahinter befindet sich das Gymnasium des Raimund Gregorius und rechts vor mir das Schweizerische Alpenmuseum, links ihm gegenüber die Kunsthalle, die von Christo 1968 vollständig eingepackt worden ist und dann meine Vorortbahn nach Hause, blau, Außentreppen, Schiebetüren, geschwungene, klarlackierte Holzbänke, volle Aschenbecher, überquellende Aschenbecher! Die Fenster waren damals noch rauf- und runterzuschieben. Trotzdem drängen Achselgestank der müden, arbeitenden Bevölkerung und kalter Zigarettenrauch aggressiv durch meine Nasenflügel. Dieses Feierabendgemenge, schwer in der Luft hängend und kaum erträglich! Also habe ich gegen den Gestank mitgeraucht. Keine Rede mehr von grandiosen, bronzenen Allegorien, sind untergegangen im Abteilmief. Das hier ist die abendliche Realität.
Entlang der baumelnden Straßenlaternen, die wie auf einer Perlenschnur sorgsam aufgereiht, abwechselnd pendelnd mit der Dunkelheit spielerisch aufleuchten und wieder ausgehen, um wieder aufzuleuchten und wieder abzudunkeln, hangelt sich diese meine Bahn schwankend und mit blinder Gewissheit auf ihrem richtigen Eisenweg zu sein, von rechts nach links kippelnd, durch die zunächst breite, stattliche Stadtallee, raus ins Ländliche, das im Dunkeln schon fast schläft. Hier ist die Welt schon still geworden, hier riecht es nach warmem Kuhstall. Nach Heu und Misthaufen. Aus den Fenstern duftet es nach Rösti und Speck. Eine jagende Katze lugt um die Ecke. Die Milch ist schon weg. Abgeliefert. Der Hund schläft. Alles ist in Ordnung hier.

Scheint in Ordnung zu sein.
Die Jugend aber protestiert: Und was ist mit dem Vietnamkrieg? Und was ist mit den Panzern in der Tschechoslowakei? Protestmarsch dieser Jugend zur russischen Botschaft, Tränengas, Schlagstöcke und das war's. In Bern. Und was ist mit Benno Ohnesorg in Berlin? Berlin ist doch so weit entfernt. Liegt in Deutschland. Weit weg und immer noch unter dem Muff der tausendjährigen Talare. Dissonanzen in meinem Kopf lassen mein Gemüt ins unendliche Verzweifelte und Zornige anschwellen. Ist das die Welt, in der wir leben wollen; ich leben will? Blinde Wut! Jugendwut. Sie erfasst uns alle im tiefsten Inneren. Wir, die wir uns doch endlich aus der vollen Enttäuschung rausprügeln wollen, aus dem verstaubten, doch nur scheinbaren Wohlstand unserer selbstzufriedenen, wirtschaftserfolgreichen, tief verschweizerten, konservativen Nachkriegs-Eltern. Ja, ja! Sie hatten Angst damals und genau das legitimiert sie zu ihrem blindem Komfortdespotismus? Wir fragen: was haben sie uns eigentlich hinterlassen? Diese wilden Fragen geraten zum Nährboden des Ungehorsams der wohlstandsverwahrlosten Jugend und werden mit Heroin betäubt. Nicht alle kommen deshalb ins Amtshaus.
Es schreit laut in uns. Wir halten dagegen. Mich aber hält Paul fest in seinen Engelsarmen. Ho-Ho Ho Chi Min!

Sonja Servos

Nächster Halt: "Liebe"

Sonja Servos wurde am 19.12.1980 in Köln geboren. Sie hat einen angeborenen Grünen Star der 2004 zur Erblindung geführt hat. Von 2000 bis 2003 schloss sie erfolgreich ihre Ausbildung zur Bürokauffrau im Berufsförderungswerk Düren ab. Während der Ausbildung lernte sie Heiko Servos kennen, den sie im August 2007 heiratete. Im Dezember 2006 kam ihre erste Tochter und im August 2009 ihre zweite Tochter zur Welt. Sonja Servos ist Hausfrau und arbeitet ehrenamtlich bei GIPS Spielen und Lernen e.V.
Sonja Servos hat früher schon immer gerne Kurzgeschichten oder auch Gedichte geschrieben. Seit Januar 2024 ist sie Mitglied bei den BLAutoren.

Pia tippte auf ihr Handy. Noch 5 Minuten bis der ICE nach Hamburg eintreffen würde. Kurze Zeit später fuhr auch schon der ICE auf Gleis 4 ein.
„Der Zug ist da, kommen Sie mit, wir bringen Sie gleich zu Ihrem richtigen Platz", sagte die freundliche Mitarbeiterin der Mobilitätszentrale, während die andere Dame den Koffer hinterher brachte.
Kurze Zeit später saß Pia auf ihrem Platz. Sie dachte sich, dass es eine sehr langweilige 4-stündige Fahrt bis nach Hamburg werden würde. Sie hatte vergessen, ihren MP3-Player vorher noch einmal aufzuladen. So konnte sie ihr Lieblingsbuch nicht weiterhören.
Es dauerte noch ein paar Minuten, bis der Zug endlich losfuhr, da am Kölner Hauptbahnhof Personalwechsel war und der Zugführer noch nicht kam. Pia saß im vorderen Teil des Zuges, genauer gesagt im ersten Wagen. Daher hörte Pia auch, wie sich die Fahrerkabine öffnete. Sie nahm an, dass der Zugführer inzwischen da war und die Fahrt endlich losgehen könnte. Pia kannte die Strecke schon in- und auswendig, da sie jedes zweite Wochenende nach Hause zu ihren Eltern fuhr; Pia lebte nämlich noch zu Hause bei ihren Eltern, obwohl sie in der Woche und jedes zweite Wochenende im Studentenwohnheim an der Kölner Uni wohnte. Dort studierte sie Digital Marketing. Sie befand sich bereits im vierten Semester und würde

voraussichtlich in eineinhalb Jahren erfolgreich ihr Studium abschließen.
„Nächster Halt Düsseldorf Hauptbahnhof!“, ertönte es aus den Lautsprechern von einer sehr sympathischen männlichen Stimme, die Pia von ihren Fahrten bereits kannte.
Jedes Mal, wenn sie die Stimme aus den Lautsprechern hörte, fühlte sie ein leichtes Kribbeln in ihrem Bauch. Kurze Zeit später kam diese sympathische Stimme aus den Lautsprechern auf sie zu und sprach sie an: „Junge Dame, die Fahrkarten, bitte!“
Pia hielt dem Mann ihre Fahrkarte hin. Sie wusste aus früheren Fahrten, dass er Daniel hieß.
„Vielen Dank und noch eine angenehme Weiterfahrt, hübsche junge Dame.“
Wieder hatte sie dieses leichte Kribbeln im Bauch, nein, es war mehr als ein Kribbeln. Es war, als würde ein Schmetterling in ihrem Bauch herumflattern. Als Pia die Fahrkarte wieder entgegennahm, schenkte sie Daniel ein Lächeln zurück.

Eine Stunde später kam Daniel von seiner Kontrolltour zurück und sprach Pia plötzlich an: „Wie heißt du eigentlich? Ich habe dich hier schon öfters im Zug gesehen, und du sitzt immer auf dem gleichen Platz im vorderen Waggon.“
Pia erschrak, dachte, dass sie träumen würde. Hatte Daniel sie etwa gerade angesprochen?
„Äh, meinst du etwa mich?“, fragte Pia verdutzt. Da sie von Geburt an blind war, konnte sie den Blickkontakt nur ahnen oder spüren, aber nicht sehen. Sie merkte, dass sich jemand gegenübersetzte.
„Pia, ich heiße Pia.“
„Das ist aber ein hübscher Name“, sagte er. „Der Name passt zu dir, ich heiße übrigens Daniel.“
Er nahm vorsichtig ihre Hand, denn er wusste bereits aus vergangenen Fahrten, dass Pia blind war.

Daniel hatte des Öfteren im Zug beobachtet, dass sie einen Blindenstock bei sich trug und immer von der Mobilitätszentrale in den Zug zu ihrem Platz begleitet wurde.
„Hast du Lust, die nächste Station anzusagen?“, fragte Daniel sie.
Pia spürte, wie ihr die Röte ins Gesicht fuhr. Sie lächelte verschmitzt und antwortete: „Warum nicht?“
Daniel nahm ihre Hand. „Na, dann komm mal mit.“
„Liebe Fahrgäste, mein Name ist Daniel. Bevor wir die nächste Haltestelle erreichen, will ich Ihnen heute meine reizende Assistentin Pia vorstellen, die heute für euch die nächste Station ansagen wird.“
Daniel überreichte Pia das Mikrofon.
„Äh, liebe Fahrgäste, willkommen an Bord unseres wunderschönen Intercitys auf der Fahrt nach Hamburg. Mein Name ist Pia. Wenn wir nicht versehentlich daran vorbeirauschen, erreichen wir in wenigen Minuten Bochum Hauptbahnhof. Ich wünsche Ihnen noch eine angenehme Weiterfahrt und besuchen Sie uns bald wieder.“
Zufrieden lächelte Pia Daniel an. „War das so okay?“
Daniel grinste, schaute Pia tief in die Augen.
Das bekam Pia ja leider nicht mit.
„Gar nicht mal so schlecht, du kannst sofort als meine persönliche Assistentin bei der Bahn anfangen.“
So ging das die nächsten 3 Stunden munter weiter. Pia und Daniel alberten ein wenig herum. Zwischendurch unterhielten sie sich miteinander, so vergingen die weiteren Stunden wie im Fluge. In Kürze würden sie schon Hamburg Hauptbahnhof erreichen.

Pia stand am Bahnsteig und wartete darauf, dass ihr Vater sie abholen würde. Verträumt dachte sie an die Fahrt von Köln nach Hamburg. Nein, eigentlich dachte sie nur an Daniel. Sie fragte sich, wie er wohl aussieht, ob er blaue Augen haben würde?
Ihr ging seine Stimme schon seit Wochen, nein, seit Monaten nicht mehr aus dem Kopf und nach dem heutigen Erlebnis würde er erst recht in ihrem Kopf herumspuken. Er besaß eine charmante, witzige Art.

„Pia!", rief ihr Vater nun schon zum dritten Mal.
„Wie? Was?", antwortete Pia verträumt.
„Hast du mal wieder deine Kopfhörer in den Ohren oder warum hast du mich nicht rufen gehört?", fragte er verdutzt.
„Sorry, Paps, ich glaub, ich war gerade mit meinen Gedanken woanders."
„Ja, das kann man wohl sagen, so verträumt, wie du schaust."
Er nahm Pia am Arm, ging mit ihr zum Auto und sie fuhren nach Hause.

Endlich Montag. Pia hatte es kaum erwarten können, bis die 3 Tage bei ihren Eltern vorübergegangen waren. Sie liebte zwar ihre Eltern über alles, freute sich auch jedes Mal auf das Wochenende bei ihnen, doch seit sie Daniel am Freitag angesprochen hatte, konnte sie es kaum erwarten, ihn wiederzutreffen.
Weil sie diese Strecke schon viele Male gefahren war, wusste sie genau, wann Daniel in welchem Zug als Zugbegleiter mitfahren würde.
Da kam auch schon der ICE. Pia war voller Vorfreude, Daniel bald wiederzusehen. Pias Mutter half ihr in den Zug und brachte sie zu ihrem Sitzplatz. Die Eltern verabschiedeten sich von Pia, wünschten ihr eine gute Fahrt.
Doch was war das? Als die nächste Haltestelle durch die Lautsprecheranlage angesagt wurde, war das nicht Daniels Stimme.
Zu dumm, dass Daniel nicht im Zug zu sein schien. Sie ärgerte sich über sich selbst, dass sie ihn am letzten Freitag nicht nach seiner Handynummer gefragt hatte, war traurig und enttäuscht.
Sie kramte ihre Fahrkarte heraus, um sie dem Zugbegleiter geben zu können, wenn er gleich vorbeikommen würde.
„Die Fahrkarten bitte!"
Mürrisch zeigte Pia die Fahrkarte zum Kontrollieren und steckte sie anschließend wieder in ihre Handtasche.
„Guten Morgen, Pia, meine Hübsche."

„Aber, aber Daniel, was machst du denn hier? Ich dachte, du wärst heute nicht im Zug bei deiner Arbeit."
„Bin ich ja auch nicht, ich meine, also im Zug bin ich schon, aber nicht bei der Arbeit. Ich bin privat unterwegs und ich wusste ja, mit welchem Zug du wieder nach Köln fahren würdest und wollte dich auf keinen Fall verpassen."
„Warum wolltest du mich denn nicht verpassen? Was gibt es denn Wichtiges?"
„Na, zum einen wollte ich gerne Zeit mit dir verbringen und zum anderen habe ich vergessen, dir meine Handynummer zu geben."
In Pias Bauch kribbelte es wieder wie verrückt. Sie bemerkte, dass gleich ein Schwarm voller Schmetterlinge in ihrem Bauch Purzelbäume zu schlagen schienen.
„Ja, ich wollte dich auch schon nach deiner Handynummer gefragt haben und hatte mich geärgert, dass ich es vergessen habe."
Mit einem Grinsen im Gesicht streckte Daniel ihr die Hand entgegen und sagte: „Na, dann gib mir mal dein Smartphone und ich tippe dir meine Nummer ein."
Sie tauschten ihre Nummern.
In Köln angekommen, stieg Pia mit Daniel aus.
„Hast du heute eigentlich noch was vor oder musst du gleich zur Uni?"
„Bis jetzt habe ich noch nichts vor. Warum fragst du?"
„Also, wenn du nichts dagegen hast, dann begleite ich dich in dein Wohnheim. Danach können wir ja gemeinsam was in Köln unternehmen, wenn du magst."
Pia strahlte vor Glück, brachte vor Aufregung nur ein knappes „Ja, gerne" heraus.
Daniel nahm ihr den Koffer ab und Pia hakte sich bei ihm unter. Gemeinsam liefen sie in Richtung U-Bahn.
Kurz darauf bummelten Pia und Daniel Hand in Hand durch die Kölner Altstadt, um in einem Café einzukehren. Sie saßen an einem Tisch auf der Terrasse, während sie sich unterhielten und über alles Mögliche plauderten, nahm Daniel Pias Hand, streichelte über

ihren nackten Arm und sagte: „Du hast wunderschöne rehbraune Augen."
Später spazierten sie händchenhaltend am Rhein entlang. Pia fühlte sich wie ein verliebter Teenager und das, obwohl sie in Kürze schon 21 wurde.
So verging ein romantischer Tag. Daniel musste schließlich wieder zum Bahnhof und fuhr zurück nach Hamburg.
Ein paar Stunden später saß Pia auf ihrem Bett im Wohnheim und dachte noch lange über den Tag nach. Diesen gemeinsamen Tag mit Daniel würde sie so schnell nicht vergessen und noch lange in Erinnerung behalten.
Besonders erinnerte sie sich an seinen sanften Abschiedskuss am Bahnhof. Pia strich sich vorsichtig mit zwei Fingern über ihre Lippen und hatte das Gefühl, dass sie noch immer Daniels Lippen spüren konnte und dieses leichte Piksen von seinem Schnurrbart. Er war also Bartträger – und wieder hatte Pia ein Puzzleteil mehr zu ihrem Bild von Daniel. Sie wusste bereits, dass er braune, kurze, lockige Haare und blaue Augen hatte und einen weichen Schnurrbart trug. Mit einem zufriedenen Lächeln schlief Pia ein und träumte von Daniel.
Am nächsten Morgen wachte Pia schlaftrunken auf. Sie ging ins Badezimmer, um sich für die Uni fertig zu machen.
„Hoffentlich geht der Tag heute schnell vorbei", dachte sie sich, als sie unter der Dusche stand.
Während Pia sich anzog, musste sie schon wieder an Daniel denken. In diesem Moment kam ein "Bling Bling" von ihrem iPhone.
Es war eine Nachricht von Daniel: *Guten Morgen meine Süße, hast du gut geschlafen? Ich bin gerade auf dem Weg zum Bahnhof, um meine Fahrt nach Köln anzutreten. Ohne dich wird mein Arbeitstag heute nur halb so schön sein.*
Bevor Pia ihre Sachen für die Uni zusammensuchte, tippte sie Daniel noch schnell eine Antwort ein: *Ja, habe sehr gut geschlafen und der gestrige Tag mit dir war wunderschön.*
Ein paar Minuten Zeit hatte Pia noch.

Bald musste sie sich um ihr Frühstück kümmern, um nicht zu spät zur Uni zu kommen.
"Bling Bling", wieder eine Nachricht von Daniel: *Wir können das ja gerne wiederholen, aber diesmal in Hamburg, wenn du das Wochenende bei deinen Eltern bist. Wünsche dir noch einen angenehmen Tag an der Uni. In circa 10 Minuten kommt mein Zug. XOXO.*
Ja, ich werde jetzt noch rasch frühstücken und dann muss ich auch schon los. Da fällt mir ein, wenn ich das nächste Mal in Hamburg bin, also in 2 Wochen, feiere ich meinen Geburtstag. Hast du nicht Lust auch zu meinem Geburtstag zu kommen? Du bist herzlichst von mir eingeladen. XOXO.
Daniel konnte diese Einladung nicht ausschlagen und hatte glücklicherweise an dem Wochenende auch frei. Pia konnte kaum erwarten, dass die Zeit zu ihrem Geburtstag verging. Sie war sich sicher, dass es ein noch schöneres Wochenende werden würde als dieser gemeinsame Tag mit ihm.

Tamara Ströter

Verbotene Liebe

Tamara Ströter wurde 1968 in Wuppertal geboren. Ihre Augenerkrankung Retinitis Pigmentosa wurde festgestellt, als sie 3 Jahre jung war. Sie war schon immer beim Sehen eingeschränkt, bis sich das restliche Sehvermögen dann 2003 ganz aus dem Staub gemacht hat. Beruflich hat sie bis 1998 als Industriekauffrau in einem metallverarbeitenden Unternehmen gearbeitet. Aufgrund der Verschlechterung ihres Sehvermögens ist sie dann nach einer Grundreha im BFW Düren 2001 in die Frührente entlassen worden. Seitdem arbeitet sie hauptberuflich, ehrenamtlich in der Blinden- und Sehbehindertenselbsthilfe im Vorstand des BSV für den Kreis Mettmann e.V. mit.
Für den Verein ist sie an der Bürgerfunksendung 'Tonforum Niederberg" beteiligt, die immer am 2. Sonntag eines Monats um 19:04 Uhr bei Radio Neandertal ausgestrahlt wird. Seit Oktober 2023 ist sie ebenfalls Beisitzerin im Landesvorstand des BSV Nordrhein e.V. Sie ist seit 2021 BLAutorin. Ihre Texte finden sich bisher in den Anthologien: "Abenteuerliche Anekdoten blind erlebt" und "Weihnachtsmodus an".

Seit der ersten Klasse saßen Sabine, genannt Biene, und ihre beste Freundin Nicole nebeneinander. In der Realschule saßen beide dann sogar ehrgeizig ganz vorne. Das änderte sich ab der siebten Klasse direkt nach den Sommerferien.
Ein neuer Schüler kam in die 7a. Der Junge war sehbehindert. Er musste ganz vorne sitzen, damit er die Schrift an der Tafel überhaupt lesen konnte. Die Lehrerin entschied, dass Chris, so hieß der Neue, neben Biene sitzen würde. Dadurch wurde Nicole eine Reihe weiter nach hinten verbannt. Biene war stinksauer und reagierte Chris gegenüber ziemlich reserviert. Bis zum Ende der Woche beruhigte sie sich wieder. Das Zettelchenaustauschen mit Nicole, die jetzt schräg hinter ihr saß, klappte ganz gut. Vielleicht auch, weil die Lehrerin ein Auge zudrückte.

Biene schloss Chris dank ihrer hilfsbereiten Natur ein bisschen ins Herz. Wenn er trotz der dicken Brille nicht erkannte, was alles an der Tafel zu sehen war, soufflierte sie ihm.
In der Pause fühlte Chris sich ausgeschlossen, da er mit den anderen Jungen kein Fußball spielen konnte. Er gesellte sich zu den Mädchen, was Spott auf ihn zog.
So ergab es sich, dass aus dem Duo Biene und Niki ein Trio wurde. Die drei zogen nach den Hausaufgaben gemeinsam durchs Dorf und verbrachten zusammen die Nachmittage. Im Sommer lagen sie gemeinsam im Schwimmbad auf einer Decke oder ließen sich das beste Eis der Umgebung im Venezia schmecken.
Die Eltern von Chris arbeiteten den gesamten Tag. Bienes Mutter bot an, dass der Junge doch bei ihnen mitessen könne, und so gehörte er nach der siebten Klasse fast zur Familie. Für Biene wurde Chris zu einem Ersatzbruder.
Im Winter verbrachten Biene, Niki und Chris wechselweise ihre Zeit in den jeweiligen Jugendzimmern der anderen. Biene hatte ihr Zimmer unter dem Dach. Dort war viel Platz und die drei bauten etliche Puzzles zusammen. Chris´ Aufgabe war es, die Randstücke zu suchen. War der Rand gelegt, konnte er die Teile entsprechend der Form suchen und ertasten.
Nikis Mutter kochte und backte für ihr Leben gern. Sie weihte die drei in die Backkunst ein. Die Mädels überraschten Chris an seinem Geburtstag mit einer sprechenden Küchenwaage. So backten die drei zur Weihnachtszeit vom Ausstecherle bis zum Spritzgebäck alles, was man in der Weihnachtszeit gerne isst.
Im Haus von Chris´ Familie hatten die drei meistens sturmfreie Bude. Sie freuten sich auf lange Filmnachmittage, denn dort gab es einen VHS-Videorecorder. Die Filme liehen sie sich in der örtlichen Videothek aus.
Ab der neunten Klasse war es die Regel, dass die Jugendlichen an einem Tanzkurs im Gemeindehaus teilnahmen. Dort kamen auch Schüler der anderen weiterführenden Schulen hinzu.

Niki bändelte dort mit einem Jungen namens Heiko an. Der lud Niki ein, seine Tanzpartnerin beim großen Abschlussball zu sein.
Biene und Chris wollten eigentlich gar nicht daran teilnehmen, doch deren Eltern freuten sich sehr auf den Ball. Außerdem wollte auch Niki nicht ohne ihre beiden besten Freunde dort tanzen. Also gaben Biene und Chris nach und willigten ein.
Die Mädchen zogen mit ihren Müttern los, um lange Abendkleider zu kaufen. Die hochgewachsene Niki hatte bereits deutlich weibliche Formen. Mit ihren dunklen Locken sah sie in ihrem apricotfarbenen Kleid umwerfend aus. Biene trug einen blonden Kurzhaarschnitt und lief am liebsten in Jeans und Shirt herum. Deshalb tat sie sich schwer, etwas Passendes in ihrer zierlichen Größe zu finden. Doch nach längerem Suchen fand sie einen schlichten Traum in türkis.

Am Ballabend holten die beiden Herren ihre Damen bei Biene ab. Die Burschen sahen in ihren dunklen Anzügen und weißen Hemden schick aus. Jeder hatte für seine Dame einen Blumenstrauß dabei.
Die Eltern saßen in der Festhalle. Sie beobachteten stolz, wie sich ihr reifer Nachwuchs auf der Tanzfläche gekonnt drehte.
Nach der Veranstaltung gingen die Erwachsenen heim. Die Tanzschüler machten jedoch die Nacht zum Tag. Niki und Heiko waren sich mittlerweile nähergekommen. Er brachte sie nach Hause, um sich von ihr vor der Tür einen gute Nachtkuss zu ergattern.
Biene und Chris schlenderten auch heim. Sie umarmten sich beim Abschied. Irgendetwas war plötzlich anders. Bei Biene kribbelten die Schmetterlinge im Bauch. Chris sah sie sonderbar an. An diesem Abend gingen beide verwirrt zu Bett. Jeder selbstverständlich in sein eigenes.
Bis zu den Sommerferien unternahmen sie meistens etwas zu viert. Das Liebespaar Heiko und Niki und Biene mit Chris im Schlepptau. Mittlerweile durften die vier auch die Disco im Ort besuchen. Zutritt ab sechzehn und Sperrstunde um 22:00 Uhr für Jugendliche unter achtzehn Jahren.

Da Chris im Dunkeln nachtblind war, nahm Biene ihn an die Hand. In diesen Situationen kribbelte es bei beiden seltsam, doch keiner von ihnen traute sich, darüber zu sprechen.
In den Sommerferien vor dem letzten Schuljahr fuhren die vier jungen Leute mit ihren Eltern so versetzt in den Urlaub, dass sie sich kaum sehen konnten. Erst in der letzten Woche kamen alle zurück und erzählten sich bei leckerem Eis ihre Urlaubserlebnisse.
Sie freuten sich auf ihr letztes Schuljahr und eine Abschlussfahrt nach London. Obwohl Chris´ Eltern wussten, dass ihr Sohn bei Biene und Niki in guten Händen war, machten sie sich wegen der Abschlussfahrt Sorgen. Chris hatte sich in letzter Zeit verändert. Er schaute immer verträumt in der Gegend herum und lächelte verschmitzt.
Heiko ging zum Gymnasium und war zum Leidwesen von Niki nicht bei der Fahrt nach London von der Partie. Sie schrieb ihm dafür jeden Tag eine Postkarte aus England.
Biene und Chris liefen immer Hand in Hand durch die fremde Weltstadt. Natürlich nur, damit ihr Chris mit seinem schlechten Sehen nicht abhandenkam.

Am dritten Abend zog Biene Niki ins Vertrauen. Sie gestand ihr, dass sie sich in Chris verliebt hätte.
„Dachte ich es mir doch“, sprudelte es aus Niki heraus.
„Meinst du, er mag mich auch?“
„Ich frage mich, wer von euch beiden der Blindfisch ist. Ein Blinder mit Krückstock sieht doch, dass Chris bis über beide Ohren in dich verknallt ist.“
Biene lachte glücklich. Sie verabredeten, dass Niki die beiden am nächsten Tag alleine durch London bummeln ließ, damit sie sich endlich aussprechen könnten.

Biene und Chris saßen am Ufer der Themse auf einer Bank. Sie hielt seine Hand. Mutig gestand sie ihm ihre Liebe. Chris war völlig erleichtert, da es ihm nicht anders erging. Endlich tauschten sie ihre ersten innigen Küsse – und die Schmetterlinge flogen Looping. Der Rest der Klasse sollte von ihrer Liebschaft noch nichts mitbekommen. Sie küssten sich nur heimlich. Dass sie weiterhin Hand in Hand gingen, war ja für die Mitschüler längst normal.

Nach der Reise erzählte Biene ihrer Mutter freudestrahlend, dass sie und Chris zusammen gehen.
Die Mutter wurde bei diesem Gedanken auffällig still und sagte erstmal nichts. Sie wollte mit Vater reden. Biene verstand diese Reaktion überhaupt nicht. Chris gehörte doch zur Familie. Alle mochten seine lockere Art. Chris´ Eltern hingegen waren sehr erfreut darüber. Biene wurde von Chris´ Mutter sogar herzlich umarmt.

In den nächsten Tagen erklärten Bienes Eltern ihr, dass sie Chris zwar toll finden, aber als ihren Partner nicht akzeptieren würden. Sie sagten: „Du verbaust dir die ganze Zukunft. Wie soll er denn mit seiner Sehbehinderung eine Familie ernähren?"
„Ich kann arbeiten gehen!", erwiderte Biene energisch „Außerdem wird Chris Physiotherapeut. Von seinem Gehalt kann er auf jeden Fall eine Familie ernähren! Ihr seid so gemein!"
Die Eltern wollten ihr den Umgang mit Chris nach der Schule verbieten, aber das ließ sie sich nicht gefallen. Beide trafen sich weiter teils heimlich teils ganz öffentlich mit Niki und Heiko.
Der Haussegen hing danach ständig schief.
Chris war über die Reaktion von Bienes Eltern sehr enttäuscht. Biene versicherte ihm, dass ihr egal wäre, was ihre Eltern über diese Freundschaft dachten. Sie versprach, immer bei ihm zu bleiben. Chris hatte zwar ein mulmiges Gefühl, glaubte ihr aber. Sie trafen sich ja immerhin jeden Tag.

Nach der Zeugnisvergabe ging es in die großen Ferien. Wieder fuhren alle zu so versetzten Zeiten, dass sie sich kaum treffen konnten. Niki fing nach den Ferien eine Lehre als Bürokauffrau an. Heiko

ging weiter zum Gymnasium. Chris ging nach Mainz zur Physiotherapeutenschule, die für Blinde und sehbehinderte Azubis eingerichtet war. Biene wechselte zum Gymnasium, um Abitur zu machen.
Sie und Chris versprachen, sich ganz oft zu schreiben und zu treffen, wenn er auf Heimaturlaub sein würde. Leider wurde der Druck von Bienes Eltern auf die Tochter immer größer. Bei jedem Brief von Chris gab es Streit mit ihrer Mutter. Die Herausforderungen am Gymnasium und der ewige Streit mit den Eltern ließ Bienes Briefe an ihn immer seltener werden.
Chris musste sich in der fremden Stadt Mainz, in der neuen Ausbildungsstätte und im Wohnheim eingewöhnen. Zu Anfang fehlte ihm Biene mit ihrer fürsorglichen Art ganz besonders. Doch er wurde bald viel selbständiger und selbstbewusster. Chris fand Freunde, mit denen er sein neues Leben organisierte. Die Enttäuschung über Biene und ihre Eltern sorgten dafür, dass seine Heimatbesuche auf das Notwendigste reduziert wurden.
Diese junge Liebe hatte aufgrund besorgter Eltern keine echte Chance ...

Lena Withge

Flatternde Schmetterlinge

Lena Withge wurde 1954 in Jena geboren. Nach dem Schulabschluss erlernte sie den Beruf – Hochbauzeichnerin. Aufgrund des Sehverlusts durch Retinitis Pigmentosa ließ sie sich im BFW-Halle zur Büropraktikerin ausbilden. Einige Zeit danach erlernte sie noch die Blindenschrift, um selbständiges Lesen nicht gänzlich zu verlieren. Das Schreiben und Ausdenken kleiner Geschichten begleiteten ihren Lebensweg, und seit zwei Jahren schreibt sie an einem Roman. Der geistige Austausch und die gemeinsame Arbeit im BLAutor Autorenkreis beflügelt die Kreativität und bereitet ihr sehr viel Freude.

Voller Vorfreude, ihren Schatz nachher mit einer klangvollen Kostbarkeit zu überraschen, fuhr Nadja zügig dem Ende der Allee entgegen. Gleich hinter dem Hügel parkte sie den Land Rover, stieg aus, um den traumhaften Ausblick über ihre Ländereien auf sich wirken zu lassen. Dabei suchten ihre blaugrauen Augen etwas ganz Bestimmtes. Endlich, auf der letzten Koppel konnte sie viele weiße Punkte sehen. Einer ragte über alle und gerade der lag ihr besonders am Herzen.
„Rocky!", kam es leise über ihre vollen Lippen.
Durch Zufall gelangte Nadja vor ein paar Jahren im Internet zu dem Gestüt, welches weiße Knabstrupper züchtete. Je länger sie das Foto der prachtvollen Pferderarität betrachtete, umso stärker wuchs der Wunsch, eine eigene Zucht mit dieser Pferderasse zu beginnen. Mit ihren besten Freunden Matteo und Allea, die für sie arbeiten wollten, suchte sie verzweifelt nach einem geeigneten Gestüt, das auch noch halbwegs bezahlbar sein sollte.
Und dann geschah das Wunder. Nahe der Alpen befand sich ein Landgut auf einer Anhöhe zum Verkauf. Zwei Tage darauf standen alle drei geschockt zwischen den Ruinen. Still begutachteten sie trotz allem das gesamte Objekt und mit einem Mal empfand Nadja ein wohliges Gefühl zu Hause zu sein.

Im Grunde stand ihr Entschluss fest, sofern der Preis nicht zu utopisch war und Pachtland zur Verfügung stand.
„Matteo! Nadja kauft das Gut!“, rief ihm Allea überglücklich zu und verhinderte damit sein Verschwinden in dem Rest der vermutlichen Scheune.
Ehe Nadja noch einmal Luft holen konnte, verlor sie den Boden unter den Füßen und wirbelte laut jubelnd durch die Luft. Langsam ließ er sie in seinem Arm zu Boden gleiten. Als sie dabei in seine braun glänzenden Augen sah, fühlte sie das Flattern vieler Schmetterlinge in ihrem Bauch. Sollte sie sich wohlmöglich in ihn blind verliebt haben? Oh nein, auf keinen Fall durfte das sein. Schließlich war Matteo Alleas Liebe. Nadja versuchte sich aus seinem Arm zu befreien. Doch Matteo lockerte den Griff um ihre Taille nicht. Da störte Allea sein Vorhaben, übergab ihm sein Haargummi, das aus den schwarzen, langen Haaren bei der Drehung herausgerutscht war.
„Störenguste!“, raunte er zu Allea.
Diese lächelte geheimnisvoll, was Nadja nicht entging.
„Plänkeln könnt ihr später! Lassen wir die Eigentümerin lieber nicht warten, sonst verschenkt sie wohlmöglich noch den Kaufvertrag!“, rief sie Matteo und Allea zu und rannte zu ihrem roten Golf, der am Eingang stand.

Dass Nadja mit dieser Aussage beinahe recht behielt, erfuhr sie zwanzig Minuten später.
„Da wird immer auf die KI geschimpft, dabei kann die Menschheit heutzutage überhaupt kein Ziel mehr ohne Navigation erreichen!“, bemerkte Nadja so nebenbei und drückte auf die Klingel am Eingang einer reich verzierten Villa. Sogleich öffnete sich die Tür und ein Hausangestellter führte alle drei in ein Büro. Dort wartete Frau Wind mit Notar Host bereits auf sie. Nach einer freundlichen Begrüßung lud Frau Wind alle zu einer Tasse Kaffee am Besuchertisch ein. Dabei beantwortete Nadja der hochbetagten Frau ihre Frage zu dem Erhalt des Guts. „Sollten Sie die Güte haben, mir das Landgut

zu verkaufen, baue ich es zu einem Gestüt um!“
„Pferde, richtige Pferde?“ Frau Wind sah sie ungläubig an.
„Ja, ich habe mich in eine ganz bestimmte Rasse buchstäblich blind verliebt!“, erwiderte Nadja fast ein wenig übereifrig.
„Werte Frau Stup, es ist unmöglich, sich blind in Tiere zu verlieben!“, empörte sich Frau Wind.
Nadja stutzte. Wie sollte sie darauf reagieren, ohne den Kaufvertrag zu riskieren. Matteo wollte gerade die entstandene Stille unterbrechen, da wandte Frau Wind sich an den Notar: „Herr Host, diese Jungunternehmerin will sich einen Traum erfüllen. Dabei werde ich sie unterstützen!“, und zu Nadja: „Frau Stup, ihr Gestüt möchte ich noch bewundern, bevor ich einen anderen Weg gehe!“, und wieder zum Notar gewandt: „Bitte, Herr Notar Host, übernehmen Sie die rechtliche Angelegenheit!“
Dieser nickte, schlug eine große Mappe auf und begann den Vertrag vorzulesen. Der Kaufvertrag beinhaltete das Landgut, angrenzende beachtliche Ländereien mit Fischteich, zwei Quellen und ein großes Waldgebiet. Der Kaufpreis belief sich auf die Summe der Notarkosten. Drei Augenpaare sahen ungläubig erst auf das Stück Papier und nun zu Frau Wind.
„Sie wollen mir wirklich ihr Landgut schenken?“, fragte Nadja, wobei ein paar Tränen übers Gesicht kullerten.
„Verschenken? Nein, Frau Stup, ich verkaufe mein Landgut und glauben Sie mir, das Honorar für Herrn Host wird nicht zu knapp ausfallen!“, erwiderte Frau Wind energisch. Und etwas milder fügte sie hinzu: „Ich war auch einmal blind verliebt. Leider ist daraus keine Liebe geworden!“
Nadja nickte wohlwissend und unterschrieb.
Der Notar akzeptierte die nicht ganz akkurate Unterschrift von ihr und ihren Freunden als Zeugen.
Frau Wind lächelte, wünschte viel Erfolg für solch ein großes Projekt und verschwand durch die Tür hinter dem Notar. Gedankenverloren über das soeben Erlebte liefen sie zum Golf, an dessen Frontscheibe ein Strafzettel klebte. Nadja steckte diesen in die

Hosentasche und stutzte. „Wo ist der Kaufvertrag?“, rief sie erschrocken.
„Hier, bitte!“ Allea reichte das gewünschte Papier hin. Hastig überflog Nadja das Schriftstück und bekam weiche Knie und musste sich einen Augenblick an Matteo festhalten. „Das glaubt niemand! Ich habe ein riesiges Landgut für 10.000,00 € gekauft!“
„Tja, vielleicht gibt es doch einen Gott, der unsere Wege lenkt!“, bemerkte Allea leise.
„Schluss damit! Kaufen wir schnell noch etwas zum Grillen ein und eine Flasche Wein sollte auch nicht fehlen, um deinen Erwerb zu feiern!“
„Aber Matteo, auf dem Gut können wir nicht übernachten!“, maulte Allea, weil sie hungrig wurde.
„Mädels, der Sommer hat begonnen! Wir werden im Freien übernachten!“, gab Matteo lachend zur Antwort.
„Sonderbarer Mensch!“, maulte nun auch Nadja, deren Magen knurrte.
„Nach euren Mägen zu urteilen sind wir in Eile!“, spöttelte Matteo.
„Nun ja, deiner meldet sich gerade auch zu Wort!“, erwiderte Allea laut lachend, weil Matteo nachdenklich seinen Bauch betrachtete.
„Einsteigen, damit wir unseren Hunger endlich stillen können!“, befahl Nadja und startete den Golf.

Während Matteo Schuppen und Stall nach etwas Brauchbarem durchstöberte, suchten beide Frauen nach einem geeigneten Schlafplatz. Dabei entdeckten sie in der Mitte des Hofs einen Brunnen.
„Ob der noch Wasser hat?“, flüsterte Allea.
„Mit einem Stein können wir das prüfen!“, erwiderte Nadja.
Sie fand einen passenden nahe der Scheune. Eilig lief sie darauf zu, da kam stöhnend Matteo mit einer Brandschale aus dem fast zerstörten Stall – und schon wurde ihr Bauch zum Schmetterlingstanz.
„Geh aus dem Weg!“, rief er keuchend, hastete mit seiner Last zu Allea und stellte die Schale nahe dem Brunnen ab.

Nadja folgte ihm mit schlechtem Gewissen. Was sollte jetzt aus den Schmetterlingen werden, wenn sie von nun an täglich miteinander arbeiteten? Tief Luft holend stellte sie sich neben ihn und ließ den Stein hineinfallen. Sofort war der Aufprall hörbar.
„Wasser!", schrien alle drei.
Rasch holte Matteo eine Leine und Gummieimer, der sogleich im Brunnen verschwand und wenig später glasklares Wasser hervorbrachte. Kurzerhand verteilte er den Inhalt auf die beiden Frauen, die kreischend den nächsten über ihm komplett entleerten. Verräterische Formen ließen die Schmetterlinge in Nadja noch stärker flattern. Als nun Matteo Allea half, die langen blonden Haare auszuwringen, fühlte sie einen Stich im Herzen. Traurig wandte sich Nadja ab.
„Nadja! Wir wollen gleich essen!", rief Matteo und begann die Feuerschale zu füllen.
„Kuschelt ruhig ein bisschen! Bin in einer Stunde wieder da!", drehte sich hastig um, damit keiner die Tränen sah.
Doch Allea stellte sich ihr in den Weg. „Nadja! Matteo ist mein bester Freund, keine Liebe!"
„Das stimmt! Denn ich bin seit unserer ersten Begegnung so blind verliebt, dass es keine Frau gibt, die ich jemals so lieben könnte wie dich!" Er nahm ihr Gesicht in beide Hände. Vorsichtig wischte er mit dem Daumen die Tränen weg.
Immer wilder flatterten die Schmetterlinge, bis sich ihre Lippen trafen zu einem sanften Kuss.
Ein „Hallo" störte den zweiten Kuss. Matteo musterte die verhärmte Frau, den hageren Jungen, der einen ebenso mageren Hund am Strick führte.
„Setzt euch zum Feuer!", befahl er, füllte den Eimer, worauf sich der Hund gleich stürzen wollte. Doch Matteo füllte erst die Becher, dann bekam der Hund den Rest.

Nach dem Essen spielte Allea auf ihrer Ukulele, begleitet vom Gesang und Jaulen, welches Matteo mit Würstchen belohnte. Am

Morgen wurde Tilda Tagel als Hausangestellte, ihr Sohn Leon als Gehilfe und Utz als scharfe Bewachung eingestellt.

In den nächsten beiden Jahren wurde das Gut zur Großbaustelle. Daher wohnten sie im Sommer in Zelten am Teich und im Winter in der Pension im Dorf. Der frische Hafer und das Heu wurden im ersten Jahr vollständig verkauft und im darauffolgenden nur die Hälfte. Jeder packte da an, wo es nötig war. Nadja stellte gerade vor Tilda einen neuen Korb voller Kirschen ab, da sah sie einen Mann auf sie zukommen.
„Lars Baske, ich suche Arbeit!“, es klang fordernd. Aber sein stetiges Lächeln missfiel ihr.
„Sorry, wir brauchen kein Personal!“, entgegnete Nadja höflich, jedoch bestimmt. Mit einer herabwürdigenden Geste eilte er davon.
„Da läuft der Feind dahin!“, foppte Tilda.
„Es kann nicht nur Freunde geben!“, lachte Nadja, schwang den leeren Korb, auf den Allea schon wartete.

Ende August fand der Einzug ins Gutshaus statt und Anfang Oktober fuhr Nadja mit Allea und Matteo in den Norden. Im dortigen Knabstrupper-Gestüt fiel ihr die Auswahl der drei Stuten sehr schwer. Die Auswahl des Hengstes hatte sie schon lange entschieden. Doch von diesem war nichts zu sehen.
„Nadja, sieh mal, ist das nicht auch ein prachtvoller Hengst?“
„Matteo, ich habe mich nun mal in Rocky blind verliebt. Er und kein anderer wird mein Zuchthengst werden!“, erwiderte Nadja energisch.
„Oh! Sie wollen Rocky kaufen?“, rief der Pächter hocherfreut.
Nadja nickte.
„Diesen Raufbold mussten wir von den anderen trennen!“
Nadja hörte nicht mehr zu. Ihre ganze Aufmerksamkeit gehörte diesem prachtvollen Hengst. Beruhigend sprach Nadja zu dem Hengst und lockte zusätzlich mit einem Stück Zucker. Langsam kam er

näher, schnupperte an ihrer Hand und ließ sich am Hals streicheln.
„Nadja, bist genial!", hauchte Matteo.
Auch aus seiner und Alleas Hand nahm der Hengst den Zucker und ließ sich auch von ihnen streicheln. Da tauchte auf einmal neben Rocky eine prachtvolle Stute auf, die Matteos Herz sogleich eroberte.
„Bella, du störst den Kauf!", rief der Pächter aufgeregt und wollte sie schon wegleiten. Als er aber Matteos Bewunderung für Bella sah und ein weiteres Geschäft witterte, ließ er das Pferd stehen.
„Nadja, könntest du eine Stute gegen Bella austauschen?", bemerkte Matteo wie nebenbei.
„Austauschen, nein! Dazukaufen, ja!", erwiderte sie mit einem strahlenden Lächeln.

Ein paar Tage später füllte sich die Koppel nahe dem Anwesen mit vier Stuten und einem Hengst. Eine kleine Herde, die stetig in den kommenden Jahren zu wachsen begann.
Matteos Heiratsanträge waren nicht mehr zählbar, ebenso auch die dunkelroten Rosen nicht. Aber Nadja scheute sich vor der Ehe, ohne dies begründen zu können. Eines Tages geschah das Unfassbare. Matteo übernahm Liaras Reitstunde. Eine kleine zierliche junge Frau folgte zwar seinen Anweisungen, dennoch spürte das Pferd die Unsicherheit seiner Reiterin und scheute. Die Frau drohte zu stürzen, und in letzter Sekunde fing er sie auf, doch die Stute schlug nun nach hinten aus und traf sein Becken.
Allea konnte die Stute am Zügel greifen, in ihre Box bringen und den Notarzt rufen. Nadja vertröstete den Käufer eines Hengstes, raste zum Klinikum und war froh über die Unversehrtheit der Urlauberin. Je länger Nadja auf das klinische Ergebnis wartete, umso stärker erfasste sie die Angst, ihren Liebling zu verlieren.
Endlich brachte eine Schwester sie in sein Zimmer. Er empfing Nadja mit einem müden Lächeln. Gleich darauf kam auch der Arzt hinzu. In allem Unglück hatte er Glück gehabt. Der Huf streifte nur

das Becken. Dennoch war es gebrochen und musste genagelt werden.
(An diesem Abend versprach Nadja, ihn zu heiraten, sobald er gesund sei, welches Versprechen sie vor zwei Jahren im Juli erfüllte. Sie ritt auf Rocky in einem blau-schimmernden Kleid und er bekleidet mit dunkelblauer Hose und schneeweißem Hemd auf Bella zum See, wo der Standesbeamte und ihre Angestellten schon warteten. Mitten in der Trauung sprang Utz ins Wasser. Wenig später brachte er einen kleinen Fisch an Land. Mit einem lauten lachendem „Ja“ begannen sie ihr Eheglück.)

Für Mai war es ungewöhnlich heiß, kein Wunder, dass ein Gewitter nahte. Auf einmal sah sie schwarze, wehende Haare.
„Matteo!“, flüsterte sie mit flatternden Schmetterlingen. Schnell stieg sie in den Land Rover und raste ihrer Liebe entgegen. Mit quietschenden Reifen hielt sie am Gatter, wo sofort Rocky angaloppiert kam. Während sie ihn am Hals tätschelte, rief sie lachend: „Hey, Muskelmann! Kaffeetime!“
„Endlich, ich warte schon so lange auf meinen Schmetterling!“, erwiderte er ebenfalls lachend. Nach einem stürmischen Kuss fuhr sie voraus und Matteo wollte sogleich mit der Herde folgen.
An der Auffahrt zum Gestüt entdeckte Nadja an einem Busch einen geschundenen Beagle liegen. Vorsichtig legte sie den wimmernden Hund in den Kofferraum und fuhr schnellstmöglich den Anhang hinauf und kam noch rechtzeitig zum Stehen, sonst hätte sie Tilda angefahren.
„Tilda, bitte entschuldige!“, bat Nadja, stieg hastig aus und öffnete den Kofferraum.
„Oh nein, wie konnte das passieren?“
Nadja zuckte mit den Achseln. Gemeinsam trugen sie den Hund zur Küche. Zuerst bekam er etwas Brühe, dann wurden die Verletzungen behandelt. Das Wimmern wurde leiser, dafür war Hufgetrappel zu hören. Gleich darauf stürmte Utz herein, trank sein Wasser leer und schlang das Fleisch regelrecht hinunter. Schnupperte kurz an

dem neuen Mitbewohner, trottete zu seinem Kissen und schon begann er zu schnarchen. Mit dem ersten Donner kamen Matteo, Leon und Allea mit Liara, der neu eingestellten Pferdewirtin herein. Voller Mitgefühl bemühten sich alle den verletzten Hund zu verwöhnen.
„Nadja, wir bringen ihn morgen zum Tierarzt. Sollte er nicht gechipt sein, bleibt Buddy bei uns!"
Nadja strahlte und schenkte ihrem Liebling einen zärtlichen Kuss, der durch einen Knall gegen die Küchentür und Hundegebell gestört wurde. Leon rief Utz zu sich. Tilda deckte Buddy mit einem Handtuch zu und setzte sich so vor die Bank, dass der Hund kaum noch zu sehen war. Liara nahm Stupsi auf den Schoß und Allea flocht ihren Zopf neu. Nadja las einen Brief.
Da knallte jemand erneut gegen die Küchentür. Matteo stand auf und öffnete diese einen Spalt, die sogleich völlig aufsprang, Matteo verdeckte und ein betrunkener Lars Baske der Länge nach in die Küche stürzte und vor Nadjas Füßen liegen blieb. „Verbrecher! Habt meinen Hund geklaut!", lallte er.
„Du solltest lieber mehr Wasser trinken!", entgegnete Nadja spöttisch.
„Wasser? Weinbrand ist für Männer gut!", brachte Lars mühsam hervor. Er versuchte aufzustehen, doch die Beine versagten ihm. Kurz entschlossen zerrte Matteo Lars hoch und drückte ihn auf einen Stuhl. Auf einen Wink von Allea brachte Leon ein Stück Brot belegt mit Salami. Lars schlang es hinunter und trank auch die dargereichte Tasse Kaffee leer.
„Du bekommst einen Regenmantel und einige Euros, damit verschwindest du von hier für immer!", befahl Matteo.
„Aber ich will das nicht!", lallte sein Gegenüber nun etwas schwächer.
„Nimm das Angebot lieber an! Schließlich wirst du in ganz Deutschland wegen arglistiger Täuschung und Diebstahl im Juweliergeschäft Andler gesucht. Entweder du verschwindest oder ich gebe den Gesetzeshütern einen Wink!" Matteos Drohung verfehlte die

Wirkung nicht. Mit zittrigen Händen verschwanden die 100,00 € in seiner Hosentasche. Lars griff nach dem Regenmantel und verließ das Gestüt. Nie wieder sollten sie etwas von ihm hören.
Buddys Narben verheilten restlos. Fortan folgte der lebhafte Hund hauptsächlich den Frauen auf Schritt und Tritt. Und im darauffolgenden Jahr erlebten Nadja und Matteo ihr erstes Elternglück.

Mari-Wall

Wie kann man nur vor Liebe so blind sein?

Mari-Wall – hinter diesem Pseudonym verbirgt sich eine Frau mit vielen Lebenserfahrungen und mit Wahrnehmungsmöglichkeiten, die ihr durch ihre Blindheit die Worte des Zaubers ermöglichen. Eine agile 69-Jährige, Mutter einer Adoptivtochter und dreier Enkelkinder, die allein ihre Fantasie zum Erblühen bringen und neben ihren eigenen Lebenserfahrungen zauberhafte Kindergeschichten verfassen lassen.
Neben ihrer schriftstellerischen Tätigkeit ist sie darin tätig, zahlreiche Lebenserinnerungen zu vermitteln sowie Eigentherapie auszulösen, für Menschen mit ähnlichen Erfahrungen und Themen, um diese aufzuarbeiten. Charakteristisch liegt ihre Stärke darin, die Sonnenseite des Lebens immer im Blick zu haben und die Schwerpunkte rasch in die Auflösung zu leiten.
Mari-Wall reicht Menschen die Hand, aus dem tiefsten Loch der Ohnmacht herauszufinden und ein neues Lebensziel zu erkennen.

Tim hatte in den letzten Tagen ständig Kopfweh gehabt. Er saß nur noch am PC und schaute die Urlaubsbilder an, wo er mit seiner Freundin war. Seine Gedanken ließen es nicht zu, dass irgendetwas nicht stimmen könnte. Sein Herz schlägt nur noch für sie. Es kann nicht sein, dass Ramona ihn anlügt. Sie schwor doch, dass ihr jetziger Urlaub dringend erforderlich ist. In der Firma sollte eine neue Abteilung eröffnet werden. Sie würde dann eine Gehaltsstufe höher rücken. Sein Freund Musti berichtete ihm von seinem letzten Urlaub an der Nordseeküste in Dänemark. Musti hatte mit seiner Familie einen wunderschönen Urlaub verlebt. Alles schien perfekt. Zwei Tage vor der Heimreise entdeckte er im Café die Freundin von Tim. Sie war eng umschlungen mit einem anderen Mann zugange. Musti konnte es kaum glauben, was er da sah. Wie kann sie nur so dreist sein und Tim die große Liebe vorspielen und hier benimmt sie sich, als gäbe es ihn in Deutschland nicht. Er ging nun etwas näher und setzte sich an den Nebentisch, weil dieser gerade frei wurde. Er zog sein Handy hervor und rief seine Frau an. „Kira,

kannst du bitte ins Café kommen?“ Was sie nun antwortete, hörte er nicht, denn er nahm sofort die Karte zur Hand und studierte das Angebot mit den vielen schönen Torten.
Keine fünf Minuten später kam seine Frau auf ihn zu. „Mein Lieber, na, überkommt dich wieder die Naschsucht?“
Musti nickte nur und bat sie, sich zu setzen. Mit dem Kopf wies er in Richtung Nachbartisch.
Kira schaute dezent dorthin und flüsterte leise: „Ich verstehe. Nehmen wir wie immer die Mocca-Sahnetorte?“
Nickend sah er seiner Frau in die Augen. Sie bestätigte seinen Blick. Nun war er sich ganz sicher, es ist die Freundin von Tim.
„Sind Sie vielleicht getrennt und wir wissen es nur nicht?“
„Meine Liebe, das kann nicht sein. Gestern telefonierten wir noch zusammen und er meinte, sie mache einen Bildungslehrgang in Flensburg. Sie hat vor, sich beruflich zu verbessern.“
„Na, das ist ja eine tolle Bildungsreise. Sollten wir ihm davon berichten?“
„Nein, Kira, ich glaube nicht. Er würde es uns ja doch nicht glauben, denn er ist vor Liebe blind.“
„Wie meinst du das? Sieht er denn nicht, dass sie charakterlich überhaupt nicht zu ihm passt?“
„Vielleicht ist es ihm unangenehm, dass sie ihm Hörner aufsetzt.“
Am Nebentisch kam nun langsam Bewegung rein. Sie winkte nach der Kellnerin und sagte: „Hallo, ich möchte zahlen.“
„Geht es zusammen oder getrennt?“
Der junge Mann sprach: „Zusammen.“
Die Bedienung lächelte und legte den Rechnungszettel auf den Tisch.
„Das macht 32 Kronen.“ Er legte ein großzügiges Trinkgeld dazu und stand auf. Sie folgte ihm.
„Joachim, gehen wir noch ein wenig zum Strand? Morgen muss ich doch wieder nach Hamburg zurück!“
Lächelnd fasste er sie um die Taille und begab sich mit ihr nach draußen.

„Oh je, was für eine ausgebuffte Person. Ob Joachim weiß, dass sie in einer Beziehung steckt?“
„Ich glaube nicht, Musti, denn er war so verliebt, das sah man auf den ersten Blick.“
„Schade, er machte einen netten Eindruck.“
Tina kam nun zu ihnen an den Tisch und entschuldigte sich, dass es ein wenig gedauert hatte. „Keine Ursache! Wir hätten gerne die Mocca-Sahnetorte und dazu einen großen Milchkaffee.“
„Für Sie auch, Madame?“
Kira nickte. „Gerne.“
„Ich bin hin- und hergerissen, Musti. Sollen wir ihn anrufen? Oder wird er uns nicht glauben?“
„Besser wäre es, wenn wir ihn besuchen würden und persönlich das Gespräch suchten.“

Sie verlebten noch sonnige Tage in Vejers und nahmen noch Erinnerungsstücke mit. Für Tim fanden sie einen Strandläufer aus Bernstein. Diesen liebte Kira ebenso wie Tim.
Nachdem sie wieder in Hamburg waren, vergingen noch einige Tage, ehe sie Zeit fanden, Tim zu besuchen. Sie mussten beide gleich wieder in die Firma. Schließlich ist Urlaubszeit und da fehlten die Kollegen in großer Zahl.
„Lass uns Sonntag bei ihm vorbeischauen.“
Natürlich ging es ihnen nicht so gut dabei.
„Sicher wird es unangenehm werden.“ Kira fuhr ihren kleinen Smart in seine Straße und parkte ihn etwas abseits, denn vor dem Haus ist nie Platz. Mit dem Strandläufer und einem großen Kasten mit Konfekt klingelten sie bei ihm. Es dauerte eine ganze Weile. Dann ging die Haustür auf. Tim schaute überrascht. „Wie, ihr? Wolltet ihr nicht nach Dänemark, Urlaub machen?“
„Ja, wir sind schon wieder eine Woche in Hamburg und der Job hat uns auch schon wieder urlaubsreif gemacht.“
„Na, nun übertreibt mal nicht. Schließlich seht ihr noch sehr braun aus? Kommt herein.“

Sie gingen ihm nach und er führte sie zur Terrasse. „Wolltet ihr gerade Kaffee trinken? Oder hattet ihr uns erwartet?“
„Nein, ich erwarte meine Freundin Ramona zurück von ihrem Bildungsurlaub.“
„Oh, da kommen wir ja ungelegen?“
„Natürlich nicht. Ich freue mich, euch zu sehen. Es ist doch schon eine ewige Zeit her, dass wir uns sahen.“
„Stimmt, Tim.“

Keine halbe Stunde später klingelte es erneut an der Haustür. Musti und Kira schauten sich erwartungsvoll an. Sie hörten Ramona säuseln. „Mein Liebling, ich habe dich so vermisst! Der Bildungsurlaub hat mich sehr angestrengt und war langweilig. Du hättest mal die Leute sehen sollen.“
„Na, so schlimm wird es wohl nicht gewesen sein, denn du siehst wie immer super aus.“ Lächelnd führte er sie zur Terrasse und stellte den beiden Ramona vor.
Ihr fiel beinahe die Kinnlade runter, denn sie erkannte die Gäste vom Nebentisch im Café in Vejers.
Keiner sprach ein Wort.
Tim bemerkte die Verlegenheit. „Was ist los? Kennt ihr euch schon?“
Ramona stotterte: „Nein.“
Kira schaute sie fragend an. Ihre Augen blitzten vor Zorn zu Musti und Kira. Tim ging in die Küche und holte den Kaffee, denn er war inzwischen durchgelaufen.
Dann räusperte sich Musti: „Ramona, kann es sein, dass wir Sie in Dänemark gesehen haben?“
Tim griff sofort ein. „Kann nicht sein. Sie war in Flensburg zum Bildungsurlaub.“
Ramona funkelte die beiden zornig an. „Was nehmen Sie sich heraus, eine Lüge zu verbreiten? Ich war noch nie in Dänemark!
Nun wurde Tim ärgerlich und fragte sie: „Warst du wirklich in Flensburg?“

„Liebling, wie kannst du nur zweifeln? Ich würde dich nie anlügen."
Tim schaute Kira und Musti verärgert an.
„Ich bitte euch, zu gehen. Unfrieden in mein Haus zu tragen, gefällt mir nicht. Nehmt die Geschenke ruhig wieder mit. Von Lügnern will ich keine Präsente erhalten."
Sie standen auf, gingen ohne ein Wort hinaus und entfernten sich vom Grundstück des Freundes. Kopfschüttelnd fuhren sie wieder nach Hause. „Wir hätten es wissen müssen, er wird ihr glauben. So verliebt wie er ist. Sie kann ihn an der Nase herumführen, so viel sie will."
„Ja, du hast recht, Kira. Da ist Reden zwecklos. Er wird es schon irgendwann selbst merken, dass sie ein falsches Spiel spielt."

Es vergingen so einige Wochen. Durch einen Einkaufsbummel trafen sie ihn wieder in Hamburg. Tim kam auf sie zu und entschuldigte sich bei ihnen.
„Was ist geschehen? Wurdest du eines Besseren belehrt?"
„Ja, ich hätte mehr Vertrauen zu euch haben sollen. Denn zwei Wochen später wollte sie bei mir einziehen und versprach mir hoch und heilig, dass sie nie in Dänemark war. Doch dann gingen wir zu einer Veranstaltung ins Opernhaus und trafen Joachim. Er berichtete kurz, dass er die Tage in Vejers genossen hätte und wenn sie will, würde er gerne wieder mit ihr dort Urlaub machen. Joachim sprach dann Ramona direkt an: „Dein Bruder wird doch nichts dagegen haben?"
Knallrot wurde sie und behauptete, ihn nicht zu kennen. Da wurde mir einiges klar. Ich hatte vor Liebe wirklich keinen klaren Gedanken mehr gehabt und möchte mich wirklich entschuldigen."
„Ach, Tim, vielleicht bist du beim nächsten Mal nicht so blind vor Liebe."

Volker Weber

Stalking for ever

Volker Weber ist seit einem Jahr BLAutor. Er wuchs als Kriegswaise nur mit seiner Mutter an der Lahn auf. Später versuchte er nach Karl Marx eine „allseits entwickelte Persönlichkeit" zu werden: kaufmännische Lehre, beide Lehrerexamina, Tischlerumschulung, Psychodramaleiter. Mit anderen errichtete er „die Arge Lust/ Leben und selber tun". Dort wurden nonkommerziell Räume an Gruppen vergeben.
Nach vier Jahrzehnten in Hamburg gründete er "Werken und Wandern in der Rhön". Daneben malte er viel und gestaltete auch sonst und schrieb viel. Durch seine Beziehung erfreut er sich an Tochter und Enkeln.

Nein, natürlich True Love für immer! Mein Bewährungshelfer empfahl mir, meine Sicht wiederzugeben. Vielleicht lasse sich so eine Haftverschonung oder/–verkürzung einleiten.
Nun meine ich, der Gesetzgeber sei da zu weit gegangen: Das kann doch keine Belästigung sein, jemandem seine Liebe zu bekunden, das bereichert doch das eigene Leben. Und ich wollte doch nur signalisieren, ich habe alles verziehen und will dich wieder. Leider ist Tini etwas verhärtet und sieht nicht ein, dass wir beide miteinander eine glückliche Zukunft haben. Leider scheut sie eine Veränderung, obwohl ihr Mann offensichtlich ein Langweiler ist. Wie kann sie es nur mit ihm so lange aushalten? Länger, als wir zusammen waren. Und das waren doch herrliche Zeiten voll Schwung und Begeisterung. Schon damals hielten einige mich für verrückt, ob dieser Liebe: halb so alt. Aber sie gaben zu, dass ich mit jedem Monat jünger wurde und mehr Pepp bekam. Sogar meine Haut wurde rosiger. Alte Freunde von mir warnten, ich wolle wohl eine verpasste Jugend nachholen. Mein Existentialismus sei wohl zu brav gewesen. Das glaubte ich nicht.
Pop begann mich durch die Begeisterung von Tini zu interessieren, dafür brachte ich ihr Klassik näher. Anfangs störte, dass ich ihr Praktikumsausbilder war; das schuf eine Distanz. Aber je mehr

Freizeit wir verbrachten, desto weniger spielte der Altersunterschied noch eine Rolle. Tini ist so wunderbar naiv und gradlinig. Beim Schlammfestival im Norden kam sie mir als die Konservativere vor. Mir machte es Spaß, im Schlammbad zu suhlen, Tini ging nur bis zu den Knien hinein und schmierte sich etwas die Arme ein. Meine Hand auf dem Po missfiel ihr schon als zu viel. Wir hatten schöne ausgelassene Zeiten. Ich kaufte extra ein Auto, in dem man schlafen konnte, und wir gondelten einige Wochen durch Frankreich.
Im ersten Jahr beim Festival wurde ich noch angemacht: „Na, Opa, verlaufen?"
Das fehlte im Folgejahr, ebenso wie mein langjähriger Bart.
Ich bin ein ganzer Kerl und kann auch Fehler meiner Partnerin mittragen. Meine Scheidung war reine Formsache und nichts stand einer Ehe mit Tini im Weg.
Eine Freundin von Tini, mit der ich noch befreundet bin, hatte Bedenken und meinte zu ihr: „Du willst doch nur dem Stress mit dem Vater entgehen, aber weiter eine leitende Hand haben."
Aber wo die Liebe so zuschlägt, wächst kein Kraut wieder.
Wäre nicht die berufliche Trennung gekommen, wären wir noch heute ein glückliches Paar. Dummerweise verkraftete Tini die Einsamkeit schlecht und ließ sie die Langeweile von einem Klassenkameraden vertreiben. Das erfuhr ich erst, als sie schwanger war. Aber unsere Liebe überstand diese Anfechtung. Wir entschieden uns gegen den Abbruch, weil wir ja Kinder gemeinsam haben wollten. Als dann die Zwillinge da waren, wurde mein Glück noch tiefer. Ich beschäftigte mich fast mehr mit ihnen als mit Tini, die froh war, mal etwas Luft zu bekommen. Freilich erfuhr ich später, dass sie sich auch dann mit dem Schulfreund traf. Aber da war einfach mehr gemeinsames Erleben durch meine viele Abwesenheit. Sie hatte beteuert, da sei weiter nichts. Und ich glaubte ihr.
Doch sie wurde wieder schwanger von ihm. Das kränkte mich doch – und ich vergaß meine Liebe, was ich schon während der Scheidung bedauerte. Aber ich dachte, es sei besser, dass Tini ihren

Irrtum einsehe und zurückkomme. Mit dem Schulfreund war bald Schluss, aber sie traute sich nicht zu mir zurück.
Damals hätte ich weniger stolz tun müssen. Das bedaure ich nun.
Als die erwähnte Freundin von Tini und mir ein Treffen mit den Zwillingen vereinbarte, flammte meine Liebe wieder deutlich auf. Sie haben die gleichen fraulichen Topfiguren und sind blond. Sie sind ihr so ähnlich und sind genauso locker und fröhlich. Da fiel mir wieder auf, wie relativ das mit dem Alter ist: Nun bin ich nur noch ein halbes Tinileben älter. So ist das mit Vorurteilen!
Da sagte ich ihnen auch gleich, dass ich gerne wieder mit Tini zusammenleben wolle. Die sei doch liiert und der Partner sei ihnen ein lieber Vater.
Trotzdem suchte ich danach endlich wieder Kontakt zu Tini. Lange versuchte ich mit kleinen Geschenken, auf mich aufmerksam zu machen und wie es um mich stehe. Mir schien, das freute sie. Aber der Partner versuchte, das zu unterbinden. Der steckt auch hinter den Polizeieinschaltungen und Kontaktverboten. Ich habe sie da nie lachen gehört, wenn ich sie beobachtete. Ganz anders als zu unseren Zeiten.
Schon damals lobte Tini, dass ich das Richtige tue, selbst wenn sie zuvor das Gegenteil gesagt hatte. Nun, ich habe ja auch viel mehr Lebenserfahrung. Da weiß ich, was Tini gut tut.
Nur einmal sah ich sie noch. Ich hatte rausbekommen, wo sie einkauft – und warf mich melodramatisch ihr zu Füßen und gestand meine andauernde Liebe.
Ehe sie sich von ihrer Überraschung fassen konnte, trat ihr Partner dazwischen und herrschte mich an von wegen Kontaktverbot.
Ich zog mich zurück, aber Tini zwinkerte mir zu. Das bezweifelt die gemeinsame Freundin. Sie war sogar etwas verstimmt über meine Sicht. Ebenso wie meine Vermutung, Tini sehne sich nach einem Neubeginn mit mir.
Ich muss jetzt erstmal Schluss machen, weil ich einfahren muss, wie die Knastis sagen. Die Obrigkeit hat eben einiges Misstrauen gegen Liebende, weil die weniger gehorchen!

Helmuth Zedlitz

Zum Hören geboren – zum Schauen bestellt

Helmuth Zedlitz, geboren 1936, Schule und Gymnasium in Freiburg bzw. Marburg (Deutsche Blindenstudienanstalt), Jura-Studium in Freiburg, nach 7 Semestern Wechsel zur evang. Theologie, Examina in Berlin-west, Tätigkeit dann in Bielefeld, Freiburg, Wiesloch, Mannheim. 1985: Epilog zu „Agnes Bernauer“ von Hebbel, 2001 Eintritt in „BLAutor“, er schrieb Erzählungen und Parodien, seit 1995 in Berlin, entschiedene Nähe zu Dr. Eugen Drewermann. Das Erleben von Schwarzwald und Alpen prägt seine Sehnsucht bis heute.
Helmuth Zedlitz war zweimal verheiratet und hat 3 Kinder aus erster Ehe.

Eine kaum belebte Seitenstraße, der Journalist J. und der blinde Z., mit Langstock versehen, stehen vor Z.s Haus.
Es ergibt sich folgender Dialog:
J: „Lieben Sie Brahms?“
Z.: „Meinen Sie jetzt den Film?“
J.: „Natürlich nicht, Sie werden doch kaum ins Kino gehen.“
Z.: „Na also, soll ich Ihnen aus “Angst essen Seele auf“, aus dem “dritten Mann“ oder aus „Effi Briest“ zitieren?“
J.: „Ist ja gut – ich hab‘ nur gedacht.“
Z.: „Also worum geht es Ihnen?“
J.: „Es geht mir wirklich um Brahms, ich wüsste gern, wie Sie von ihm denken.“
Z.: „Ja, ich liebe ihn wirklich! Seit meiner Schulzeit schon, in Marburg.“
J.: „Können Sie sagen, warum?“
Z.: „Ich bin eigentlich nicht dafür, Liebe zu begründen – aber: Ich habe schon meine Gründe dazu.“
J.: „Mögen Sie sie in Worte fassen, oder?“
Z.: „Ja, ganz leicht ist das nicht, aber ich will es versuchen: Es geht darum, zu schauen ...“
J.: „Das – das müssen Sie mir doch erklären.“

Z.: „Ja! Sie stören sich wohl daran, dass ich dies Wort gebrauche – Aber es geschieht mit voller Absicht, weil nach meiner Überzeugung SCHAUEN weit mehr bedeutet, als das bloße Sehen mit den Augen. Ich lege großen Wert auf diesen Unterschied, und ich habe meine Gründe, teils historische, teils persönliche Gründe. Sie wissen wahrscheinlich, dass Seher häufig als blind dargestellt wurden."

J.: „Ja, das ist mir bekannt, und trotzdem habe ich meine Schwierigkeiten."

Z.: „Das ist nur zu verständlich, bei der übergroßen Bedeutung des Sehens."

J.: „Darin sind wir uns ja einig – aber sagen Sie doch bitte, was Sie mit „Schauen" eigentlich meinen."

Z.: „Ich meine damit die verschiedenartigsten Bilder, die entstehen oder eben auch hervorgerufen werden. Es geht dabei um einen inneren Vorgang, und ich habe, offen gesagt, nicht einmal ein besonderes Interesse daran, diesen Vorgang im Gehirn unbedingt lokalisieren zu wollen."

J.: „Aber das wäre doch gerade wichtig und interessant!"

Z.: „Für mich eben nicht! Das ERLEBEN ist für mich so wichtig und zentral, dass das Rationale in den Hintergrund tritt, das ist eben eine Eigenheit von mir. Wenn man in ein Wasser, in einen See eintaucht, fragt man kaum, gleichzeitig meine ich, nach der Zusammensetzung des Wassers!"

J.: „Aber jetzt doch zu Brahms: Was sehen Sie, ich meine, was erleben Sie, wenn Sie etwas von ihm hören?"

Z.: „Ein ganz einfaches Beispiel: Er hat eine Rhapsodie für Männerchor, Altstimme und Orchester geschrieben: Stellen Sie sich einfach eine EINS vor: Die Altstimme singt: "in ungenügender Selbstsucht" – das ist aus dem Gedicht "Harzreise im Winter" von Goethe. Wie wird das nun vertont? Ein kurzer Strich nach oben, dann ein steiler Abfall! Man sieht, man ERLEBT doch die ungenügende Selbstsucht! Es sind nur wenige Töne, und alles ist gesagt!"

J.: (Er hat Mühe zu reden): „Das – das möchte ich hören."

Z.: „Ja – überhaupt sind bei Brahms die „kleinen Einheiten" wichtig, das ist gut zu wissen. Was man da – was ICH da zu schauen bekomme, bin ich doch selber, oder doch wenigstens ein Teil von mir! Sehen Sie, das ist doch SCHAUEN! Ich sage es nicht oft, aber dies ist mein kostbarster Besitz seit langem, kostbarer als ..."
(Er beendet den Satz nicht, hat ein Taschentuch gezogen)
J.: (erst nach einer Pause): „Gibt es – gibt es andere Beispiele noch?"
Z.: „Oh ja! Es ist aber schon schwer, davon zu reden! In der 3. Symphonie, in beiden Ecksätzen: Der Friede, der sich am Ende einstellt – ach, ich kann es kaum beschreiben – Friede kehrt ein. Ausgegossen wird er wie ein Segen, es ist kaum zu beschreiben, gerade jetzt in unserer Zeit."
J.: „Ausgegossen sagen Sie?"
Z.: „Ja, wie von außen, von oben – das Schöne, das Gute wird uns zuteil, wir MACHEN es nicht! Beispiele gibt es genug, ich möchte sie aber auf keinen Fall zerreden!"
J.: „Wenn ich das sagen darf – Sie machen mir nicht den Eindruck eines unglücklichen Menschen, ich habe mich wohl geirrt in meinen Vorstellungen."
Z.: „Ich habe etwas NICHT erlebt, was andere erleben müssen, einen Verlust! Das will ich nicht vergessen! Aber es gibt noch etwas anderes: Ich kämpfe für die Stille! Ich WEISS, dass wir sie brauchen, zu unserer Erkenntnis von uns selber. Brahms vor allem, viele Musikwerke überhaupt, sprechen aus der Stille und laden dazu ein. – Aber jetzt will ich nach Hause."
J.: „Ich wäre froh, wenn ich Zeit hätte für eine Fortsetzung – soll ich Ihnen noch helfen?"
Z.: „Nein danke, gehen Sie ruhig!"
J. geht. Seine Schritte sind hörbar, nach einer Weile bleibt er stehen.
Z.: „Finden Sie den Weg nicht? Sie müssen ..."
J.: „Jaja, schon recht!"

Weitere Bücher von BLAutor

Farbenfrohe Dunkelheit
Kurzgeschichten und Gedichte von Sehbehinderten und Blinden
Hrg. BLAutor-Mitglied Dieter Kleffner
ISBN: 978-3-96174-100-7
März 2022
Format: 14,8 x 21 cm, Paperback, 288 Seiten,
VK: 12,95€

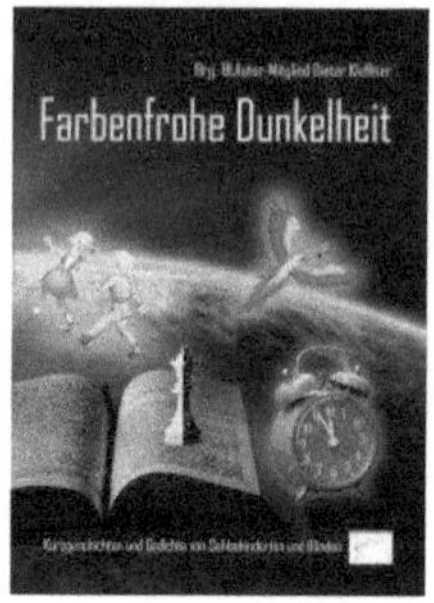

Von humorvollen Anekdoten, ergreifenden Biografien, niedlichen Tiergeschichten, knallharten Short-Krimis, anspruchsvoller Philosophie bis zu poetischen Versen streift jeder Leser in diesem Buch mit Gewissheit sein Lieblingsgenre. Die farbenfrohen, fantasiereichen und humorvollen Gedanken der BLAutorinnen und BLAutoren bewegen sich quer durch alle Gattungen. Das fesselt und verspricht Kurzweil.

Seit 30 Jahren kreieren sehbehinderte und blinde Poeten und Schriftsteller in ihrem Arbeitskreis BLAutor literarische Texte. Manche von ihnen sind längst im Buchmarkt zuhause.

Autorinnen und Autoren in diesem Buch:
Bettina Hanke, Brigitte Kemptner, Christa Groth, David Röthle, Dieter Kleffner, Dr. Elke Irimia, Friedemann Fuhrmann, Gerhard Jaworek, Günter Sehrbrock, Harald Butterweck, Helmuth Zedlitz, Hildegard Iverson, Jutta Frenzel, Dr. Konrad Gerull, Marc Mandel, Mari-Wall, Maria Hengelman-Schlag, Maria Knoke, Michaela Illenseer, Nicole Schroll, Paul Bach, Paula Grimm, Petra Bohn,
Sara Rietz, Simon Kuhlmann, Theo Floßdorf, Dr. Urvi Jangam, Anneliese Useldinger

Abenteuerliche Anekdoten blind erlebt

Hrg. Dieter Kleffner, insg. 20 BLAutoren
ISBN: 978-3-96174-131-1
September 2023
Paperback, Format 14,5 x 20,5 cm, 168 Seiten
VK: 11,95 €

Jeder Mensch mit Lebenserfahrungen hütet einen Schatz voller Anekdoten, die knisternde Spannung hervorrufen oder aufgrund von Pleiten, Pech und Pannen zum Lachen einladen. Gerade bei Sehbehinderten und Blinden häufen sich solche Anekdoten anscheinend besonders.
Liebe Sehende, begeben Sie sich mit dieser Anthologie auf verschiedene Abenteuerreisen der 20 sehbehinderten Autor*innen.
Verirren Sie sich in einer Teufelsschlucht.
Füttern und reiten Sie ohne zu sehen einen echten Elefanten.
Versuchen Sie, ohne zu sehen mit einem Gehörlosen zu kommunizieren.
Umarmen Sie blind liebevoll einen völlig fremden Menschen, weil Sie diesen mit Ihrem Partner verwechseln.
Setzen Sie sich aus Neugier blind hinter das Lenkrad eines Autos, das dann plötzlich eine Bergstraße hinabrollt.
Lassen Sie sich überraschen. Jede Anekdote in diesem Buch wird Sie rühren oder amüsieren.

Diese Autoren haben mitgeschrieben:
Bettina Hanke, Bodo von Rekowski, Brigitte Kemptner, Christiane Bernshausen, Daniela Preiß, David Röthle, Dieter Kleffner, Gerhard Jaworek, Hildegard Iverson, Holger Thomas Lang, Konrad Gerull, Marc Mandel, Maria Hengelman-Schlag, Maria Knoke, Melanie Joußen, Monika Lorenz, Nicole Schroll, Petra Bohn, Tamara Ströter, Thomas Löffler

Mehr Infos und Leseproben dazu auf
www.verlag-epv.de

MIX
Papier aus verantwortungsvollen Quellen
Paper from responsible sources
FSC® C105338
FSC
www.fsc.org